古典文獻研究輯刊

六　編

潘美月・杜潔祥　主編

第 **13** 冊

兩晉史部遺籍考

廖吉郎　著

國家圖書館出版品預行編目資料

兩晉史部遺籍考／廖吉郎著 — 增訂新版 — 台北縣永和市：花
木蘭文化出版社，2008〔民97〕

目 2+192 面；19×26 公分
（古典文獻研究輯刊 六編；第 13 冊）

ISBN：978-986-6657-11-5（精裝）
1. 史部目錄　2. 晉代著作　3. 研究考訂
016.62　　　　　　　　　　　　　　　97000972

ISBN - 978-986-6657-11-5

9 789866 657115

古典文獻研究輯刊
六　編　第十三冊　　　　　ISBN：978-986-6657-11-5

兩晉史部遺籍考

作　　者　廖吉郎
主　　編　潘美月　杜潔祥
責任校對　蔡世明
企劃出版　北京大學文化資源研究中心
出　　版　花木蘭文化出版社
發 行 所　花木蘭文化出版社
發 行 人　高小娟
聯絡地址　台北縣永和市中正路五九五號七樓之三
　　　　　電話：02-2923-1455／傳眞：02-2923-1452
電子信箱　sut81518@ms59.hinet.net
初　　版　2008 年 3 月
定　　價　六編 30 冊（精裝）新台幣 46,500 元
　　　　　　　　　　　　　　　　版權所有·請勿翻印

兩晉史部遺籍考

廖吉郎　著

作者簡介

廖吉郎，南投縣人，民國二十七年生於草屯鎮。歷任中、小學教師、國立台灣師範大學教授等，九十二年退休。之後，夫妻到處遊歷，行跡及於世界百餘國。

當肄業臺灣師大國文研究所時，以受教於金陵楊家駱教授，撰成《兩晉史部遺籍考》（民國59年，嘉新文化基金會出版）。後承行政院國科會學術獎助，陸續撰成《南北朝史部遺籍考》（60年）、《兩漢三國史部遺籍考》（61年）、《唐代史部遺籍考》（62年）。又應約撰成〈六十年來之晉書研究〉（63年，正中書局《六十年來之國學》），完成斷句本《二十五史·魏書》之斷句（64年，新文豐圖書公司），編注《歷代散文選》（65年，與台灣師大同事共同完成，南嶽出版社），撰寫《劉向》、《王安石》（67年，台灣商務印書館，《中國歷代思想家》），修訂出版《兩漢史籍研究》（70年，廣東出版社），譯述司馬光《資治通鑑·漢紀13～25》（73年，文化圖書公司），探討台灣地區中學生及中、小學教師國語演說所犯語言錯誤（78年、79年，與台灣師大同事共同研究，行政院國科會研究報告），合編《國音及語言運用》（81年，與台灣師大同事共同編寫，三民書局），新編《荀子》，並加以校勘、注譯、翻譯（91年，國立編譯館、鼎文書局）。又逐年在台灣師大《國文學報》等刊物發表論文數十篇，撰寫如《800字小語·天下父母心》（頁114，85年，文經社）之文章若干篇。

除教學與研究之外，曾參與多種學術活動及社會服務，如參加各項研討會，擔任競賽評審、考試院典試委員，指導各類考試命題，編寫僑務委員會函授僑胞之教材《中華文化》（76年）、《應用文》（82年、94年），拍攝《中華文化》錄影帶（88年，僑委會中華函校），編審教育部《重編國語辭典》（台灣商務印書館印行）及三民書局之《大辭典》等是。

提　要

本書總為五章，章內各分小節，晉人所撰而今仍有存本或輯本之史部遺籍，各以事義相從，納諸節中。無章節之目，計為：首章右史，共四節；次為後漢三國史之撰作，共三節；第三章為晉人所撰之晉史，共三節；第四章為晉人之地理書及地方史，共五節；第五章為傳記及專史，共三節。都二十二萬餘言，晉人今傳之史部群籍，於此可得其梗概。

首章右史可以知晉人對春秋學之貢獻及對戰國前史籍之整理與研究，次章可以知晉人對紀傳體與編年體史書之撰作，第三章可以知當代人之撰作當代史當以晉代為盛，第四章可以知晉人之地理知識及對地方史之拓展，第五章可以知晉人於傳記、歐書、譜錄之努力。

兩晉史學，袁紹孔子，丘承馬、班，撰作斯盛。然或遭亂亡，率多佚失。自清儒承漢昌明之賜，長於考證，喜事比輯，以治經方法，移以治史，韓佚之書，乃獨多於往也。晉人史籍，漸見掇拾，久絕之書，遂可窺其一豹。今所考述，乃一一明其所存之處，便能按圖索驥。

凡晉人著述之淵源背景、內容取材、真偽得失、存佚若錄、各家品評等，本書所撰，必廣為參訂，於群籍之作者，亦一一盡其能詳，蓋知人論世，思過牢矣。

目 次

述　例

一

　　劉向父子既秉成、哀之詔，而有《錄》、《略》之作，乃開目錄學之權輿。班志承之，因以爲〈藝文志〉，而以《世本》、《楚漢春秋》及《太史公書》入於「六藝略·春秋家」，蓋其時史籍不多，而《春秋》實史之源也。今考兩晉史部遺籍，首言古史爲第一章，敘至孔衍《春秋後語》止，以明晉人對春秋學之貢獻及其對戰國前史籍之整理與研究。標稱古史，與《隋書·經籍志》史部所列之古史，固名同而實異也。今考其見存者，唯孔晁《逸周書注》、杜預《春秋左氏經傳集解》、范甯《穀梁傳集解》及晚近出於敦煌之孔衍《春秋後語》，餘則或散見於唐、宋人類書或古籍舊注，而爲清儒輯佚所得者。杜、范之書，今與何休《公羊解詁》鼎足而三，並行於世；孔氏《後語》，乃以《戰國策》所書，未爲盡善，遂引太史公所記，參其異同，刪彼二家而成。除二周及宋、衛、中山外，其所留者，秦、齊、燕、楚、韓、趙、魏諸佚耳，比於《春秋》，亦盡二百三十餘年行事。至王應麟時，其書已不得見，及敦煌古籍之重現，始復出世。今拼合巴黎、倫敦及羅振玉所藏敦煌殘本，十卷之書，僅闕其一，雖各卷首尾仍不完整，然久絕之書，一旦出於重荒萬里之外，而大體仍存，寧不令人振奮。凡此，皆吾人今日治古史者，所宜參稽者也。

二

　　自太史公撰《史記》，晉·徐廣爲作音、義，裴駰注書乃以之散入百三十篇內，此太史公書之第一功臣，惜今無輯本單行，於例不在論敘之列。司馬彪《續漢志》，後人取以補范曄《後漢書》，范書固得免無志之憾，而彪《志》亦因以留存。袁宏《後漢紀》，雖與范曄書同爲紀述後漢之作，而分別讀之，一爲紀傳，一爲編年，義多有

當，無妨並傳。陳壽之《三國志》，自裴松之廣爲之注，至今盛行，言三國之事者，莫不取徵焉。今考晉人史部遺籍，以之並爲第二章，以明晉人於後漢三國史之努力，因命章曰後漢三國史之撰作。其司馬《續漢》八志，雖如清・姚之駰之博雅，然輯佚之時，竟誤爲范曄所撰。而其誤固不自姚氏始，宋《館閣書目》已直以百二十卷書併稱蔚宗撰矣。考梁・劉昭以范書無志，乃取司馬彪《續漢書》之八〈志〉，作《注》以補其闕，其序所謂借舊〈志〉以補之是也，其合刊，則始見於宋眞宗乾興元年（西元 1022 年）應孫奭之奏，而奏中僅言劉昭注補《後漢志》三十卷，又云范曄作之於前，劉昭述之於後，蓋亦不知其出於司馬彪也。實則陳振孫之《直齋書錄解題》即明言《後漢志》三十卷，晉祕書監河內司馬彪紹統撰，梁剡令平原劉昭宣卿補注。以唐・章懷太子李賢注引《續漢志》，文與今志同，故知其確爲彪書無疑，因兩書合刊，又不復別白，不細考者，不以爲范書，必以爲劉昭所補。凡此，皆不可不辨。

三

孔子之據於魯史以修《春秋》，開後世私家撰史之風，馬、班因之，及魏、晉、南北朝，訖於唐初，紀傳、編年，繼作不息，王隱，虞預、朱鳳、徐廣、陸機、干寶、習鑿齒、孫盛、鄧粲、曹嘉之等，均爲一時之秀，當代人之撰當代史，實以晉代爲盛。迨乎唐之貞觀，遂有新《晉書》之成。至於兩晉起居之代有記注，尤爲特出。今考兩晉史部遺籍，以之列爲第三章，以存有晉當代之史實，顏其章曰晉人所撰之晉史。自古太史之職，不以著作爲宗，而以掌曆象、文書爲主，談、遷父子，始以太史私撰《史記》。其後，太史之署，唯知占候，學者往往以別職來知史務，如《史通・史官篇》所論是也。及王莽代漢，柱下五史聽事侍旁，記跡言行，比於古之左、右史。東京中興，蘭臺、東觀以司圖籍之便，遂爲著作之所。魏有著作郎，晉稱大著作，掌撰國史，記注起居，自是記注有專官。至於後世，更置起居令史、起居舍人、起居郎，以當古者左史記言，右史記事之職，是爲起居注之始。《隋書・經籍志・史部・起居注序》謂漢武帝有《禁中起居注》，唐・顏師古《漢書集解》以爲，《漢著記》若今之起居注，宋・王應麟《玉海》則直謂，《漢著記》即漢之起居注。按，此乃溯源之論，實則漢武帝《禁中起居注》，特見之《西京雜記》，何足探信，而「著記」掌於太史，「起居注」掌於內史，又烏能混淆，杭世駿《道古堂文集》卷二十一〈答任武承問起居注書四〉，已明辯之，朱希祖於《北大國學季刊》第二卷第四號〈漢唐起居注考〉，又證其非矣。雖袁宏《後漢紀》（序及卷十一）謂東漢之明、靈、獻三帝有起居注，然《隋志》所錄，止得《漢獻帝起居注》五卷耳。故質實言之，不能不謂起居注乃大暢於晉。凡此，又爲治史者，所不可不察。

四

　　我國自古言地理者，皆溯源於《山海經》、〈禹貢〉，而《山海經》跡近神話，〈禹貢〉則平實通達，論者遂以爲係後來地理知識進步之產品。春秋以降，征伐頻起，戰國之世，爭鬥愈廣，各國用兵行軍之際，率賴地圖以爲指針，圖之內容，因及山川關道，知其時之繪圖知識必更發達。秦漢以還，輿圖之用，及於設官行政，戶口分配，其繪製疏密，又有不同。是以蕭何入關，收秦圖籍。然淵源雖遠，用途雖大，代代更設官以掌之，至晉之裴秀，乃集古來製圖經驗之大成，發言著論，地圖之學，始有成文之規制，其承先啓後之功，殆爲我國第一位地圖學大家。今考其說，除地球經緯爲當時所不知者外，今日所言製圖之原則，幾與之相一致，其與我國地圖史之關係，近今學者，遂多推崇。晉又以南北之遷徙，佛教之束漸，地理書及方志特盛，釋道安等，不僅並爲釋教之大師，佛國之記，更及前人所未曾聞，今人研究北印度與中亞之地理者，類多取資。《華陽國志》，則爲區域史之傑作，所記巴蜀地理、風俗、人物，肇自開關，終於永和，頗有條貫，爲研究巴蜀史者所祖述。至十六國之割據史，則爲崔鴻《十六國春秋》所本，唐太宗《晉書》之作載記，又多取崔鴻之書，今諸史並佚，明·屠喬孫本自是僞撰，則所存者，唯新《晉書》耳，清儒始就晉人撰作之十六國割據史輯佚成書，采集要信而有徵，於十六國之史實，乃足資參證。今考兩晉史部遺籍，以之並列爲第四章，以見晉人之地理知識及對地方史之拓展，名之曰晉人之地理書及地方史。凡此，又所以知晉人於地理學之貢獻。

五

　　汝潁奇士，江漢英靈，人物所生，載光郡國，故鄉人學者，體賢美族，編而紀之，若周斐《汝南先賢》、陳壽《益部耆舊》、虞預《會稽典錄》，斯《史通·雜述》所謂之郡書者也。賢士烈女，類聚區分，雖殊途百行，而同止於善，載筆之士，則有取其所好，刪採前史，各爲之錄，如皇甫謐《高士》、徐廣《孝子》，今所謂類傳者也。魏、晉以來，門閥殊重，凡此諸書，乃特爲繁盛。又周自有官禮、儀禮，後世因之，典章制度、節文儀注之屬，代所必有，《隋志》所分，舊事、職官、儀注、刑法之類是也，清修《四庫》，乃據錢傅《祕閣書目》，合爲政書、職官二門，晉人著作，亦多其書。嵇含《草木》，志南方之異物，爲當時北方人士所寡聞鮮知者。向、歆之《錄》、《略》，既開後世目錄學之嚆矢，荀勗因鄭默《魏中經》，更撰《晉新薄》，遂特立史籍於丙部，於目錄之學，因據一席之地。今考兩晉史部遺籍，揔爲一章，以明晉人於傳記、政書、譜錄之作，類聚之稱爲傳記及專史。至其《南方草木狀》，則宋麻沙舊版、宋刻《百川學海》諸宋本所題，雖皆云襄陽太守嵇含撰，然考《晉

書·嵇含傳》稱，劉弘表含爲廣州刺史，未發見殺，是含實未嘗至廣州，又何得而爲此書。本傳又稱，永興初，除中庶子，道阻未應召，尋授振威將軍襄城太守，是則所題「襄陽」，乃「襄城」之誤，蓋後人以此書托之嵇含，遂依其傳略題之如此，而未悟其舛謬，今所傳本，亦非原書。凡此，亦有不可不明者。

六

本文總爲五章，略如上述，其章內又各分小節，晉人所遺史籍，乃各以事義相從，納諸節中，而標以副題，冀能瞭然也。其章節之數，計爲：首章古史，共爲四節，以次爲後漢三國史之撰作三節，晉人所撰之晉史三節，晉人之地理書及地方史五節，傳記及專史三節，都二十二萬餘言，晉人今傳史籍，於此可得其梗概。

七

兩晉史學，遠紹孔子，近承馬、班，撰作斯盛。然或遭亂亡，率多佚失。自清儒承漢學昌明之惠，長於考證，喜事比輯，以治經方法，移以治史，輯佚之書，乃獨多於往世，晉人史籍，漸見掇拾，久絕之書，遂可窺其一斑。今所考述，並及其存·輯之本，而一一注明其所屬叢書。至已佚之籍，書既未見，則不侈爲記述也。

八

舉凡晉人著述之淵源背景、內容取材、眞僞得失、存佚著錄、各家品評等，本書所撰，必廣爲參訂，於群籍之撰人，則一一盡其能詳，蓋知人論世，思過半矣。

九

先儒往賢，博學多能，於晉人之遺籍，或能及見全豹，或廣爲搜求，發言著論，自有可據，雖詳約不同，並具引之。蓋鳧脛雖短，長之則悲，史文或略，增之反累，加減前哲，豈容易哉。至所徵用，悉注所出。無論古人、今人，力避稱諡引號，免淆亂也。因文之便，所引以考鏡異同，辨章得失，有不一一提明者，非敢掠美，眾所周知矣。其有一愚之見，語必有徵，非曰必然，冀能引玉也。

前　言

　　經籍也者，誠機神之妙旨，聖哲之能事，所以經天地，緯陰陽，正紀綱，弘道德者也，代代無不竭力蒐求。然時有變革，地有遷徙，或遭亂逢亡，或遇禍蒙災，經籍之事，雖立官以探之，設府以藏之，亦以此故，天府益高，秘閣益密，乃益難免於佚失之數，《隋書》四十九〈牛弘傳〉言之詳矣，牛弘請開獻書之表曰：

　　……秦皇馭寓，吞滅諸侯，任用威力，事不師古。始下焚書之令，行偶語之刑，先王墳籍，掃地皆盡。本既先亡，從而顛覆。臣以圖讖言之，經典盛衰，信有徵數，此則書之一厄也。漢興，改秦之弊，敦尚儒術。建藏書之笑，置校書之官，屋壁山巖，往往間出。外有太常、太史之藏，內有延閣、秘書之府。至孝成之世，亡逸尚多，遣謁者陳農，求遺書於天下，詔劉向父子讎校篇籍，漢之典文，於斯為盛矣。及王莽之末，長安兵起，宮室圖書，並從焚盡，此則書之二厄也。光武嗣興，尤重經誥，未及下車，先求文雅。於是鴻生鉅儒，繼踵而集，懷經負帙，不遠斯至。肅宗親臨講肄，和帝數幸書林，其蘭臺石室，鴻都東觀，秘牒塡委，更倍於前。及孝獻移都，吏民擾亂，圖書縑帛，皆取為帷囊，所收而西，裁七十餘乘。屬西京大亂，一時燔蕩，此則書之三厄也。魏文代漢，更集經典，皆藏在秘書內外三閣，遣秘書郎鄭默，刪定舊文，時之論者，美其朱紫有別。晉氏承之，文籍尤廣，晉秘書監荀勗定魏《內經》，更著《新簿》，雖古文舊簡，猶云有缺，新章後錄，鳩集已多，足得恢弘正道，訓範當世。屬劉石憑陵，京華覆滅，朝章國典，從而失墜，此則書之四厄也。永嘉之後，寇竊競興，因河據洛，跨秦帶趙。論其建國立家，雖傳名號，憲章禮樂，寂滅無聞。劉裕平姚，收其圖籍，五經子史，纔四千卷，皆赤軸青紙，文字古拙，僭

偏之盛，莫過二秦，以此而論，足可明矣。故知衣冠軌物，圖書記注，播遷之餘，皆歸江左。晉、宋之際，學藝爲多，齊、梁之間，經史彌盛。宋秘書丞王儉，依劉氏《七略》，撰爲《七志》；梁人阮孝緒，亦爲《七錄》，摠其書數，三萬餘卷。及侯景渡江，破滅梁室，秘省經籍，雖從兵火，其文德殿內書史，宛然猶存。蕭繹據有江陵，遣將破平侯景，收文德之書及公私典籍重本七萬餘卷，悉送荊州，故江表圖書，因斯盡萃於繹矣。及周師入郢，繹悉焚之於外城，所收十纔一二，此則書之五厄也。……

夫經邦立政，在乎典謨，建國之本，莫此攸先，而孔子已有夏殷不足徵之嘆，知古籍之散失，由來久矣。其後又遭秦皇焚書之火，王莽長安之毀，孝獻移都之亂，劉石憑陵之墜，蕭繹外城之燔，其殘破遺佚，自不待言。而牛弘之後，又有煬帝之書散江都，安史之凌厲長安，黃巢之肆虐天下。宋則有靖康之禍，珍本秘笈，因之喪失。元有《經世大典》及《大元一統志》，今並無存。明之「文淵閣」藏書，不見流傳，《永樂大典》，一再毀佚。清有義和團，波動塵飛，燼餘之本，千不一得。《四庫全書》，其文匯、文宗、文源毀於兵燹。天祿琳瑯，內廷所藏，已無蹤影。此則公家藏書之浩劫也。若宋之趙明誠，以及清之天一閣范氏、絳雲樓錢氏、汲古閣毛氏、述古堂錢氏、傳是樓徐氏、知不足齋鮑氏、士禮居黃氏、粵雅堂伍氏、玉函山房馬氏、皕宋樓陸氏、八千卷樓丁氏、海源閣楊氏、鐵琴銅劍樓瞿氏等則搜羅亦富，並以私人藏書，聞名天下，然亦不免於刀兵水火、子孫不肖，其所損失，殆尤甚於公家所藏者。清四庫館之查辦抽毀，刪改諸書，則爲專制帝王有計畫之焚禁。知典籍之流傳，不其難乎。

溯乎典籍之始，蓋始於史官。尋史之義，本爲記事。《說文》：

> 史，記事者也。從又，持中。中，正也。

《玉篇》：

> 史，掌書之官也。

《周禮》：

> 史，掌官書以贊治。

江永《周禮疑義舉要》：

> 凡官署簿書謂之中，故諸官言「治中」、「受中」、「小司寇斷庶民訟獄之中」，皆謂簿書，猶今案卷也。

此史之初義，蓋古掌書記事者謂之史。其字從又，持中。又者，手也，中者，簿書，以手持簿書也。吳大澂《說文古籀補》：

> 史，記事者也，象執簡形。

推其意，蓋以「中」即「冊」之省形，「冊」爲簡策本字，持中，即持冊之象。《章氏叢書・文始》卷七：

用，從卜中，字形作**用**，乃純象**卌**形，古文用作**用**，則中可作**用**，**卌**二編，此三編也。

章氏引用《周禮》治中、受中爲證，又謂《論語》之允執厥中，《國語》之右執鬼中，以及漢官之治中，皆當以此爲義。此則視江、吳二氏加詳者也。又王國維《觀堂集林》卷六〈釋史〉一文，亦以爲當時簿書亦謂之中，史字之義，爲持書之人。知史之一辭，當指記事之人，非謂記事之書，故許氏以記事者釋之，後世乃以史爲書，而別以吏名史，遂不知「中」字含義矣。《周禮》春官有太史，掌建邦之六典；小史，掌邦國之志；內史，掌王之八枋之法，掌書王命；外史，掌書外令，掌四方之志；御史，掌邦國都鄙及萬民之治令，掌贊書。六官所屬諸職司，亦莫不有史。漢制亦然，《漢書・藝文志・小學家》曰：「太史試學童，能諷書九千字以上，乃得爲史。又以六體試之，課最者，以爲尙書、御史、史書、令史。吏民上書，字或不正，輒舉劾。」斯則史官之事。又許愼〈說文敘〉：「黃帝之史倉頡，見鳥獸蹏迒之跡，知分理之可相別異也，初造書契。」知史職所掌，典據書契也。是以古之王者，世有史官，左史記言，右史記事，事爲《春秋》，言爲《尙書》，則文籍生焉。及其後也，官之以史名者，既掌文書，復典祕籍，漸以聞見筆之於書，遂以掌書起草之史而當載筆修史之任。是史官者，必求博通知遠之士以居其位，書美彰善，記惡垂戒，窮聖人之至賾，詳一代之疊疊也。

自周室之衰，載籍殘闕。孔子思存前聖之業，以魯，周公之國，禮文備物，史官有法，故與左丘明觀其史記，據行事，仍人道，因興立功，就敗成罰，假日月以定曆數，藉朝聘以正禮樂，褒諱貶損，以修《春秋》，開後世私家撰史之風，與左氏並以編年之體，垂爲百代之法。秦既滅先王之典，遺制莫存。漢棄其弊，大收篇籍，以去古未遠，史官之制未廢，遂令蕭何次律令，韓信申軍法，張蒼爲章程，叔孫通定禮義，文學稍進。曹參之薦蓋公言黃老，賈生、晁錯之明申商，公孫弘之以儒顯，天下遺文，莫不畢集太史公矣。而司馬氏世爲史官，談卒遷繼，乃悉論先人所次舊聞，廣稽博考，騁其周游之奇氣，創爲本紀、列傳、世家、書、表五體，發憤而爲通代之史。班固繼作，改「書」爲「志」，斷代爲史，後有作者，遵行不替，紀傳一體，遂立正史之規焉。迨乎漢獻，頗好典籍，常以《漢書》文繁難省，命祕書監侍中荀悅，依《左氏傳》體，以爲《漢紀》三十篇，而成編年之書。蓋繫日月以爲次，列時歲以相續，中國外夷，同年共世，莫不備載，其事形於目前，理盡一言，語無重出，此其所長也。紀以包舉大端，傳以委曲細事，表以譜列年爵，志以總括

遺漏，逮於天文、地理，國典朝章，顯隱必該，洪纖靡之，此則紀傳之所長也。
若夫左丘明之復采前世之事，以濟其明識高思所未盡，而爲《國語》，別國爲史，
無復年月可尋，則爲乙部之支與流裔矣。自是而後，史學底成。及乎魏、晉、六
朝，喪亂迭興，南董之位，以祿貴遊，政駿之司，罕因才授，於是博達之士，愍
其覆滅，各記所聞，以備遺亡，群才景萩，爭翰於蓬茨之下，遂發爲璀璨光輝之
成果，而大盛私家撰史之風。惜多隨代散亡，《隋志》所見，殘闕已多，其序云：

> 大唐武德五年（西元 622 年），克平僞鄭，盡收其圖書，及古跡焉。
> 命司農少卿宋遵貴載之，以船泝河西上，將致京師。行經底柱，多被漂沒。
> 其所存者，十不一二。其目錄亦爲所漸濡，時有殘缺。今考見存，分爲四
> 部，合條爲一萬四千四百六十六部，有八萬九千六百六十六卷。其舊錄所
> 取，文義淺俗，無益教理者，並刪去之。其舊錄所遺，辭義可采，有所弘
> 益者，咸附入之。遠覽馬《史》、班《書》，近觀王、阮《志》、《錄》，挹
> 其風流體制，削其浮雜鄙俚，離其疏遠，合其近密，約文緒義，凡五十五
> 篇，各列本條之下，以備經籍志。

其時雖承牛弘訪書之後，即又佚沈。是唐修《隋志》，乃取其殘缺之餘，而分爲
四部，又益之以舊錄所遺，於馬、班、王、阮，則爲之挹削離合。其經部之後，即
爲史部，且分其子目曰：正史、古史、雜史、霸史、起居注、舊事、職官、儀注、
刑法、雜傳、地理、譜系、簿錄等十三類。各類所錄之晉人撰作，或明著爲晉某撰，
或並簡敘其官職及書之起訖，其爲梁有隋亡、有目無書者，亦於相關條下分別注明，
魏徵之於《隋志》，可謂勤矣。然一代文籍，絕難全璧，世於典午之學，遂幾以清談
小說爲言。今撰茲編，幸踵清人治學之後，竊含其英而咀其華，冀奮螳臂以明今傳
兩晉之史學，進窺爲學之堂奧，鴻儒君子，其許之乎。

第一章 古　史

第一節　晉人對古史之整理
——皇甫謐《帝王世紀》及晉代其他治古史之有傳書者

《隋書·經籍志·正史類》序曰：

> 古者天子諸侯，必有國史，以紀言行。後世多務，其道彌繁。夏殷以
> 上，左史記言，右史記事。周則太史、小史、內史、外史、御史，分掌其
> 事，而諸侯諸國，亦置史官。

知當時記事，各有職司也。其後，世衰道亂，史官放絕。秦滅先王之典，遺制莫存。
至漢，始置太史公以掌其職。魏、晉以來，雖循其舊，並置史官，然罕以才授，其
道逾替，遂使立言之士，爭翰於蓬茨之下，史書之作，乃蔚爲空前矣。

今考晉人於古史之研究，其可得而見者，條錄並述如后。

《帝王世記》一卷，晉·皇甫謐撰。見於：

《說郛》（宛委山堂本）弓五十九。

《帝王世紀》一卷，補遺一卷，附錄一卷，晉·皇甫謐撰，清·宋翔鳳集校。見於：

《訓纂堂叢書》。

《帝王世紀》一卷，晉·皇甫謐撰，清·顧觀光輯。見於：

《指海》（道光本、景道光本）第六集。

《叢書集成初篇·史地類》。

《帝王世紀》一卷，晉·皇甫謐撰，清·王仁俊輯。見於：

《玉函山房輯佚書續篇·史篇總類》。

《汲冢周書》十卷，晉·孔晁注。見於：

　　《古今逸史·逸記》。

　　《廣漢魏叢書·別史》（萬曆本）。

　　《三代遺書》。

　　《秘書二十一種》（康熙本、嘉慶本）。

　　《增訂漢魏叢書·經翼》（乾隆本、紅杏山房本、三餘堂本、大通書局石印本）。

　　《四部叢刊·史部》（初次印本、二次印本、縮印二次印本）。

　　《景印元明善本叢書十種·古今逸史·逸記》。

《逸周書》十卷。見於：

　　《漢魏叢書·史籍》（萬曆本、景萬曆本）。

　　《四庫全書·史部·別史類》。

　　《知足齋叢書》第一集。

　　《叢書集成初編·史地類》。

《汲冢周書》六卷。見於：

　　《秘書九種》。

《汲冢周書》十卷，〈校正補遺〉一卷，〈附錄〉一卷，晉·孔晁注，清·盧文弨校。
見於：

　　《抱經堂叢書》（乾隆本、景乾隆本）。

　　《廣漢魏叢書·史別》（嘉慶本）。

　　《四部備要·史部古史》（排印本、縮印本）。

《三墳》一卷，晉·阮咸注。見於：

　　《范氏奇書》。

　　《古今逸史·逸記》。

　　《秘書廿一種》（康熙本、嘉慶本）。

　　《景印元明善本叢書十種·古今逸史·逸記》。

以上三書，阮咸及孔晁所撰者，皆據古史以注釋，皇甫謐《帝王世紀》則出於編作者。

一、皇甫謐《帝王世紀》

　　按，皇甫謐，字士安，安定朝那人（今甘肅平涼），生於漢獻帝建安二十年乙未
（西元 215 年）。年二十，不好學，游蕩無度，或以爲癡。爲母流涕而責，謐乃感激
而受書。居貧，躬自稼穡。帶經而農，遂博綜典籍。沈靜寡欲，始有高尚之志。以
著述爲務，自號玄晏先生。後得風痹疾，猶手不輟卷。或勸謐修名廣交，謐以爲居

田里之中，亦可以樂堯、舜之道，何必崇接世利，然後名世乎。謐耽翫典籍，忘寢與食，時人謂之書淫。或有箴其過篤，將損耗精神，謐曰：「朝聞道，夕死可矣，況命之修短分定懸天乎。」時魏郡召上計掾，舉孝廉，景元初，相國辟，皆不行。其後鄉親勸令應命，謐爲〈釋勸論〉以通志焉。歲餘，又舉賢良方正，並不起。初服寒食散，每委頓不倫，嘗悲恚叩刃欲自殺，叔母諫之而止。咸寧初，徵太子中庶子，又徵議郎，又召補著作郎，司隸校尉劉毅請爲功曹，並不應。著論爲葬送之制，名曰《篤終》，竟不仕。武帝太康三年壬寅（西元282年）卒，年六十八。所著詩賦、誄頌、論難甚多，又撰《帝王世紀》、《年曆》及《高士》、《逸士》、《列女》等傳，並重於世。門人摯虞、張軌、牛綜、席純皆爲晉名臣。〔註1〕

所撰《帝王世紀》，或作《帝王代紀》，唐避諱所改。謐蓋以漢紀殘闕，始博案經傳，旁觀百家及徐整《三五曆記》，論三皇以來事，撰爲《帝王世紀》，並《年曆》，合十二篇。〔註2〕其所取資，又深得梁柳、衛宏之《古文尚書》。《尚書·堯典正義》曰：

> 《晉書·皇甫謐傳》云：「姑子外弟梁柳，得《古文尚書》，故作《帝王世紀》，往往載孔傳五十八篇之書。」

雖今《晉書·皇甫謐傳》無此語，文廷式以爲係王隱《晉書》。然章宗源《隋志考證》（卷三〈帝王世紀〉）曰：

> 謐言封帝摯於高辛氏，本於東海衛宏所傳。

衛宏乃從杜林受《古文尚書》者，皇甫謐得其傳，是淵源有自矣。以《御覽·州郡部》載謐所紀都邑，其書徵引《春秋傳》、《世本》、《戰國策》、《國語》、《秦本紀》、《漢地理志》等，則其博案可知。

今考《周易·繫辭正義》引謐紀太皞、神農、黃帝、少皞、帝嚳、堯、舜事，《禮記正義》、《初學記》、《藝文類聚·帝王部》並引之，《御覽·皇王部》所引尤詳，又《初學記·帝王部》引魏武晉爵、魏文受禪，《御覽·皇王部》引高貴鄉公爲成濟所害、陳留王就國治鄴事，〔註3〕則謐之《帝紀》，當上起三皇，下迄漢魏也。司馬貞《補三皇本紀》自注曰：

> 按，神農之後凡八代，事見《帝王代紀》及《古史考》，然古典亡矣，況譙、皇二氏，皆前聞君子，考按古書，而爲此說，豈至今鑿空乎。

今由舊書搜采，其書約可以如下分：自開闢至三皇第一，五帝第二，夏第三，殷第

〔註1〕見《晉書斠注》卷五十一〈皇甫謐傳〉。
〔註2〕見《玉海·藝文雜史類》引《中興書目》及司馬貞《補三皇本紀·序》。
〔註3〕見章宗源《隋書經籍志考證》卷三〈帝王世紀〉。

四，周第五，秦第六，前漢第七，後漢第八，魏第九，星野及歷代墾田戶口數第十，又補遺數條。〔註4〕據《御覽》諸書所引，似分類爲篇，體裁主於考證。至六經圖讖之遺文，亦往往見於此書。故《史通・採撰篇》曰：

> 玄晏《帝王紀》，多採六經圖讖，引書之誤，其萌始於此。

今《隋志》著錄十卷，兩《唐志》並同。《中興書目》闕一卷，《宋志》亦爲九卷，當在北宋時佚一卷，迨南宋王應麟纂輯《玉海》時，即多從他書輾轉裒集，可見當時已無傳本，約在南渡時亡失，是《帝王世紀》一書，不存於世者已八百年。今段注《說文》之引徵此書，則採自類書，猶元、明人之輾轉援引然，非清時猶有存本。《日本見在書目》有此書，卷數疑譌。文廷式《補晉書藝文志》曰：

> 《日本見在書目》有皇甫謐《陳帝紀》六卷，必有誤。

丁國鈞《補晉書藝文志》曰：

> 《日本現在書目》有此書，作三十卷，疑僞不足據。

謐書，《隋志》並歸雜史類，《宋志》改入編年，章宗源《隋志考證》以爲「《宋志》恐誤」，按秦榮光《補晉書藝文志》則列《帝王世紀》於別史類，楊師家駱《續修四庫全書計劃之十二・兩晉遺籍輯存》亦同。別史、雜史蓋頗難分析，《書目答問・別史第五》注云：

> 別史、雜史頗難分析，今以官撰及原本正史重爲整齊，關繫一朝大政者入別史，私家紀錄中多碎事者入雜史。

而如《宋志》之入編年，則誠誤矣。

謐書早已佚失，爲之輯存者，始於元末、明初之陶宗儀，陶本收於重校《說郛》中。又有張澍輯本，乃未完之作。〔註5〕

《魏書二十・安豐王猛子延明傳》稱，延明注《帝王世紀》，《隋志》又有盧綝《帝王世紀音》四卷、何茂材《續帝王世紀》十卷，今皆不存，唯《太平御覽》等類書引用《帝王世紀》之文，往往附見音注，或即延、盧二氏書之逸文也。

二、孔晁《逸周書注》

孔晁，《晉書》無傳，始末不詳。嚴可均《全晉文》卷七十三曰：

> 晁，泰始初（泰始元年，西元265年），爲五經博士，有《逸周書注》八卷。

又，王肅《聖證論》中，附有馬昭〈駁孔晁答張融評〉，晁朋於王，蓋王之及門弟子。

王之弟子有孔猛者，孔子二十一世孫，唯晁不知其世系，孔繼汾《闕里文獻考》亦不載其人。〔註6〕按，《漢書藝文志・尚書家》著錄有《周書》七十一篇，劉向《別錄》云：

> 周時誥誓號令也〔註7〕

顏師古以爲乃孔子所論百篇之餘。是《逸周書》者，即《周書》，與《尚書》同類。晉五經博士孔晁注本，顏師古所見止存四十五篇，而未有他稱，蓋亦云《周書》。至《隋志》所錄，始降列雜史之首，以爲與《穆天子傳》俱汲冢之書，故云《汲冢周書》。

晁公武《郡齋讀書志・史部・雜史類》著錄《汲冢周書》十卷，注云：

> 晉太康中，汲郡與《穆天子傳》同得，晉・孔晁注。

陳振孫《直齋書錄解題・尚書家》稱「《汲冢周書》十卷，晉五經博士孔晁」，注云：

> 太康中，汲郡發魏安釐王冢，〔註8〕所得簡書，此其一也。

唐、宋志亦稱此得之汲冢，孔晁注解。據此，則晉得汲冢書前豈未有此書。考劉、班所錄，並著《周書》七十一篇，且謂孔子刪削之餘，司馬遷之記武王克殷事，又與此書相應，則必劉、班、司馬所見者。《說文解字》、《論語》馬注、《周禮》、《儀禮》鄭注，亦皆引《周書》，皆在今本《逸周書》七十篇之中，知其書故傳於漢世，不因出於汲冢而世始見之，然則繫之汲冢，失其本矣。《四庫全書總目提要・別史類》敘《逸周書》曰：

> 《逸周書》十卷，舊題《汲冢周書》，然攷《漢書藝文志》，先有《周書》七十一篇，司馬遷紀武王克商事，與此事相應，許慎作《說文》，引《周書》大翰若翬雉，又引《周書》豲有爪（按原作「蚤」，「蚤」與「爪」同，見〈周祝解〉第六十七）而不敢以搔，馬融注《論語》引《周書・月令》、鄭元注《周禮》引《周書・王會》、注《儀禮》引《周書》比黨州閭，皆在汲冢前，知爲漢氏相傳之舊，郭璞注《爾雅》稱《逸周書》，知晉至唐初，舊本尚不題汲冢，舊本載嘉定十五年（西元 1222 年）丁黼跋，反覆攷證，確以爲不出汲冢，斯定論矣。

其以《周書》稱爲《汲冢書》者，蓋始誤於《隋志》之據見存書目，〔註9〕郭璞、李善注書所引亦止稱《逸周書》。孫詒讓《周書斠補序》曰：

〔註6〕見姚振宗《隋志考證》卷二（〈經部二・書類・王肅尚書駁義附〉）。
〔註7〕見姚振宗《隋志考證》卷十三（〈史部三・雜史類〉）。
〔註8〕魏安釐王，梁啓超作魏襄王，見所撰《古書真僞及其年代》。
〔註9〕見《隋經籍志考證》卷十三（〈史部三・雜史類・周書〉）。

　　　　隋、唐志繫之汲冢，致爲延舛，《晉書》記荀勗、束晳所校汲冢古文
　　篇目，雖有《周書》，與此實不相涉。

按，六國以後，墨翟、蘇秦、蔡澤、呂不韋、韓非、蒙恬、蕭何、伏生、大小戴、
太史公等時時節取此書，意其時學者誦習，亞於六藝，故劉、班列之六藝書，〔註10〕
是漢以來，原有此書，乃古書之幸存者，不因發冢始得也。

　　今觀《周書》，雖文辭質古深遠，然或以爲與古體不類，謂係戰國後人依仿爲之
者，陳振孫《書錄解題‧尚書家‧汲冢周書》曰：

　　　　相傳以爲孔子刪《書》所餘者，未必然也，文體與古書不類，似戰國
　　後人依仿爲之者。

李燾《逸周書攷》曰：

　　　　書多駁辭，宜孔子所不取，抑戰國處士，私相綴緝，託周爲名，孔子
　　亦未必見。

胡應麟曰：

　　　　《周書》卷首十數篇，後序皆以爲文王作，而文絕無明據，且與書體
　　不合，蓋戰國纂集此書者所作攙入之，冠於篇首也。〔註11〕

《四庫‧別史類》提要亦稱：其載有太子晉事，則當成於靈王以後，所云文王受命
稱王，武王、周公私計東伐等，皆古人必無之事，陳振孫以爲戰國後人所爲，似非
無見。然嘉定朱右曾則不以爲然，其《逸周書集訓校釋‧序》曰：

　　　　愚觀此書，雖未必果出文、武、周、召之手，要亦非戰國、秦、漢人所能
　　偽託。

朱氏並舉三證以爲符驗。《經義攷》引鄭棐之意，以爲其書出春秋、戰國以前，抑周
之野史歟，〔註12〕清‧姜士昌〈逸周書讎校序〉以爲，其文辭則東周以後作者不逮
也。綜上所述，其書或非出於文、武、周、召，亦當爲三代之遺文。自周至今，殆
三千年，苟有碎金殘石于瓦礫之中，尚寶之如拱璧，《山海經》之謬悠，穆王游行之
荒唐，尚有綴輯之者，況上翼六經，下籠諸子，宏深質古，若是書者乎（見朱右曾
序）。即以其出依託，亦必多有典據，是歷代先儒，皆爲之校訂，清‧王念孫、段玉
裁、梁玉繩並嘗用力於此，盧文弨更合眾本並集諸家校訂。而其始爲之注者，則晉
孔晁也。

　　攷《周書》，《漢志》有七十一篇，今存者五十九篇，并序爲六十篇。孔氏作《注》

〔註10〕見朱右曾《逸周書集訓校釋‧序》。
〔註11〕見姚振宗《隋志考證》卷十三（〈史部三‧雜史類‧周書〉）引。
〔註12〕同上。

之時當有二本並行，故得參校。其《注》，於顏師古之時，僅存四十五篇。朱右曾曰：

> 唐初，孔氏注本亡其二十五篇，師古乃據以注《漢志》，故云今其存
> 者四十五篇。師古之後，又亡其三，故今孔《注》祇有四十二篇也。然晉、
> 唐之世，書有二本，孔氏解克殷荷素質之旗于王前云：「一作以前」，于王
> 解大武三擯厥親云：「擯一作損」，李嘉注《文選》邱中云：「《周書》邱一
> 作苑」。

又《唐藝文志》有孔晁注《汲冢周書》十卷，別有《周書》八卷，二本並列。至合
四十二篇之《注》于七十一篇之本，則未知始於何代，要在唐以後。〔註13〕

《周書》篇題，舊但云「某某弟幾」，蔡邕《明堂月令論》曰：「《周書》七十一
篇，而〈月令〉弟五十三。」可證。至孔氏之注，則每篇題云「某某解弟幾」，猶《淮
南子》篇目高誘注本皆系以「訓」字。今本篇目凡七十，序在其末，共爲十卷，始
於〈度訓〉，終於〈器服〉，與晁公武、陳振孫所見者卷同。宋·黃震《日抄》曾說
明其內容曰：

> 自〈度訓〉至〈小開解〉凡二十三篇，皆載文王遇紂事，多類兵書，
> 而文澀難曉。

其有孔注者，〈度訓〉、〈命訓〉、〈常訓〉、〈文酌〉、〈糴匡〉、〈武稱〉、〈大明武〉、〈小
明武〉、〈大匡〉、〈程典〉、〈程寤〉諸解。〈秦陰〉、〈九政〉、〈九開〉、〈劉法〉、〈文開〉、
〈保開〉、〈八繁〉止存篇目，〈酆保〉、〈大開〉、〈小開〉俱無孔氏注。黃氏又曰：

> 自〈文儆〉至〈五權〉二十三篇，載文王薨，武王繼之伐商，其文間
> 有明白者，或類〈周誥〉。

有孔注者，〈文傳〉、〈柔武〉、〈大開武〉、〈小開武〉、〈寶典〉、〈酆謀〉、〈寤儆〉、〈武
順〉、〈武穆〉、〈和寤〉、〈武寤〉、〈克殷〉、〈大匡〉、〈文政〉、〈大聚〉、〈世俘〉諸解。
〈箕子〉、〈耆德〉（按《周書序》作〈考德〉），已亡，〈文儆〉、〈商誓〉、〈度邑〉、〈武
儆〉、〈五權〉俱無注。黃氏又謂：自〈成開解〉，至〈王會解〉十三篇載武王崩，周
公相成王事，間亦有明白者，多類〈周誥〉。有孔注者，〈成開〉、〈作雒〉（按〈周書
序〉作〈作洛〉）、〈皇門〉、〈大戒〉、〈諡法〉、〈王會〉諸解。〈周月〉、〈時訓〉、〈明
堂〉、〈嘗麥〉、〈本典〉、〈官人〉等俱無注。其〈祭公解〉、〈史記解〉，乃穆王警戒之
書，〈職方氏〉與今《周禮》之〈職方氏〉相類，〈芮良夫解〉爲訓王暨政臣之書，〈王
佩解〉亦相類，〈殷祝〉雜出殷事，並有孔注。〈太子晉〉則誕而陋，與諸篇絕不類。
黃氏云：

〔註13〕見朱右曾《逸周書集訓校釋·序》。又清·唐大沛有《逸周書分編句釋》十二卷，多
　　　　引晁注盧說及盧氏所引諸家言以訓釋，詳審可稽。

自〈周祝解〉至〈詮法解〉，不知其所指。

有孔注者，〈周祝〉也。〈武紀〉、〈詮法〉無注。黃氏又云：

終之以〈器服解〉，而〈器服解〉之名，多不可句。

〈器服解〉孔氏無注。按，〈周書序〉曰：

昔在文王、商紂並立，困于虐政，將弘道以弼無道，作〈度訓〉。殷人作教，民不知極，將明道極，以移其俗，作〈命訓〉。紂作淫亂，……文王惠和化服之，作〈常訓〉。上失其道，民散無紀，西伯脩仁，明恥示教，作〈文酌〉。上失其道，民失其業，凶年作〈糴匡〉。（此疑有脫字），文王立，西距昆夷，化備獫狁，謀武以昭威懷，作〈武稱〉。武以禁暴，文以綏德，大聖允兼，作〈允文〉。武有七德，王作〈大武〉、〈大明武〉、〈小明武〉三篇，（此疑有脫字）穆王遭大荒，謀救患分災，作〈大匡〉。作〈九開〉。（此疑有脫字）文王唯庶邦之多難，論典以匡謬，作〈劉法〉。文王卿士諗，發教禁戒，作〈文開〉。維美公命于文王，脩身觀天，以謀商難，作〈保開〉。文王訓乎武王，以繁害之戒，作〈八繁〉。文王在酆，命周公謀商難，作〈酆保〉。文啓謀乎後嗣，以脩敬戒，作〈大開〉、〈小開〉二篇。文王有疾告，武王以民之多變，作〈文儆〉。文王告武王序德之行，作〈文傳〉。文王既沒，武王嗣位，告周禁五戎，作〈柔武〉。武王忌商，周公勤天下，作大、小〈開武〉二篇。武王評周公維道以爲寶，作〈寶典〉。商謀啓平周，周人將興師以承之，作〈酆謀〉。武王將起師伐商，寤有商儆，作〈寤儆〉。周將伐商，順天革命，申喻武義，以順乎民，作〈武順〉、〈武穆〉二篇。武王將行大事乎商郊，乃明德眾，（此疑有脫字）作〈和寤〉、〈武寤〉二篇。武王率六州之兵車三百五十乘以滅殷，作〈剋殷〉。武王既剋商，建三監，以救其民，爲之訓範，（此疑有脫字）作〈大聚〉。武王既釋箕子囚，俾民辟寧之以王，作〈箕子〉。武王秉天下，論德施而位以官，作〈考德〉（此疑有脫字）。武王命商王之諸侯，綏定厥邦，申義告之，作〈商誓〉。武王平商，維定保天室，規擬伊洛，作〈度邑〉。武王有疾（此疑有脫字），命周公輔小子，告以正要，作〈五權〉。武王既沒，成王元年，周公忌商之孽，訓敬命，作〈成開〉。周公既誅三監，乃述武王之志，建都伊洛，作〈作洛〉。周公會群臣于閎門，以輔主之格言，作〈皇門〉。周公陳武王之言，以贊己言，戒乎成王，作〈大戒〉。周公正三統之義，作〈周月〉。辯二十四氣之應，以明天時，作〈時訓〉。周制十二月賦政之法，作〈月令〉。周公肇制文王之諡義，以垂于後，作〈諡法〉。周公將致政成王，朝諸侯於明堂，作

〈明堂〉。成王既即政，因嘗麥，以語群臣而求助，作〈嘗麥〉。周公爲太師，告成王以則，作〈本典〉。成王訪周公以民事，周公陳天徵以觀察之，作〈官人〉。周室既寧，八方會同，各以其職來獻，欲垂法厥後，作〈王會〉。周公云殁，王制將衰，穆王因祭祖不豫詢筞守位，作〈祭公〉。穆王思保位惟難，恐貽世羞，欲自警悟，作〈史記〉。王化雖弛，天命方永，四夷八蠻，攸尊王政，作〈職方〉。芮伯稽古作訓，納王于善，暨執政小臣，咸省厥躬，作〈芮良夫〉。晉侯尚力，侵我王略，叔向聞儲幼，而果賢，復王位（此疑有脫字），作〈太王晉〉。王者德以飾躬，用爲所佩，作〈王佩〉。夏多罪，湯將放之，徵前事以戒後王也，作〈殷祝〉。民非后罔入，后非民罔與，爲邦愼政在微，作〈周祝〉。武以靖亂，非直不剋，作〈武紀〉。積習生常，不可不愼，作〈銓法〉。車服制度，明不苟踰，作〈器服〉。周道於是乎大備。（見清・姜士昌《逸周書雠校》）

知所記皆文、武、周公之事，劉知幾《史通・六家篇》以爲斯乃百王之正書，五經之別錄。今其存者，并〈月令〉〔註14〕共爲六十一篇，朱右曾據諸書所引，又輯有逸文八十一條，其爲今本所無者，蓋所佚諸篇之文。《唐日本國見在書目》有《周書》八卷汲冢書，姚振宗《隋志攷證》以爲係孔晁注本。兩《唐志》並有孔晁注《周書》八卷，蓋爲孔注之不全者。《宋志・經部・書類》有孔晁注《汲冢周書》十卷，《郡齋讀書志》、《直齋書錄解題》並同。張氏《書目答問》作《逸周書》孔晁《注》十卷，與今所行本同。

三、阮咸《三墳》注

阮咸，字仲容，陳留尉氏（今河南開封）人。任達不拘，與叔父籍爲竹林之游。咸寧中，爲散騎侍郎。山濤舉咸典選曰：「阮咸貞素寡欲，深識清濁，萬物不能移，若在官人之職，必絕於時。」武帝以咸耽酒浮虛，遂不用。咸妙解音律，善彈琵琶，雖處世不交人世，惟共親知絃歌酣宴而已，荀勗每與論音律，自以爲遠不及，疾之，出補始平太守，以壽終。〔註15〕

其所注《三墳》，隋、唐諸志並不錄。按《三墳》者，上古之書也。《史通・題目篇》曰：

> 上古之書，有《三墳》、《五典》、《八索》、《九丘》，其次有《春秋》、《尚書》、《檮杌》、《志乘》。

〔註14〕〈月令〉原闕，盧文弨依《呂氏・十二紀》鈔出補成。
〔註15〕見《晉書覨注》卷四十九〈阮咸傳〉及嚴可均《全晉文》卷七十二〈阮咸〉。

《春秋左氏傳》載楚靈王謂其左史倚相能讀《三墳》、《五典》、《八索》、《九丘》，孔安國序書以謂伏犧、神農、黃帝之書，謂之《三墳》，言大道也。《周禮・春官》：

> 外史掌三皇、五帝之書。

然則《三墳》至於典午之時，豈猶行於世而爲阮咸所見。今按，伏犧、神農皆在黃帝之前，時字未成，何以有書？蓋上古之事，渺茫無可稽考，三皇、五帝之業，大抵傳聞之辭，記自後世。〔註16〕故司馬遷有神農以前，吾不知矣之言，班固亦有顓頊之事，未可明也之說，斯則《墳》、《典》所記，無得而稱者焉。又考《漢書・藝文志》錄古事爲詳，凡所見書，靡不具載，而《三墳》已不見著錄，苟此書出在漢前，亦當漢而亡。〔註17〕是以劉知幾撰《史通》，於〈二體〉雖有「三、五之代，書有《典》、《墳》」之語，然繼之則有「悠哉邈矣，不可得而詳」之嘆。其後出之書，則疑爲僞，而又不出汲冢，然則阮氏所注者，蓋爲僞書耶？觀乎諸史志之不錄阮《注》，又豈後人有所託於阮氏者耶？

第二節　晉人之春秋左氏學
——杜預《春秋左氏經傳集解》及晉代其他治《春秋左氏傳》之有傳書者

《隋書・經籍志・春秋類》序曰：

> 春秋者，魯史策書之名。昔成周微弱，典章淪廢，魯以周公之故，遺制尚存，仲尼因其舊史，裁而正之。或婉而成章，以存大順；或直書其事，以示首惡。故有求名而亡，欲蓋而彰，亂臣賊子，於是大懼。其所褒貶，不可具書，皆口授弟子，弟子退而異說，左丘明恐失其眞，乃爲之傳。

此所以有《春秋》左氏學也。《史記・十二諸侯年表序》亦云：

> 孔子明王道於七十餘君，莫能用。故西觀周室，論史記舊聞，興於魯而次《春秋》。上記隱，下至哀之獲麟，約其辭文，去其煩重，以制義法，王道備，人事浹。七十子之徒，口受其傳指，爲有所刺譏、褒諱、挹損之文辭，不可以書見也。魯左丘明懼人人異端，各安其意，失其眞，故因孔

〔註16〕見林師景伊《中國學術思想大綱・緒言》。又唐司馬貞《補三皇本紀》楊愼云：「云三皇之事，若存若亡，五帝之事，若覺若夢，至哉言乎。」

〔註17〕見明新安程榮〈校三墳序〉。又唐司馬貞〈補三皇本紀序〉柯維曰：「三皇、五帝之書，見於《周官・外史》之所掌，楚左史倚相之習是已，迨經秦火，全書不見於世，其名號靡得而稽。」

子史記，具論其語，成《左氏春秋》。

又《漢書·藝文志》曰：

> 以魯周公之國，禮文備物，史官有法，故與左丘明觀其史記，據行事，仍人道，因興以立功，敗以成罰，假日月以定曆數，藉朝聘以正禮樂，有所褒諱、貶損，不可書見，口授弟子，弟子退而異言。丘明恐弟子各安其意，以失其眞，故論本事而作傳，明夫子不以空言說經也。

其後，遭秦滅學，〔註18〕至漢初，而出於張蒼家，〔註19〕本無傳者，文帝時，梁太傅賈誼爲訓詁，授趙人貫公。及劉歆典校經籍，考而正之，欲立於學，諸儒莫應。建武中，尚書令韓歆請立而未行。時陳元最明《左傳》，又上書訟之，有「若辭不合經，事不稽古，退就重誅」之言，乃以魏郡李封爲《左氏》博士。後群儒蔽固者，數廷爭之。及封卒，遂罷，然諸儒傳《左氏》者甚眾。永平中，能爲《左氏》者，擢高弟，爲講郎，賈逵、服虔並爲訓解，至魏遂行於世。〔註20〕晉時杜預，又以諸家所傳《左氏春秋》爲雜取《公》、《穀》以釋《左氏》，遂錯綜微言，爲《春秋左氏經傳集解》，而成一家之作，隋後盛行，唐·孔穎達之校先儒優劣，乃第爲甲矣。

一、杜預《春秋左氏經傳集解》

杜預，字元凱，京兆杜陵（今陝西長安）人，生於魏文帝黃初三年壬寅（西元222年）。博學多通，在官則勤於吏治，在家則滋味典籍，結交接物，恭而有禮，敏於事，而愼於言，明於興廢之道，常言「德不可以企及，立功立言，可庶及也」。甘露中，爲尚書郎，襲祖爵豐樂亭侯，後參文帝相國府軍事。晉受禪，守河南尹，免，尋爲安西軍司，除秦州刺史，領東羌校尉輕車將軍。以忤石鑒，檻車徵詣廷尉，以贖論。尋拜度支尚書，免，復拜度支尚書，代羊祜爲鎮南大將軍，都督荊州諸軍事。吳平，進爵當陽縣侯。後徵爲司隸校尉，道卒，時晉武帝太康五年甲辰（西元 284年），年六十三，追贈征南大將軍開府儀同三司，諡曰成。

杜預兩任度支尚書，嘗奏立藉田，建安邊論，興常平倉，定穀價，較鹽運，制課調，內以利國，外以救邊者五十餘條，皆納焉。咸寧年間，大霖雨，又上疏陳農要事。在內七年，損益萬機，朝野稱美，號曰杜武庫。滅吳之役，代羊祜而征，運籌帷幄，決勝千里，亦見其才。既還鎮，累陳家世吏職，武非其功，請退，不許。預以天下雖安，忘戰必危，勤於講武，修立泮宮，江漢懷德，化被萬里，攻破山夷，錯置屯營，

〔註18〕《釋文序錄·注解傳述人·春秋注》引桓譚《新論》稱：「《左氏傳》戰國寢藏。」
〔註19〕許愼〈說文敘〉云：「有北平侯張蒼獻《左氏傳》。」
〔註20〕參見《隋書·經籍志·春秋類》序。

分據要害之地，以固維持之勢。又修邵信臣遺跡，激用滍淯諸水，以浸原田萬餘頃，分疆刊石，使有定分，公私同利，眾庶賴之，號曰杜父。舊水道唯沔漢達江陵千數百里，北無通路，又沅湘之會，表裏山川，實爲險固，荊蠻之所恃也，預乃開揚口，起夏水，達巴陵千餘里，內瀉長江之險，外通零桂之漕，南土歌之曰：「後世無叛，由杜翁孰識智名與勇功。」預所興造，必考度終始，故鮮有敗事。〔註21〕

《晉書斠注》卷三十四末史臣曰：「垂大信於南服，傾吳人於漢渚，江衢如砥，褘袟同歸，而在乎成功弗居，幅巾窮巷，落落焉其有風飆者。」又曰：「杜預不有生知，用之則習，振長策而攻取，兼儒風而轉戰，孔門稱四，則仰止其三，《春秋》有五，而獨擅其一，不其優歟。」贊曰：「漢池西險，吳江左迴，羊公恩信，百萬歸來，昔之誓旅，懷經罕素，元凱文場，稱爲武庫。」如杜氏者，急公而慎，以儒將而轉戰，功成弗居，從容無事，則耽思經籍，是以宜其有成功者也。杜氏既爲《春秋左氏經傳集解》，又參考眾家譜第，謂之《釋例》，比老乃成。

杜氏之書，名曰《春秋經傳集解》者，蓋以古者經傳本自別行，《漢志》所以別著《春秋古經》十二篇，即《左傳》之經。〔註22〕此傳之自傳，經之自經，於省覽爲煩，故杜氏乃分經之年，與傳之年相比附，其義類各隨而解之，故名曰《經傳集解》。孔穎達〈春秋序〉疏曰：

> 杜言《集解》，謂聚集經傳爲之作解，何晏《論語集解》，乃聚集諸家
> 義理以解《論語》，言同而意異也。

知杜氏乃並《春秋》經傳而爲之作解之第一人。

杜書當成於晉太康元年三月（西元280年）之後，時孫吳已平，從容無事，故能爲《春秋》左氏學。杜預《春秋左氏經傳集解·後序》曰：

> 太康元年三月（西元280年），吳寇始平，余自江陵還襄陽，解甲休
> 兵，乃申杼舊意，修成《春秋釋例》及《經傳集解》。

杜於《左傳》信之不疑，其〈後序〉自敘得見汲郡汲縣界內舊冢之《竹書紀年》曰：

〔註21〕見《晉書斠注》卷三十四〈杜預傳〉。嚴可均《全晉文》卷四十二〈杜預〉。

〔註22〕《四庫全書總目提要·經部·春秋類·春秋左傳正義》曰：《漢志》載《春秋古經》十二篇、經十一卷，注曰：「《公羊》、《穀梁》二氏」，則《左氏》經文不著於錄矣。然杜預〈集解序〉稱「分經之年與傳之年相附，其義類各隨而解之。」陸德明《經典釋文》曰：「舊夫子之經與丘明之傳各異，杜氏合而釋之。」則《左傳》又自有經。考《漢志》之文，既曰古經十二篇矣，不應復云經十一卷，觀《公》、《穀》二傳皆十一卷，與經十一卷相配，知十一卷爲二傳之經，故有是注。徐彥《公羊傳疏》曰：「《左氏》先著竹帛，故漢儒謂之古學」，則所謂古經十二篇，即《左傳》之經，故謂之古，刻《漢書》者，誤連二條爲一耳。

又稱衛懿公及赤翟戰于洞澤，疑「洞」當爲「泂」，即《左傳》所謂
熒澤也。齊國佐來獻玉磬紀公之甗，即《左傳》所謂賓媚人也。諸所記，
多與《左傳》符同，異於《公羊》、《穀梁》，知此二書近世穿鑿，非《春
秋》本意審矣。

又杜預《春秋左氏經傳集解·序》曰：

《春秋》雖以一字爲褒貶，然皆須數句以成言，非如八卦之爻，可錯
綜爲六十四也，固當依傳以爲斷。

杜乃以《左傳》所述，爲《春秋》本意，故所依之傳，丘明之傳也，即專修丘明之
傳以釋經。序又曰：

古今言《左氏春秋》者多矣，今其遺文可見者十數家，大體轉相祖述，
進不成爲錯綜經文以盡其變，退不守丘明之傳，於丘明之傳有所不通，皆
沒而說，而更膚引《公羊》、《穀梁》，適足自亂，預今所以爲異，專修丘
明之傳以釋經。

《左氏》之與《公》、《穀》，一爲古文，一爲今文，一爲國史躬覽載籍，必廣記而備
言，一爲口耳相傳，或退而揔言，各安其義，短長不同。故杜氏以爲《公》、《穀》
之言，不能以亂《左氏》也。杜以爲經之條貫，必出於傳，推變例以正褒貶，簡二
傳而去異端，蓋丘明之志。其有疑錯，則備論而闕之，亦闕之義也。（見杜氏〈春秋
序〉）

杜預之《左氏春秋》學，可概見於所撰之〈春秋序〉。其序首言《春秋》曰：

《春秋》者，魯史記之名也，記事者，以事繫日，以日繫月，以月繫
時，以時繫年，所以紀遠近，別同異也。故史之所記，必表年以首事，年
有四時，故錯舉以爲所記之名也。

周之天子諸侯，各有國史，大事書之於策，小事簡牘而已，周國既衰，諸所記
注，多違舊章，仲尼乃據前事，而成《春秋》。故杜氏曰：

仲尼因魯史策書成文，考其眞僞而志其典禮，上以遵周公之遺訓，下
以明將來之法，其教之所存，文之所害，則刊而正之，以示勸戒，餘則皆
即用舊史，史有文質，辭有詳略，不必改也。

杜以爲丘明受經於孔子，故隨義而發，遂爲之傳。杜氏曰：

左丘明受經於仲尼，以爲經者，不刊之書也，故傳或先經以始事，或
後經以終義，或依經以辯理，或錯經以合異，隨義而發，其例之所重，舊
史遺文，略不盡舉，非聖人所修之要故也。

又曰：

身爲國史，躬覽載籍，必廣記而備言之，其文緩，其旨遠，將令學者，原始要終，尋其枝葉，究其所窮，優而柔之，使自求之，饜而飫之，使自趨之，若江海之浸，膏澤之潤，渙然冰釋，怡然理順，然後爲得也。

又曰：

其發凡以言例，皆經國之常制，周公之垂法，史書之舊章，仲尼從而脩之，以成一經之通體，其微顯闡幽，裁成義類者，皆據舊例而發義，指行事以正褒貶。諸稱書、不書、先書、故書、不言、不稱、書曰之類，皆所以起新舊，發大義，謂之變例。然亦有史所不書，即以爲義者，此蓋《春秋》新意，故傳不言凡，曲而暢之也。其經無義例，因行事而言，則傳直言其趣而已，非例也。

故以爲：

發傳之體有三，而爲例之情有五：一曰，微而顯：文見於此，而起義在彼，稱族尊君命，舍族尊夫人，梁亡城緣陵之類是也；二曰志而晦：約言示制，推以知例，參會不地，與謀曰及之類是也；三曰婉而成章：曲從義訓，以示大順，諸所諱辟，璧假許田之類是也；四曰盡而不汙：直書其事，具文見意，丹楹刻桷，天王求車，齊侯獻捷之類是也；五曰懲惡而勸善：求名而亡，欲蓋而章，書齊豹盜，三叛人名之類是也。

杜預以爲推此五例，以尋經傳，觸類而長之，附于二百四十二年行事，王道之正，人倫之紀備矣。此蓋杜氏據以撰述《春秋左氏經傳集解》者也。

至謂仲尼之《春秋》，自魯隱元年至哀公十四年獲麟止，計歷隱、桓、莊、閔、僖、文、宣、成、襄、昭、定、哀等十二公，計二百四十二年，杜則以爲乃感麟而作，文止獲麟。其始於隱者，以周平王，乃東周之始王；隱公，讓國之賢君也。考乎其時，則相接；言乎其位，則列國；本乎其始，則周公之祚胤也。其所書之王，即平王；所用之厤，即周正；所稱之公，即魯隱也。至謂聖人既作之後，復隱諱以辟患，以爲非所聞。以言高則旨遠，辭約則義微，此理之常，非隱之也。云仲尼素王，丘明素臣之說，亦以爲非通論。而引經以至仲尼卒，則又近誣。〔註23〕

考杜氏之《春秋》左氏學，亦有自來，《漢書·儒林傳》稱：

〔註23〕杜〈序〉孔《疏》：「案今《左氏》之經，仍終孔丘之卒，雖杜氏之注此經亦存，而尤責先儒引經至仲尼卒者，蓋先儒以爲夫子自衛反魯，即作《春秋》，作三年而後致麟，雖得麟而猶不止，比至孔丘之卒，皆是仲尼所脩，以是辨之，謂之近誣，明先儒有此說也。」馬氏《文獻通考·春秋考》：「引經以至仲尼卒者，注以爲弟子欲記聖師之卒，故採《魯史記》，以續夫子之經，而終於此也。」

漢興，北平侯張蒼及梁大傳賈誼、京兆尹張敞、大中大夫劉公子，皆
修《春秋左氏傳》。誼為《左氏傳訓詁》，授趙人貫公，為河間獻王博士，
子長卿為蕩陰令，授清河張禹長子……，授尹更始，更始傳子咸及翟方進、
胡常，常授黎陽賈護季君，哀帝時待詔為郎，授蒼梧陳欽，子佚以《左氏》
授王莽至將軍，而劉歆從尹咸及翟方進受，由是言《左氏》者本之賈護、
劉歆。

又曰：

中興以後，陳元、鄭眾、賈逵、馬融、延篤、彭仲博、許惠卿、服虔、
穎容之徒，皆傳《左氏春秋》。魏世則王肅、董遇為之注。

此漢魏之傳《左氏春秋》者，而杜時或存或滅，唯劉歆、賈逵父子、許淑、穎容等
四家，杜氏以為差可稱言，故舉其違以見同異，自餘服虔之徒，則棄而不論。杜預
〈自序〉曰：

然劉子駿創通大義，賈景伯父子、許惠卿皆先儒之美者也，末有穎子
嚴者，雖淺近，亦復名家，故特舉劉、賈、許、穎之違，以見同異。

晁公武《郡齋讀書志》（卷第一下）〈春秋類〉曰：

晉，杜預元凱，集劉子駿、賈景伯父子、許惠卿、穎子嚴之注，分經
之年與傳之年相附，其發明甚多，古今稱之。

杜之《集解》，既承劉、賈、許、穎之說，亦加以申抒，後序所謂「申抒舊意，修成
《春秋釋例》及《經傳集解》」是也。

今言《左傳》者，賈逵、服虔之論，僅偶見他書，晉、宋傳授，唯杜注耳。自
唐‧孔穎達以為先儒優劣，杜為甲矣，奉勅撰疏，又據以為本，乃為今世所傳之最
古者也。〔註24〕

杜之《釋例》，乃別集諸例，及地名、譜第、歷數，相與為部而成。先列經傳數
條，以包通其餘，而傳所述之凡繫焉，更以己意申之，凡四十部十五卷。皆顯其異
同，從而釋之，所以為《集解》之羽翼。杜預〈春秋序〉曰：

又別集諸例，及地名、譜第、歷數，相與為部，凡四十部十五卷，皆
顯其異同，從而釋之，名曰《釋例》，將令學者觀其所聚，異同之說，釋
例詳之也。

孔《疏》曰：

《春秋》，記事之書，前人、後人行事相類，書其行事，不得不有此

〔註24〕見《四庫全書總目提要‧經部‧春秋類‧春秋左傳正義》。

例，而散在他年，非相比較，則善惡不章，襃貶不明，故杜別集諸例從而釋之。

又曰：

> 言諸例及地名、譜第、歷數三者，雖《春秋》之事，於經傳無例者繁多，以特爲篇卷，不與諸例相同，故言相與爲部也。

晁公武《郡齋讀書志》以爲昔人稱預爲《左氏》忠臣，而預自以爲有《傳》癖，觀此尤信也。《崇文總目》凡五十三例，其四十部次第，孔《疏》說之甚詳，其言曰：

> 從隱公即位爲首，先有其事，則先次之，唯世族、土地，事既非例，故退之於後，終篇宜最處末，故次終篇之前，終篇處其終耳。土地之名起於宋、衛遇于垂，世族譜起於無駭卒，無駭卒在遇垂之後，故地名在世族之前也。

杜氏《釋例》亦有所本，吳萊《春秋釋例自跋》〔註25〕云：

> 世族譜本之劉向《世本》，地志本之《泰始郡國圖》，長曆本之劉洪《乾象曆》。

左丘明本爲《春秋》作傳，而《左傳》遂自孤行，《釋例》本爲傳設，而所發明者，何但《左傳》，故亦孤行。

杜書盛行南朝，歷唐、宋至今不衰，當時論者或謂預文義質直，世人未之重，惟秘書監摯虞賞之，然考嵇含《南方草本狀》（詳見第五章第二節）稱：晉武帝賜杜預蜜香紙萬番，寫《春秋釋例》及《經傳集解》，則晉武帝固已重其書，非止摯虞賞之。自後爲之稱譽者不絕：晁氏《郡齋讀書志·春秋類》謂其：

> 發明甚多，古今稱之。

又曰：

> 昔人稱預爲《左氏》忠臣，而預自以爲有《傳》癖，觀此尤信。

《通志》著錄《春秋左氏經傳集解》三十卷，曰：

> 杜預解《左氏》……所以得忠臣之名者，以其盡之矣，《左氏》未經杜氏之前，凡幾家，一經杜氏之後，後人不能措一辭……縱有措辭易說之者，如朝月曉星，不能有其明也，如此之人，方可以解經。

鄭樵美之如此。鄭氏又曰：

> 傳經之學起，惟此二人，（另一爲顏師古之注《漢書》）其殆庶幾乎！

胡安國《春秋胡氏傳》敘傳授曰：

〔註25〕見《古今圖書集成·經籍典》第一百七十卷〈春秋部〉。

自晉杜預、范甯，唐啖助、趙匡，此數子者，用力甚勤。

明‧趙汸《春秋師說》論古注得失〔註26〕曰：

> 杜元凱作《春秋經傳集解》之外，自有《釋例》一部，凡地名之類，
> 靡不皆有，此自前代經師，遞相傳授，所以可信，而學者開口，只說貴王
> 賤霸，內夏外夷，尊君卑臣，如事物名件、地理遠近、風俗古今之類，皆
> 置不問，如此則爲往而不疎謬乎。

又曰：

> 推變例以正褒貶，信二傳而去異端，此杜元凱可以爲法，人欲去了義
> 字，只說元凱以例說經，亦可歎也。

故趙氏論《春秋》之要曰：

> 杜元凱專修丘明之傳以釋經，此爲《春秋》最爲有功。

杜氏窮研經籍，於山川、都邑、道途、關隘，亦能瞭若指掌，是以紀昀之論杜預《春
秋釋例》亦云：

> 《春秋》以《左傳》爲根本，《左傳》以杜《解》爲門徑，……其用
> 心周密，後人無以復加。其《釋例》亦皆參考經文，得其體要，非《公》、
> 《穀》二家穿鑿日月者比也。（見《四庫總目‧杜預春秋釋例》）

諸家之說，可謂贊譽備至。論者每以爲杜氏於天文、曆數爲長，而《釋例》於氏族
譜亦有發明，《困學紀聞》（卷六）曰：

> 《考古編》（程大昌作，十卷）謂歐陽公論二帝三王世次差舛，發端
> 於杜佑《通典》，按《釋例‧世族譜》已有此疑，則發端乃杜預也。

然杜亦有所短，所注或依違以就傳，不能不謂之一失。《通志》曰：

> 杜氏所通者星歷、地理，然亦有所短，杜氏則不識蟲魚鳥獸草木之名。

〔註27〕

晁公武《郡齋讀書志》（卷第一下〈春秋類〉）曰：

> 杜弊在棄經就傳。

胡安國《春秋胡氏傳》敘傳授曰：

> 雖造宮牆之側，幾得其門而入，要皆未見宗廟之美，百官之富者也。

吳萊《春秋釋例‧自跋》曰：

> 世多言其天文、星曆爲長，然說經多依違以就傳，似不得爲《左氏》

〔註26〕見《古今圖書集成‧經籍典》第一百九十三卷〈春秋部〉。
〔註27〕鄭氏《通志》又云：「杜於星曆、地理，言無不極其致，於蟲魚鳥獸草木之名，則引
《爾雅》以釋之。」

忠臣矣。

趙汸《論學春秋之要》曰：

> 但《左氏》有錯誤處，必須力加辯明，庶不悖違經旨，此所謂愛而知
> 其惡，而杜氏乃一切曲從，此其弊也。

如成公十三年麻隧之戰，傳載秦敗績，而經不書，以為晉直秦曲，則韓役書戰，時
公在師，復不須告，克獲有功，亦無所諱，於《左傳》之例皆不合，不曰傳之謬，
而猥稱經文闕漏，其尤甚者至如此。〔註28〕至《魏書・賈思伯傳》曰：

> 國子博士遼西衛冀隆為服氏之學，上書難杜氏《春秋》六十三事，此
> 與劉氏《規杜》，惜皆不傳，預書崇惡黨篡，得罪名教，《釋例》所說，抑
> 又甚焉，近世焦里堂摭其《集解》謬言，顯加排斥，余引申其義，以考《釋
> 例》，實典午之姦黨，非丘明之素臣也，承學之士，其鑒之哉。

則乃論說之偏激者。蓋以古今文爭之餘緒，有是今非古，而直指杜學之非者，近人
錢穆先生乃謂其為立學與否之爭，然文爭之烈，蓋未有如《公》、《左》之甚者也。
〔註29〕清・皮錫瑞《經學通論・春秋通論》之「論杜預專主《左氏》，似乎《春秋》
全無關繫無用處，不如啖、趙、陸、胡說《春秋》尚有見解」一條云：

> 漢人以《春秋》為有關繫，有用處，人人專信誦習，由專主《公羊》
> 之故也。及《左氏傳》出而一變，《左氏》自成一家之書，亦未嘗與《公
> 羊》抵牾，而偏護古文者務張大其說，以駁異今文。自劉歆欲以《左氏》
> 之學，為今文博士所排，仇隙愈深，反對愈甚，賈逵已將臆造之說，為《左
> 氏》之說，以斥《公羊》，而解《左氏》猶采《公》、《穀》，至杜預出，乃
> 盡棄二傳，專執韓宣周禮在魯一語，以《左氏傳》五十凡例盡屬周公，孔
> 子止是鈔錄成文，並無褒貶筆削，又安得有微言大義與立法改制之旨。故
> 如杜預所說，《春秋》一經全無關繫，亦無用處。

〔註28〕見晁公武《郡齋讀書志》卷第一下〈春秋經傳集解〉。

〔註29〕清乾嘉以後，劉逢祿之《左氏春秋考證》、魏源之《詩古微》、《書古微》等，又啟劉
歆造偽之說，康有為之《新學偽經考》，承劉魏之後，而集其大成。梁啟超民國十六
年於北京燕京大學講授「古書真偽及其年代」，於其卷一第二章「爭勝」，第四章「用
後代地名」、「豫言將來事顯露偽跡」及卷二第五章之「左氏傳」各節，亦倡《左傳》
非左丘明所作及劉歆編定《左傳》之論，斯則疑古之風致然也。金毓黻《中國史學
史》第二章〈古代之史家與史籍〉稱：「近世今文家重惡劉歆，故謂漢代之中秘書，
多為其竄亂，弗恤深文周內，以成其罪，不悟《史記》之作，遠在歆前，採用《左
傳》，言非一端，且其書早經楊惲、褚少孫之徒布之於外，為時賢所共見，藉令歆果
作偽，必為太常博士之徒察覺發覆，而闃然不容於世矣。」是劉歆作偽之說，乃古
今文爭之餘烈也。

又「論宋五子說《春秋》有特見，與《孟子》、《公羊》合，足正杜預之後之陋見謬解」云：

> 《春秋》始誤於杜預，而極謬於劉知幾。

「論杜預解《左氏》，始別異先儒，盡棄二傳，不得以杜預之說，爲孔子《春秋》之義」云：

> 據杜、孔之說，杜之《集解》異於先儒者有數事，古者經自經，傳自傳，漢熹平石經，《公羊》有傳無經，是其證，杜乃分經附傳，取便學者省覽，此異於先儒者一也；《左氏》本不解經，先儒多引《公》、《穀》二傳以釋經義，漢儒家法尚無臆說，杜乃盡棄二傳，專以已意解傳，並以已意解經，此異於先儒者二也；鄭注《周禮》，先引杜、鄭，韋注《國語》，明徵賈、唐，言必稱先，不敢掠美，杜乃空舉劉、賈、許、潁，而《集解》中不著其名，此異於先儒者三也。

故以爲「劉歆、杜預之義明而孔子《春秋》之義隱」也。（見《春秋通論》「論《公》、《穀》傳義，《左傳》傳事，其事亦有不可據者，不得以親見國史而盡信之」條。）焦循作〈左傳補疏序〉亦曰：

> 預爲司馬懿女婿，目見成濟之事，（射王中肩即成濟抽戈犯蹕也），將有以爲昭飾，且有以爲懿師飾，即用以爲己飾，此《左氏春秋集解》所以作也。〔註30〕

按，春秋者，夫子借史筆削，以定褒貶也，夫子既不得志於亂世，傷征伐之作，睹周道之微，遂修《春秋》，以定義法，冀亂臣賊子有所忌懼，亦所以垂訓後世也，後學者乃稱之爲經，奉遵弗替。傳者所以解經，《漢志》有五家，今得三家，而《左氏》流行，皮氏《春秋通論》曰：「治《春秋》者，當先求《公》、《穀》之義，而以《左氏》之事證之，乃可互相發明，不至妄生疑難。」蓋爲持平之論。而有杜《注》孔《疏》之後，《左氏》之義明，漢、晉以來藉《左氏》以知經義，宋、元以後更藉《左氏》以杜異說，謂傳與注疏均有功於《春秋》可也。三傳得失，諸儒言之多矣，王應麟《困學紀聞》卷六〈左氏〉曰：

> 三傳皆有得於經而有失焉；《左氏》善於禮，《公羊》善於讖，《穀梁》善於經，鄭康成之言也（《六藝論》）；《左氏》艷而富，其失也巫，《穀梁》清而婉，其失也短，《公羊》辯而裁，其失也俗，范武子之言也（〈穀梁傳序〉）；《左氏》之義有三長，二傳之義有五短，劉知幾之言也（《史通·申

〔註30〕見皮錫瑞《經典通論·春秋通論》「論孔子作《春秋》以闢邪說，不當信劉歆、杜預反以邪說誣《春秋》」條。

左傳》）；《左氏》拘於赴告，《公羊》牽於讖緯，《穀梁》窘於日月，劉原
父之言也（《春秋權衡》）；《左氏》失之淺，《公羊》失之險，《穀梁》失之
迂，崔伯直之言也（《春秋經解》）；《左氏》之失專而縱，《公羊》之失雜
而拘，《穀梁》不縱不拘而失之隨，葉以道之言也（葉說之《三傳論》）；
事莫備於《左氏》，例莫明於《公羊》，義莫精於《穀梁》，或失之誣，或
失之亂，或失之鑿，胡文定之言也（《春秋傳通例通旨》）；《左氏》傳事不
傳義，是以詳於史，而事未必實，《公羊》、《穀梁》傳義不傳事，是以詳
於經而義未必當，葉少蘊之言也（葉夢得《春秋傳》）；《左氏》史學，事
詳而理差，《公》、《穀》經學，理精而事誤，朱文公之言也。
故學者宜取其長，捨其短，庶乎能得聖人之心。

今杜之《經傳集解》及其《長曆》完備無缺，爲之刊行補注者甚多，其《釋例》
亦存十之八九。（見程師旨雲《春秋左氏傳地名圖考‧緒言》）茲據所見條錄如後：
《春秋左傳註》六十卷，晉‧杜預撰。見於：
　　《袖珍十三經註》。
《春秋經傳集解殘》一卷（存卷五）。見於：
　　《鳴沙石室古籍叢殘‧群經叢殘》。
《春秋經傳集解殘》一卷（存卷七）。見於：
　　《鳴沙石室古籍叢殘‧群經叢殘》。
《春秋經傳集解殘》一卷（存卷十六）。見於：
　　《敦煌秘籍留眞新編》上卷。
《春秋左氏傳殘》一卷（存卷二十一）晉‧杜預注。見於：
　　《東方學會叢書》初集、《敦煌石室碎金》。
《春秋經傳集解殘》一卷（存卷二十七）。見於：
　　《鳴沙石室古籍叢殘‧群經叢殘》。
《春秋左傳》三十卷，晉‧杜預集解，唐‧陸德明音義。見於：
　　《十三經古注》。
《春秋經傳集解》三十卷，晉‧杜預撰，唐‧陸德明音義。見於：
　　《仿宋相台五經》（乾隆本、光緒本）。
　　《四部叢刊‧經部》（初次印本、二次印本、縮印二次印本）。
　　《四部備要‧經部‧十三經古法》（排印本、縮印本）。
　　《袖珍古書讀本》。

《春秋經傳集解》三十卷附〈考證〉。見於：

　　《正誼齋叢書》。

《春秋左傳》五十卷，晉・杜預注，唐・陸德明音義，宋・林堯叟補注。見於：

　　《五經四書》。

《左傳杜林合注》五十卷，晉・杜預注，宋・林堯叟補注，明・王道焜、明・趙如源輯。見於：

　　《四庫全書・經部・春秋類》。

《春秋左傳註疏》六十卷，晉・杜預注，唐・陸德明音義，唐・孔穎達疏。見於：

　　《十三經註疏》（福建本）。

　　《十三經註疏》（北監本）。

　　《十三經註疏》（汲古閣本）。

《春秋左傳正義》六十卷。見於：

　　《四庫全書・經部・春秋類》。

《春秋左傳註疏》六十卷附〈考證〉。見於：

　　《十三經註疏》（武英殿本）。

《附釋音春秋左傳注疏》六十卷附〈校勘記〉六十卷，晉・杜預注，唐・陸德明音義，唐・孔穎達疏，〈校勘記〉，清・阮元撰。見於：

　　《重刊宋本十三經注疏》（南昌府學本、廣東書局本、江西書局本、脈望仙館石
　　　　印本、寶慶務本書局本、點石齋石印本、掃葉山房石印本、錦章圖書局石印
　　　　本、世界書局石印本、中華書局排印本）。

　　《四部備要・經部・十三經注疏》（排印本、縮印本）。

《春秋釋例》十五卷，晉・杜預撰。見於：

　　《四庫全書・經部・春秋類》。

　　《武英殿聚珍版叢書・經部》（武英殿木活字本）。

《春秋釋例》十五卷附〈校勘記〉二卷，晉・杜預撰，〈校勘記〉，清・孫星衍撰。見於：

　　《武英殿聚珍版叢書・經部》（福建本、廣雅書局本）。

　　《叢書集成初編・史地類》。

《春秋釋例》十五卷，晉・杜預撰，清・莊述祖，清・孫星衍校。見於：

　　《岱南閣叢書》（乾隆嘉慶本、景乾隆嘉慶本）。

　　《古經解彙函》（粵東書局本、蜚英館石印本、湖南書局本）。

《春秋長歷》一卷，晉・杜預撰。見於：

《微波榭叢書》。

《春秋長曆》一卷，晉‧杜預撰，清‧王謨輯。見於：

　　《漢書遺書鈔‧經翼》第三冊。

《春秋地名》一卷，晉‧杜預撰。見於：

　　《微波榭叢書》。

　　晉人於《春秋》左氏學之撰述，固以杜預《春秋經傳集解》及《春秋釋例》為最名於世，然除此之外，晉人於此學之研究，尚有多家，今並亡佚，其有輯本者，可得如後：

《春秋左氏傳義注》一卷，晉‧孫毓撰，清‧馬國翰輯。見於：

　　《玉函山房輯佚書‧經編‧春秋類》（嫏嬛館本、重印本、楚南書局本）。

《春秋左氏函傳義》一卷，晉‧干寶撰，清‧馬國翰輯。見於：

　　《玉函山房輯佚書‧經編‧春秋類》（嫏嬛館本、重印本、楚南書局本）。

《春秋左氏傳劉氏注》一卷，晉‧劉兆撰，清‧王仁俊輯。見於：

　　《玉函山房輯佚書續編‧經編‧春秋類》。

《春秋土地名》一卷，晉‧京相璠撰，清‧王謨輯。見於：

　　《漢魏遺書鈔‧經翼》第三冊。

　　《重訂漢唐地理書鈔》（鈔本、嘉慶本）。

《春秋土地名》一卷，晉‧京相璠撰，清‧洪頤煊輯。見於：

　　《問經堂叢書》。

　　《經典集林》。

《春秋土地名》一卷，晉‧京相璠撰，清‧馬國翰輯。見於：

　　《玉函山房輯佚書‧經編‧春秋類》（嫏嬛館本、重印本、楚南書局本）。

《春秋土地名》一卷，晉‧京相璠撰，清‧黃奭輯。見於：

　　《漢學堂叢書（黃氏逸書考）‧經解‧春秋類》。

《春秋徐氏音》一卷，晉‧徐邈撰，清‧馬國翰輯。見於：

　　《玉函山房輯佚書‧經編‧春秋類》（嫏嬛館本、重印本、楚南書局本）。

《春秋左氏經傳集解後序》一卷，晉‧杜預撰。見於：

　　《五經補綱附》。

二、孫毓《春秋左傳義注》

　　孫毓，《晉書》無傳，生平不詳。嚴可均《全晉文》據《魏志‧臧霸傳》曰：

毓，字仲，泰山（今山東泰安）人。魏時嗣父觀爵呂都亭侯，仕至青
州刺史。

考《魏志·臧霸傳》及《注》：

> 孫觀，字仲台，泰山人。與霸俱起討黃巾，從征呂布，以功封呂都亭
> 侯，至青州刺史。從討孫權，被創薨。子毓嗣，亦至青州刺史。

嚴氏以爲與霸俱起之孫觀子毓，即此孫毓。又馬國翰《玉函山房輯本·序》曰：

> 馬總《意林》云：孫毓，字仲。

則孫毓蓋字仲，泰山人，官至青州刺史，然嚴氏據《經典敘錄》又曰：

> 一云，字休朗，北海平昌（今山東安丘）人。

則又不然矣。按《經典釋文·序錄》曰：

> 晉豫州刺史孫毓爲詩評。

注云：

> 字休朗，北海平昌人，長沙太守。

《冊府元龜》亦曰：

> 孫毓，字休朗，爲長沙太守。

嚴氏《全晉文》又曰：

> 入晉爲太常博士，歷長沙、汝南太守。

姚振宗《隋志考證》曰：

> 《經義考》曰：「《隋志》：孫毓，晉長沙太守。」陸德明曰：「晉豫州刺史。」
> 又《隋志·別集類》有《晉汝南太守孫毓集》二卷。一孫毓也，一以
> 爲長沙守，一以爲汝南守，一以爲豫州刺史，未審孰是？

以《隋志》、《釋文·序錄》、《冊府元龜》及嚴氏所編，後一孫毓，或當歷任豫州刺
史、長沙太守、汝南太守。至嚴氏據《魏志·臧霸傳》所謂毓官至青州刺史，則未
見他書記載。

孫書，《隋志》著錄十八卷，兩《唐志》並作三十卷，《釋文·序錄》、《冊府元
龜》俱爲二十八卷。考兩《唐志》與《釋文》著錄，卷數相近，《隋志》蓋脫「二」
字，今佚。清·馬國翰據孔穎達《正義》輯存一卷，共爲八節，計有隱公十一年、
襄公十四年、二十五年，昭公十七年、二十一年、二十六年，哀公六年、十年諸文。
其書大抵從賈而斥服，如〈隱公〉傳十一年春曰：「周之宗盟，異姓爲後。」

> 《正義》曰：「孫毓以爲宗伯屬官掌作盟詛載辭，故曰宗盟。」
> 又曰：「孫毓難服云，同宗之盟，則無與於異姓，何論先後？若通共
> 同盟，何稱於宗？斯不然矣。」

孫氏以服虔之解爲不然。

又襄公十四年《傳》曰：「王室之不壞。」

《正義》曰：「服虔本『壞』作『懷』。」

又曰：「孫毓云，案舊本及賈氏皆作『壞』。」

孫氏依賈逵作「壞」，不取服氏也。

昭十七年《傳》曰：「今茲火出而章，必火入而伏。」

《正義》曰：「服虔注，重火別句。」

又引孫毓云：「賈氏舊文無『重火』字。」

昭二十一年《傳》曰：「而不能送亡，君請待之。」

《正義》曰：「服虔以『君』上屬，孫毓以『君』下屬。」

知孫氏之說，多與服虔相違，而主於賈逵。馬氏《玉函山房輯本・序》曰：

> 似《義注》及《賈服異同略》二書，大旨申賈而駁服。蓋服虔注受於
> 鄭康成，而王肅說多主賈逵，孫朋於王，猶評詩之見也。

孫氏有《毛詩異同評》十卷，見於《隋志・經部・詩類》，其評毛、鄭、王肅之同異，亦多朋於王，以王肅說多主賈逵也。是以《釋文・序錄》云：

> 魏太常王肅述毛非鄭，荊州刺史王基駁王肅申鄭義，晉豫州刺史孫毓
> 爲詩評毛、鄭、王肅三家同異，朋於王。

孫書雖佚，由孔氏《正義》所引，其申賈駁服之說，亦斑斑可考。

三、干寶《春秋左氏函傳義》

干寶，字令升，新蔡（今河南汝陽）人。少勤學，博覽書記，以才器召爲著作郎，平杜弢有功，賜爵關內侯。中興肇創，未置史官，王導上疏元帝，以爲宜建立國史，撰集帝紀，上敘祖宗之烈，下紀佐命之勳，務以實錄爲後代之準，厭率土之望，悅人神之心，故宜備史官，勑佐著作郎干寶等漸就撰集，寶於是領國史。後以家貧，求補山陽令，遷始安太守。王導請爲司徒右長史，遷散騎常侍。著有《春秋左氏義外傳》、《晉紀》、《周易注》、《搜神記》、《雜文集》等，皆行於世。〔註31〕

干寶之《春秋左氏義外傳》，《隋志》著錄爲「春秋左氏函傳義」，有十五卷。《唐書・經籍志》作「春秋義函傳」，《唐書・藝文志》稱「春秋函傳」，並十六卷。題名雖異，當係一書。姚振宗《隋志考證》曰：

〔註31〕見《晉書斠注》卷八十二〈干寶傳〉。

　　　　按《晉書》本傳云，寶又爲《春秋左氏義外傳》，與隋、唐志題《函
　　　　傳》者異，未詳孰是。

丁國鈞《補晉書藝文志》以爲，隋、唐志所著錄，即本傳所言《春秋左氏義外傳》
之書。其言曰：

　　　　謹按見《隋志》。《舊唐志》作《春秋義函傳》，《新唐志》作《春秋函
　　　　傳》，並十六卷。本書寶傳言寶有《春秋左氏義外傳》，即是書。

《冊府元龜》（卷六百五）有干寶《春秋左氏義外傳》，又有《春秋左氏承傳義》十
五卷。其作《春秋左氏承傳義》者，未悉何據？

　　干寶以性好陰陽術數，留心京房、夏侯勝諸傳。（見《晉書》本傳）其作《春
秋左氏義外傳》，當亦受二子之緒論。如《左傳·莊公二十五年》夏六月辛未朔日：

　　　　日有食之，鼓用牲于社，非常也，唯正月之朔慝未作，日有食之，於
　　　　是乎用幣于社，伐鼓于朝。秋，大水，鼓，用牲於社，于門，亦非常也。
　　　　凡天災有幣無牲，非日月之眚不鼓。

干寶云：

　　　　朱絲縈社，社，太陰也，朱，火色也，絲屬離。天子伐鼓于社，責群
　　　　陰也。諸侯用幣于社，請上公也。伐鼓于朝，退自責也。此聖人厭勝之術。
　　　　（杜佑《通典》四十二引）

是也。是以馬國翰《玉函山房輯本·序》曰：

　　　　《晉書·禮志》謂寶留思京房、夏侯勝等傳，其說伐鼓于社以爲厭勝，
　　　　蓋二子之緒論也。

　　干寶之書，據《隋志》、《舊唐志》及《新唐志》所錄，似別有序論，是以《冊
府元龜》有三卷（《隋志》二卷，兩《唐志》並止一卷），惟《宋史·藝文志》不見
著錄，當其時已佚。

　　今以干氏之書，孔穎達《正義》引〈隱公十有一年〉一節，杜佑《通典》引〈莊
公二十有五年〉一節，馬國翰乃據輯爲一卷，題曰：「春秋左氏函傳義。」以存典午
遺墨也。

四、劉兆《春秋左氏傳劉氏注》

　　劉兆，字延世，濟南東平陵人（今山東歷城），漢廣川惠王之後。武帝時五辟公
府，三徵博士，皆不就，以不仕顯名。兆安貧樂道，博學洽聞，溫篤善誘，潛心著
述，不出門庭數十年，從受業者數千人。著有《春秋左氏解》、《公羊穀梁解詁》、《春

秋調人》、《周易訓注》等，年六十六卒。〔註32〕

劉氏蓋以處晉之世，目睹漢以來今古文之爭，莫有歸宗，《春秋》一經，而三家殊塗，諸儒是非之議紛然，互爲讐敵，遂思三家之異，合而通之，又以《周禮》有調人之官，乃作《春秋調人》七萬餘言，皆論其首尾，使大義無乖，時有不合者，則舉其長短以通之，乃爲《春秋左氏解》名曰《全綜》（見《晉書·劉兆傳》），公、穀解詁皆納經傳中（見秦榮光《補晉書藝文志》）。

其書各史志所著錄，題名卷數，俱各不同，《隋志·春秋類》作「春秋公羊穀梁傳十二卷」，《唐書經籍志》作「春秋公羊穀梁左氏集解十卷」，《唐書藝文志》作「三家集解十一卷」，吳士鑑《補晉書經籍志》則據《晉書》本傳作「春秋左氏全綜」、「春秋調人」，不著卷數，秦榮光《補晉書藝文志》亦有「春秋調人」、「春秋左氏解全綜」，文廷式《補晉書藝文志》有「春秋全綜」，亦據本傳著錄也。馬國翰《玉函山房輯本·序》曰：

> 本傳載兆所著有《春秋調人》、《春秋全綜》，《唐志》作《三傳集解》
> 十一卷，蓋合《全綜》爲一書而復少一卷也。

其書並佚。王謨《漢魏遺書鈔》曰：

> 《經義考》並載劉兆《公穀解詁》、《三家集解》、《左氏全綜》、《春秋
> 調人》四書，均佚，亦別無考證，今僅從《經典釋文》鈔出《集解》五條，
> 又《文選注》二條。

馬國翰亦輯錄十節，皆訓《公》、《穀》之義，以爲與今本文異者，足資參考，然以《解左》及《調人》泯絕不可復覩而覺悵悵。王仁俊《玉函山房輯佚書續篇·經篇·春秋類》，乃輯有《春秋左氏傳劉氏注》一卷，似可彌補馬氏之缺憾矣。

五、京相璠《春秋土地名》

京相璠，《晉書》無傳，其字、爵里，馬國翰以爲無考。〔註33〕按，《通志·氏族略》云：

> 京相氏望出濟南。

《元和姓纂》卷二曰：

> 晉有樗里璠著《春秋土地記》，作濟南人，「樗里」二字當爲「京相」之譌。

則璠乃濟南人。又酈道元《水經·穀水注》云：

> 京相璠與裴司空彥季修晉輿地圖，作《春秋地名》。

〔註32〕見《晉書斠注》卷九十一〈劉兆傳〉。
〔註33〕見《玉函山房輯佚書·經編·春秋類》京相璠〈春秋土地名序〉。

則璠與裴秀乃同時人也。裴秀爲我國地圖學劃時代人物（詳見第四章第一節），其所製輿地圖，當得力於京相璠之手，京相璠蓋於助裴氏《禹貢地域圖》之後，而成《春秋土地名》。姚振宗《隋志考證》曰：

> 按《晉書·裴秀傳》，秀爲司空，作《禹貢地域圖》十八篇，璠等是書，蓋作於其時晉武帝泰始中也。

其書《隋志》著錄，注云：晉·裴秀客京相璠等撰。謂「京相璠等撰」者，明書非出於璠一人之手，然以京相璠爲主，故題「京相璠」等，是京相璠當以地學擅名。《唐書·經籍志》著錄該書而脫撰人，《藝文志》直云「京相璠」，刪去「等」字，殊誤。

京相璠等《春秋土地名》，隋、唐諸志及吳、丁、文、秦、黃等五家之《補晉志》，俱作三卷，今佚。馬國翰《玉函山房輯佚書·經篇·春秋類》，據酈道元《水經注》、羅泌《路史國名紀甲》、《路史國名紀丁》、羅苹注《路史後紀》卷一、程大昌《禹貢山川地理圖》、胡三省《通鑑音注》卷四、張守節《史記正義》、李石《續博物志》卷九、樂史《太平寰宇紀》卷八、徐堅《初學記》卷二十八、鄭樵《通志》卷四十一、孔穎達《正義》等書輯存百餘則，都爲一卷。中以《水經注》所引爲多；其視杜預《地名》，自有詳略。如釋前城、柏舉、焦瑕、窮、養、沙等，皆能補杜氏之不足。又如《左、昭二十二年》「司徒醜以王師敗績于前城」：

> 杜釋前城曰：「子朝所得邑。」

> 京相璠云：「今洛陽西南五十里，伊闕前亭。」（《水經注》卷十五引）

京相璠之說與《方輿紀要》「在洛陽西南五十里」之辭同，比杜預乃更爲明確。

又《左·定公元年》「陳于柏舉」：

> 杜無注。

> 京相璠曰：「柏舉，漢東地。」（《水經注》卷三十五引）

按《左·定公四年》，杜《注》作楚地。程師旨雲《春秋左氏傳地名圖考》考定即今湖北麻城東北十五里地。又《左傳·僖三十年》，「許君焦瑕」（按馬氏輯錄《水經注》卷六作「今許君焦瑕」，多「今」字）：

> 杜《注》：「晉河外五城之二邑。」

> 京相璠曰：「今河東解縣西南五里有故瑕城。」（《水經注》卷六引）

按，焦與瑕爲兩地，焦邑在今河南陜縣西南，瑕城在今河南陜縣西。（一說在陜縣西南之曲沃鎮。見程師旨雲《春秋左氏傳地名圖考》。）《左傳·昭二十七年》「與吳師遇于窮」：

> 杜《注》闕。

　　　京相璠曰：「今安豐有窮水，北入淮。」（《水經注》卷三十引）
按，窮在今安徽霍邱縣西，見程師旨雲《春秋左氏傳地名圖考・春秋地名檢查表》。
《左・昭三十年》「逆吳公子，使居養」：
　　　杜《注》：「二子奔楚，楚使逆之於竟也，養即所封之邑。」
　　　京相璠曰：「養陰在襄城郟縣西南，養，水名也。」（《水經注》卷二十一
　　　引）。
按，養爲楚邑，在今河南沈邱縣東。知杜《注》所闕失者，京相璠等《春秋土地名》
亦能指言之，雖有同異，其博洽亦足稱矣。

六、徐邈《春秋徐氏音》

　　　徐邈，字仙民，蓋以避太宗諱，故史不書字，東莞姑幕人（今山東諸城），生於
晉康帝建元二年甲辰（西元 344 年）。孝武帝時，太傅謝安舉補中書舍人，在西省侍
帝，遷散騎常侍，猶處西省，多所匡益，甚見寵待。後轉祠部郎，又遷中書侍郎，
專掌綸詔，帝甚昵之。會稽王道子將用爲吏部郎，苦辭乃止。建元中，帝選爲太子
前衛率，領本郡大中正，以博士相遇，授太子經。邈雖在東宮，猶朝夕入參朝政，
拾遺補闕，帝嘉其謹密，有託重之意，將進顯位，未及而帝暴崩。安帝即位，拜驍
騎將軍，隆安元年（西元 397 年），遭父憂，以哀毀增篤先疾，不踰年而卒，年五十
四。

　　　邈，姿性端雅，博洽多聞，以愼密自居，撰《正五經音訓》，學者宗之。當豫章
太守范甯欲遣十五議曹下屬城，探求風政，邈與甯書，以爲上有理務之心，則下之
求理者至矣，庶事無滯，則吏愼其負，而人聽不惑，豈須邑至里詣，飾其游聲哉，
是以非但不足致益，適爲蠶漁之所資，故以爲不可縱小吏爲耳目也。蓋欲爲耳目者，
無非小人，皆先行小忠而成其大不忠，先施小信而成其大不信也。邈復於會稽王道
子之沈湎，頗不以爲然，有「陋巷書生，惟以節儉清修爲暢耳」之言，道子以邈業
尚道素，笑而不以爲忤。邈以簡惠蒞官，論議精密，觸類辯釋，問則有對。〔註34〕
所注《穀梁傳》，見重於時。〔註35〕

　　　其在西省所撰正之《五經音訓》，《隋志・五經類》著錄十卷。所謂五經者，
《易》、《書》、《詩》、《禮》、《左氏》也。其書《隋志》又分著於錄，有《周易音》
一卷、《古文尚書音》一卷、《毛詩音》二卷、《三禮音》三卷、《左氏音》三卷（別
有《論語音》二卷）。其《春秋左氏傳音》三卷，《釋文敘錄》、兩《唐志》所錄卷並

〔註34〕嚴可均《全晉文》卷一百三十六多載時流同僚廟喪之問。
〔註35〕見《晉書斠注》卷九十一〈徐邈傳〉。

同，唯「徐邈」或誤作「孫邈」。其所作音，乃率仍古讀﹝註36﹞，而或不爲陸德明所從。﹝註37﹞其書今佚，馬國翰從陸德明《釋文》，參丁度《集韻》，輯爲一帙，《釋文》所引宣、成、襄、昭四公爲多，隱、莊、僖、文、定五公間引一二，桓、閔、哀三公全缺。然則唐時所存，較隋已非完本。

第三節　晉人之春秋公羊、穀梁學

——范甯《春秋穀梁傳》及晉代其他治《公羊》、《穀梁》之有傳書者

《隋書·經籍志·春秋類序》曰：

> 漢初有公羊、穀梁、鄒氏、夾氏四家並行，王莽之亂，鄒氏無師，夾氏亡。初，齊人胡母子都傳《公羊春秋》，授東海嬴公，嬴公授東海孟卿，孟卿授魯人眭孟，眭孟授東海嚴彭祖、魯人顏公樂，故後漢《公羊》有嚴氏、顏氏之學，與《穀梁》三家並立。

此口說之學也。《公羊》有漢末何休之作解說，《穀梁》則有晉·范甯爲之注，俱立國學，然隋時已漸浸微。

一、范甯《春秋穀梁傳》

爲范甯《春秋穀梁傳》刊行、考異者甚眾，又別有范氏《答薄氏駁穀梁義》，茲並錄如後：

《春秋穀梁傳》十二卷，晉·范甯集解。見於：

《十三經讀本》（金陵書局本）

《春秋穀梁傳集解殘》一卷（存卷三），晉·范甯撰。見於：

《鳴沙石室古籍叢殘·群經叢殘》。

﹝註36﹞徐邈爲《詩》、《莊子》作音，亦多古讀。錢大昕《十駕齋養新錄》卷四〈徐仙民多古音〉：「《詩》，無已大康，徐，勒佐反。旱既大甚，徐，他佐反。《莊子》，且女亦大早計，徐，勒佐反。徐仙民、李軌皆晉人，勒佐、他佐二反，即泰之轉音（讀如唾），今韻書更爲唐佐切，而此音遂廢。」又：「《詩》，四牡龐龐，徐，扶公反，（讀如蓬）此古音也。韻書以龐入江韻，讀爲薄江切，而此音廢。」又：「《詩》，寧不我顧，徐音古，此古音也。《漢書古今人表》有韋鼓，即《詩》之韋顧，今無讀顧爲上聲音。」
﹝註37﹞錢大昕《十駕齋養新錄》卷四〈徐仙民多古音〉：「徐仙民音有不載於《釋文》者，如顏之推所舉，《毛詩》反驟爲在遘，《左傳》切椽爲徒緣，今陸氏《釋文》皆無之。顏、陸皆南士，而陸年輩差後，顏既詆前世反語多不切，陸即因而削之，蓋自周彥倫、沈休文之學行，南土靡然從之，爭改舊音，以從新切，而古音之失傳者多矣。」

《春秋穀梁傳集解殘》一卷（存卷十二）。見於：

　　《敦煌秘籍留真新編》上卷。

《春秋穀梁傳》二十卷。晉・范甯集解，唐・陸德明音義。見於：

　　《十三經古注》。

　　《四部備要・經部・十三經古注》（排印本、縮印本）。

《春秋穀梁傳》十二卷。見於：

　　《四部叢刊・經部》（初次印本、二次印本、縮印二次印本）。

《春秋穀梁傳讀本》十二卷。見於：

　　《十三經讀本》（唐文治輯）。

《春秋穀梁傳》十二卷附〈校刊記〉一卷，晉・范甯集解，唐・陸德明音義，〈校刊記〉，清・丁寶楨等撰。見於：

　　《十三經讀本》（丁寶楨等校）。

《春秋穀梁傳》十二卷附〈考異〉一卷，晉・范甯集解，唐・陸德明音義，〈考異〉，民國楊守敬撰。見於：

　　《古逸叢書》。

　　《湖北先正遺書・經部》。

　　《叢書集成初編・史地類》。

《春秋穀梁傳》不明卷附〈攷〉一卷，晉・范甯集解，明・閔齊伋栽注併撰攷。見於：

　　《袖珍十三經注》。

《春秋穀梁註疏》二十卷，晉・范甯集解，唐・陸德明音義，唐・楊士勛疏。見於：

　　《十三經註疏》（福建本）。

　　《十三經註疏》（北監本）。

　　《十三經註疏》（汲古閣本）。

　　《四庫全書・經部・春秋類》。

　　《摛藻堂四庫全書薈要・經部》。

《春秋穀梁傳注疏》二十卷附〈攷證〉。見於：

　　《十三經注疏》（武英殿本）。

《監本附音春秋穀梁注疏》二十卷附〈校勘記〉二十卷，晉・范甯集解，唐・陸德明音義，唐・楊士勛疏，〈校勘記〉，清・阮元撰。見於：

　　《重刊宋本十三經注疏》（南昌府學本、廣東書局本、江西書局本、脈望仙館石

印本、寶慶務本書局本、點石齋石印本、掃葉山房石印本、錦章圖書局石印
本、世界書局石印本、中華書局排印本）。

《四部備要・經部・十三經注疏》（排印本、縮印本）。

《穀梁傳例》一卷，晉・范甯撰，清・王謨輯。見於：

《漢魏遺書鈔・經翼》第三冊。

《穀梁傳例》一卷，晉・范甯撰，清・黃奭輯。見於：

《漢學堂叢書・經解・春秋類》（黃氏逸書考）。

《答薄氏駁穀梁義》一卷，晉・范甯撰，清・王謨輯。見於：

《漢魏遺書鈔・經翼》第三冊。

《薄叔元問穀梁義》一卷，晉・范甯撰，清・馬國翰輯。見於：

《玉函山房輯佚書・經編・春秋類》（娜嬛館本、重印本、楚南書局本）。

按，范甯，字武子，南陽順陽（今河南淅川人）。范汪次子，生於晉成帝咸康五
年己亥（西元 339 年）。簡文帝爲相，將辟之，爲桓溫所諷，遂寢不行。終溫之世，
兄弟無在列位者。孝武帝初（孝武帝寧康元年西元 373 年），溫卒，始爲餘杭令。在
職六年，遷臨淮太守，封陽遂鄉侯。頃之，徵拜中書侍郎。甯指斥朝士，直言無諱，
甯甥王國寶，以諂媚事會稽王道子，懼爲甯所不容，乃相驅扇，因被疏隔，求守豫
章，又爲江州刺史王凝之所表，以此抵罪，會赦免，家於丹陽。安帝隆安五年辛丑
（西元 401 年）卒，年六十三。

甯才素高而措心正直，以爲當時崇尚浮虛，儒雅日替，其源蓋始於王弼、何晏，
二人之罪，過於桀、紂，故著論評擊之。以爲王、何蔑棄典文，不遵禮度，游辭浮
說，波蕩後生，遂令仁義幽淪，儒雅蒙塵，禮壞樂崩，中原傾覆。故曰：「古之所謂
言僞而辯，行僻而堅者，其斯人之徒歟！」蓋痛王、何叨海內之浮譽，資膏梁之傲
誕，畫螭魅以爲巧，扇無檢以爲俗，乃信鄭聲利口之果能亂樂覆邦也。其崇儒抑俗，
率皆如此。

甯少篤學，多所通覽，於餘杭令、豫章守任內，以私祿大興學校，中興以來，
崇學敦教，未有如甯者也。孝武帝時，甯以文學甚被寵愛，朝廷疑議，輒諮訪之。
免官之後，猶勤學不輟，以《春秋穀梁氏》未有善釋，沈思積年，爲之集解，即今
傳之《春秋穀梁傳集解》。﹝註38﹞其序曰：

釋《穀梁傳》者，雖近十家，皆膚淺末學，不經師匠，辭理典據，既
無可觀，又引《左氏》、《公羊》以解此傳，文遇違反，斯害也已。

﹝註38﹞見《晉書斠注》卷七十五〈范汪傳〉。

楊士勛《疏》曰：

> 魏、晉以來，注《穀梁》者有尹更始、唐固、糜信、孔演、江熙、程
> 闡、徐仙民、徐乾、劉瑤、胡納之等，故曰近十家也。

阮元《春秋穀梁傳注疏校勘記‧序》曰：

> 若更始、唐固、糜信、孔衍、徐乾皆治其學，而范甯以未有善釋，遂
> 沈思積年，著爲《集解》。

是范甯之前，當有十數家之注，然范氏皆以爲膚淺，此其《穀梁集解》之所爲作也。

考范書之始作，當源於其父之誦肄吳郡。按，甯父汪，以忤桓溫，免爲庶人，乃屏居吳郡，研講六籍。相與研求者，有汪之門生、故吏及范甯、甯從弟邵、甯子泰、雍、凱諸人，於是商略名例，敷陳疑滯，博示諸儒同異之說，乃業未及竟，而甯父卒，甯遂與二、三學士，及諸子弟，各記所識，並言其意。及其從弟又凋落，雍、凱泯沒，范甯乃撰諸子之言，各記其姓名，題曰《春秋穀梁傳集解》，以其集諸子之言以爲解，故曰集解。

自漢起古今之爭，言《春秋》三傳者，莫不各信所習，而各非所非，宋‧黃震言：杜預注《左氏》獨主《左氏》，何休注《公羊》，獨主《公羊》，惟范甯不私於《穀梁》而公言三家之失，蓋亦稱其無私也。范〈序〉曰：

> 《左氏》以鬻拳兵諫爲君，文公納幣爲用禮；《穀梁》以衛輒拒父爲
> 尊祖，不納子糾爲内惡；《公羊》以祭仲廢君爲行權，妾母稱夫人爲合正。
> 以兵諫爲愛君，是人主可得而脅也；以納幣爲用禮，是居喪可得而婚也；
> 以拒父爲尊祖，是爲子可得而叛也；以不納子糾爲内惡，是仇讎可得而容
> 也；以廢君爲行權，是神器可得而闚也；以妾母爲夫人，是嫡庶可得而齊
> 也。若此之類，傷教害義，不可強通者也。

范氏乃兼采三傳，不主一家，遂開唐‧啖氏之先聲，異於漢儒專門之學派，經學至此而一變矣。〔註39〕

夫《春秋》者，不易之宏軌，百王之通典。一字之褒，寵踰華袞之贈；片言之貶，辱過市朝之撻。而三傳臧否不同，褒貶殊致。故范〈序〉曰：

> 凡傳以通經爲主，經以必當爲理，夫至當無二，而三傳殊說，庸得不
> 棄其所滯，擇善而從乎。

又云：

> 既不俱當，則固容俱失，若至言幽絕，擇善靡從，庸得不並捨以求宗，

〔註39〕見皮錫瑞《經學通論‧春秋通論》。

據理以通經乎。雖我之所是，理未全當，安可以得當之難，而自絕於希通
哉！

此擇善而從，蓋范氏所據以撰《集解》者也。

觀乎漢世之立三傳，誠所謂「是非紛錯、準裁靡定」矣。有漢固重家法，然何
者爲是，何者爲非，則聚論不一。故有父子異同之論，石渠分爭之說，蓋廢興由於
好惡，盛衰繼乎辯訥也。〔註40〕然則何歸乎，范氏云：

> 《左氏》艷而富，其失也巫；《穀梁》清而婉，其失也短；《公羊》辯
> 而裁，其失也俗。若能富而不巫，清而不短，裁而不俗，則深於其道者也。
> 故君子之於《春秋》，沒身而已矣。

此范氏之《春秋》學也。范氏於《左氏》以爲有服虔、杜預之注，於《公羊》，則以
爲有何休、嚴彭祖之解，皆深於義理，不可復加，故獨爲《穀梁集解》。

范書文義之精審，爲世所重。史稱既而徐邈復爲之注，世亦稱之（見《晉書》
本傳）。然考書中乃屢引邈注，則范之成書又當於邈後，始得掇拾也。阮元《校勘記・
序》乃據范書之引邈注，而謂邈成書於前，且曰：

> 讀《釋文》所列經解傳述人，亦可得其後先矣。

按，《釋文》注解傳述人有徐邈《注》十二卷，列於范甯《集注》十二卷之前。又楊
《疏》范〈序〉稱近十家者，亦列徐仙民（仙民，邈字）於其一，則史書蓋誤。

今其書之並釋經傳，與《漢書・藝文志》所載《穀梁》經傳各爲十一卷者異，
阮元《校勘記・序》乃曰：

> 今所傳本，未審合併於何時也，《集解》則經傳並釋，豈即范氏之所合與？

考范氏〈序〉，釋《春秋》之作、《春秋》三傳之得失與其注述之意，並及集解之人，
俱詳矣，而未見首並經傳以爲集解之言，且曰：

〔註40〕見范甯《春秋穀梁傳・序》。按《疏》云：「云父子異同之論者，若劉向注意《穀梁》，
　　　子歆專精《左氏》，是其異也；賈景伯父子及陳元父子皆習《左氏》，不學二傳，是
　　　其同也。或解異同揔據劉向父子言之，理亦通。云石渠者，若劉歆欲專立《左氏》，
　　　而移書太常，諸儒不從，反爲排擯，陳元上疏論二傳之短，亦謂斯也。云廢興由
　　　於好惡者，若景帝好《公羊》，胡母之學興，仲舒之義立；宣帝善《穀梁》，而千秋
　　　之道起，劉向之意存也。云盛衰繼之辯訥者，若武帝時《公羊》師董仲舒有才辯，《穀
　　　梁》師江翁性訥，《公羊》於是大興，《穀梁》遂而寢廢；其後魯人榮廣善《穀梁》，
　　　與《公羊》師眭孟辯論大義，眭孟數至窮屈，《穀梁》於是又興，《公羊》還復寢息。
　　　道有升降，在乎其人，不復論其得失。」又：皮錫瑞《經學通論・春秋通論・論穀
　　　梁癈興及三傳分別》曰：「故范甯論之曰：廢興由於好惡，盛衰繼於辯訥，是漢時不
　　　獨《左氏》與《公羊》爭勝，《穀梁》亦嘗與《公羊》爭勝。武帝好《公羊》而《公
　　　羊》之學大興，宣帝好《穀梁》，而《穀梁》之學大盛，非奉朝廷之旨意乎，公孫宏
　　　齊人而袒齊學之《公羊》，韋賢魯人而袒魯學之《穀梁》，非出鄉曲之私見乎。」

集解者，撰諸子之言以爲解也。

其書原與杜預之集解經傳者異。又考漢、魏、晉治《穀梁》者亦有多家，則今所傳本之經傳並釋，固未能遽定即始於范氏。

至於《春秋》何以託始隱公，范甯所論，蓋襲前人之説。是以清‧柳興恩《穀梁大義述‧敘例》曰：

> 范甯〈序〉襲杜預之説而小變之，謂孔子慨東周之變，於時則接乎隱
> 公，故因之以託始，亦豈知《穀梁》之旨者哉。（見《皇清經解續編》）

柳乃以范襲杜説，遂謂范甯豈知穀梁之旨者。按，阮元《穀梁大義述‧序》稱，柳氏治《穀梁》之學多年，知其用功之深。柳氏稱《春秋》何以託始於隱公元年，乃歷三十餘年始得頓釋。柳氏以爲：隱在惠公爲賊子，於周室爲亂臣，然則隱之元年乃邪正絕續之交。《春秋》之託始於此，即於不書公即位見之。此《春秋》之微言，即《春秋》之大義也。柳氏之言，以視諸家之論，當有卓見，范甯則未及此。

雖然，范甯以父子祖孫同釋經傳，固已爲後世所稱。故《困學紀聞》（卷七）曰：

> 《文中子》謂范甯有志於《春秋》，徵聖經而詰眾傳（《文中子‧天地
> 篇》），蓋杜預屈經以申傳，何休引緯以汨經，唯甯之學最善。

《文獻通考‧春秋考》引晁氏曰：

> 嘗謂三傳之學，《穀梁》所得最多，諸家之解，范甯之論最善。

又引陳振孫曰：

> 甯父子祖孫同訓釋經傳，行於世，可謂盛矣。

《簡明目錄》曰：

> 甯注矜慎，亦密於何休。

皮氏《經學通論‧春秋通論》「論二傳皆專門之學，學者宜專治一家，治一家又各有從入」亦曰：

> 治《穀梁》者先觀范《解》、楊《疏》及許桂林釋時、日、月例。

范所著書，《隋志》、《釋文》、兩《唐志》、《宋志》、鄭樵《通志》，俱著錄十二卷。《唐志》、《釋文》作《集注》，《宋志》僅稱《穀梁傳》，又焦紘《經籍志》作《穀梁集解》，不著卷數。

范甯書又別有《傳例》一卷，見於《隋志》著錄。考范甯〈穀梁序〉有「商略名例」句，疏云：

> 商略名例者，即范氏別爲略例百餘條是也。

《四庫提要》曰：

又〈自序〉有「商略名例」之句，疏稱寗別有「略例」百餘條，此本
不載，然注中時有「傳例曰」字，或士勖割裂其文，散入注疏中歟。

又引陳澧曰：

楊《疏》有稱「范氏略例」者，有稱「范氏」者，有稱「范氏別例」
者，皆即「略例」也。

陳氏又曰：

范氏注中已有「例」，又別爲「略例」，故可稱「別例」。

「范例」蓋於楊士勖作《疏》時，將之割裂而散入注疏中矣。故胡玉縉《四庫全書
總目提要補正》引陳澧《東塾讀書記》云：

《提要》疑楊士勖割裂「略例」而散入《疏》中。澧案：隱二年《疏》
云：《春秋》二百四十二年無王者一百有八云云，與桓元年《疏》所引范
氏「例」之語同，此楊氏取范氏「例」散入《疏》中之證。

清王謨《漢魏遺書鈔》乃於《集解》之外，別於楊氏《疏》中抄出所引「略例」、「別
例」二十四條，輯爲一卷，名曰《穀梁傳例》云。

又范寗有《薄叔玄問穀梁義》，《隋志》著錄二卷，脫撰人，注云：「梁四卷」。考
楊《疏》引有范寗「答薄氏穀梁義」，知「薄氏」當即「叔元」。蓋范作《集解》，叔
元有所駁問，范隨問逐條答之，仿鄭氏《廢疾》之體例也。其書今佚。楊士勖《疏》
引十二節，全載問答者四節，內有一節明載薄氏駁，隱括范答，其八節皆載范答薄氏
語，大指論辯義例，馬國翰乃據以輯存一卷，題《薄叔玄問穀梁義》，存於《玉函山
房輯佚書》中。

二、徐乾《春秋穀梁傳徐氏注》

晉人治「穀梁學」者，除范氏《集解》外，並已亡佚，其有輯本可考者，尚可
得如下：

《春秋穀梁傳徐氏注》一卷，晉·徐乾撰，清·馬國翰輯。見於：

《玉函山房輯佚書·經編·春秋類》（娜嬛館本、重印本、楚南書局本）。

《春秋穀梁傳注義》一卷，晉·徐邈撰，清·馬國翰輯。見於：

《玉函山房輯佚書·經編·春秋類》（娜嬛館本、重印本、楚南書局本）。

《春秋穀梁傳鄭氏說》一卷，晉·鄭嗣撰，清·馬國翰輯。見於：

《玉函山房輯佚書·經編·春秋類》（娜嬛館本、重印本、楚南書局本）。

《春秋公羊穀梁傳集解》一卷，晉·劉兆撰，清·王謨輯。見於：

《漢魏遺書鈔‧經翼》第三冊。

《春秋公羊穀梁傳解詁》一卷，晉‧劉兆撰，清‧馬國翰輯。見於：

　　《玉函山房輯佚書‧經編‧春秋類》（娜嬛館本、重印本、楚南書局本）。

《春秋公羊穀梁二傳評》一卷，晉‧江熙撰，清‧馬國翰輯。見於：

　　《玉函山房輯佚書‧經編‧春秋類》（娜嬛館本、重印本、楚南書局本）。

《春秋公羊孔氏傳》一卷，晉‧孔衍撰，清‧王仁俊輯。見於：

　　《玉函山房輯佚書續編‧經編‧春秋類》。

《春秋公羊王門子注》一卷，晉‧王愆期撰，清‧王仁俊輯。見於：

　　《玉函山房輯佚書續編‧經編‧春秋類》。

《春秋公羊劉氏注》一卷，晉‧劉兆撰，清‧王仁俊輯。見於：

　　《玉函山房輯佚書續編‧經編‧春秋類》。

《公羊》一卷，晉‧劉兆注，民國‧龍璋輯。見於：

　　《小學蒐佚》下編補。

　　按，徐乾，《晉書》無傳，始末不詳。嚴可均《全晉文》卷一百三十八曰：

　　　　乾，太元中太學博士，安帝時進給事中。有《穀梁傳注》十二卷，《集》

　　　　二十卷。

《冊府元龜‧學校部》注云：

　　　　徐乾，字文祚，爲給事中，注《春秋穀梁傳》十三卷。

又《釋文‧敘錄》謂：

　　　　徐乾《穀梁注》十三卷，字文祚，東莞（今山東沂水）人，東晉給事中。

此徐氏事跡之可考者。其書「梁有十三卷」，隋亡，《釋文》、兩《唐志》、《冊府元龜》、

《七錄》、吳士鑑等五家《補晉志》卷並同。嚴氏《全晉文》作十二卷，或本《通志

略》。考范甯〈穀梁序〉既曰：

　　　　釋《穀梁傳》者，雖近十家，皆膚淺末學，不經師匠，辭理典據，既

　　　　無可觀，又引《左氏》、《公羊》以解此傳，文遇違反，斯害也已。

楊《疏》曰：

　　　　近十家者，魏、晉已來，注《穀梁》者，有尹更始、唐固、靡信、孔

　　　　演、江熙、程闡、徐仙民、徐乾、劉瑤、胡訥之等。

又阮元《校勘記‧序》曰：

　　　　若更始、唐固、靡信、孔衍、徐乾皆治其學，而范甯以未有善釋，遂

　　　　沈思積年，著爲《集解》。

是徐乾之書，當先於范甯，范注乃得徵引，今得六節，又楊《疏》亦引一節，其研究書法，日與不日之例，全書之旨，可以概見。〔註41〕

三、徐邈《春秋穀梁傳注義》

徐邈有《春秋徐氏音》，並其事跡，已見本章第二節。又別有《穀梁傳注》，見於《隋志》著錄，有十二卷，本傳不載卷數，《釋文・序錄》、兩《唐志》卷並與《隋志》同。

其書循例當亦有序，故《書鈔》九十五引有徐邈〈穀梁序〉云：

　　夫子感隱、桓之事，作《春秋》，振王道於無王，故始自隱公所感而興。

又九十九引徐邈《穀梁子》云：

　　滄海橫流，則舟航濟其用；震風陵雨，而棟宇竟其功。

孔廣陶校本以爲亦是序文。〔註42〕

今考其書，見於范《解》引述者獨多，蓋以其書辭理典據，實有可觀，亦以邈曾與甯書，極論諸曹，心折有素矣。是以范〈序〉所謂二、三學士者，徐當其選。然楊《疏》既於范汪之門生故吏，指謂江、徐之屬，又以所譏膚淺末學之近十家，列徐仙民於第七，蓋爲失考。〔註43〕故姚振宗《隋志考證》曰：

　　　初范甯與邈，皆爲孝武帝所任，使共補朝廷之闕，蓋徐、范本同官，

　　　范所謂近十家者，意固不在徐仙民也。

《隋志》又有徐邈《春秋穀梁傳義》十卷，似爲義疏、講疏之類。〔註44〕今並佚，清馬國翰從《注》、《疏》、《北堂書鈔》、《初學記》等書所徵引，輯存一卷，以《注》、《義》二書不能區分，故總以注義題之，名曰《春秋穀梁傳注義》。

四、鄭嗣《春秋穀梁傳鄭氏說》

鄭嗣，始末不詳。清・馬國翰《玉函山房輯本・序》曰：以范〈序〉考之，當是甯父汪門生故吏，當時亦有撰著者也。按，范〈序〉稱釋《穀梁傳》者雖近十家，皆膚淺末學云云，楊士勛《疏》乃列近十家姓名，而不及鄭氏，隋、唐諸志亦不著錄其書，則蓋名不及江熙、徐邈者，故志佚之也。〔註45〕

今考其書，當成於范書之前，故范甯《集解》亦有引存，吳士鑑《補晉經籍

〔註41〕見馬國翰《玉函山房輯佚書・經編・春秋類》徐乾〈春秋穀梁傳徐氏注序〉。
〔註42〕見《晉書斠注》卷九十一〈徐邈傳斠注〉引。
〔註43〕見馬國翰《玉函山房輯佚書・經編・春秋類》徐邈〈春秋穀梁傳注義序〉。
〔註44〕見姚振宗《隋志考證》卷六〈經部六・春秋類〉徐邈《春秋穀梁傳義》。
〔註45〕見馬國翰《玉函山房輯佚書・經編・春秋類》鄭嗣〈春秋穀梁傳鄭氏說序〉。

志》著錄鄭嗣《春秋穀梁傳說》，不載卷數，注云：「范甯《集解》引嗣說二十一節。」按，范氏《集解》所引者，計有桓公十四年二節，莊公二十一年一節，僖公八年一節、二十八年二節，文公元年一節、四年一節，宣公二年一節、八年一節，成公二年一節、十二年一節，襄公二十三年一節、二十七年二節、三十年一節，定公二年三節、四年一節，哀公元年一節等共二十一節，並爲清馬國翰《玉函山房輯佚書》所收。

五、劉兆《春秋公羊穀梁傳集解》

劉兆以《春秋》一經而三家殊塗，諸儒是非之議紛然，互爲讎敵，乃思三家之異，合而通之，故作《春秋調人》，又爲《春秋左氏解》，《公羊》、《穀梁》解詁皆納經傳中，朱書以別之，今並亡佚。所注《春秋左氏傳》，王仁俊有輯本一卷，已見本章第二節所述。其訓《公》、《穀》之義者，並見於《文選注》、陸德明《釋文》、釋元應《琉璃五經音義》、顧野王《玉篇》等書所徵引，其與今本字異者，足資參證也。馬國翰乃就其訓《公》、《穀》之義者輯錄十節，並爲一卷。

六、江熙《春秋公羊穀梁二傳評》

江熙，《晉書》無傳，始末不詳。《冊府元龜·學校部·注釋》（卷六百五）曰：

> 熙，字太和，爲袞州別駕，注《毛詩》二十卷，又注《論語》十卷。

嚴氏《全晉文》（卷一百三十八）稱熙爲濟陽人。姚振宗《隋志考證》曰：

> 按，楊《疏》以徐邈爲故吏則不然，以江熙爲故吏則誠有之，蓋范汪
> 爲徐、袞二州刺史，江爲袞州別駕，是故吏也。

又《通典》九十六有江熙《難范甯語》，是江熙者，字太和，濟陽人（今山東定陶），官袞州別駕，爲范汪故吏。有《難范甯語》，注《毛詩二十卷》，又注《論語》十卷。

所撰《春秋公羊穀梁二傳評》，見於兩《唐志》著錄，《隋志》有《春秋公羊穀梁二傳評》三卷，而不著撰人，吳士鑑等五家《補晉志》，乃皆據《唐志》著錄。其書楊士勛以爲不足觀，故范甯〈序〉所稱釋《穀梁》者近十家，皆膚淺末學，不經師匠，楊《疏》乃數所謂十家者，列江氏於第五。然考范甯《注》則引有江評十九節〔註46〕而無所駁斥，則范〈序〉所謂二、三學士者，江當其選，江氏自不能與於膚淺十家之列也，馬國翰《玉函山房輯本·序》曰：

> 熙評二傳，非專釋《穀梁》，且范《解》亟取其說，而無所斥駁，所
> 謂與二、三學士及諸子弟，各記所識，並言其意，當不在十家之內也。

〔註46〕見馬國翰《玉函山房輯佚書·經編·春秋類》江熙〈春秋公羊梁二傳評序〉。

其書，《玉海》簡稱《公穀二傳評》，注云：「今佚。」今有馬國翰《玉函山房輯本》一卷。

七、孔衍《春秋公羊孔氏傳》

《春秋公羊傳》，有何休解詁及嚴彭祖之訓釋，皆深於義理，不可復加。〔註47〕晉人之治《公羊》，乃不如《左》、《穀》之盛。今除劉兆《集解》及江熙《二傳評》之外，別有孔衍、王衍期二家之輯本行世。

孔衍（或作孔演，或誤作九演），字舒元，魯國人（今山東曲阜），孔子二十二世孫，生於晉武帝泰始四年戊子（西元 268 年）。少好學，弱冠，公府辟本州，舉異行直言，皆不就。惠帝末，避地江東，元帝引爲安東參軍，衍每以稱職見知。中興初，補中書郎，領太子中庶子。于時庶事草創，衍經學深博，又練識舊典，朝儀軌制，多取正焉，由是元、明二帝並親愛之。以忤王敦，出爲廣陵群相，時人爲之寒心，而衍不形於色。元帝太興三年庚辰（西元 320 年），卒於官，年五十三。衍博覽過於賀循，選述有百餘萬言。〔註48〕

孔衍書本傳不載，《隋志·春秋類》稱「梁有孔衍《春秋公羊傳集解》十四卷」，《釋文·敘錄》、兩《唐志》卷並同，而題名微異：《釋文》稱孔衍《公羊集解》，《舊唐志》則云《春秋公羊經傳集解孔氏注》，《新唐志》又作《孔氏公羊集解》。《冊府元龜·學校部·注釋》卷六百六稱衍注《公羊》十四卷，蓋與《舊唐志》同。吳士鑑《補晉志》則據《釋文·序錄》著錄，稱孔衍《春秋公羊傳集解》十四卷，《春秋左氏傳》杜預〈序〉之《正義》所引者，作孔舒元《公羊傳》。其書已佚，王仁俊《玉函山房輯佚書續編》輯存一卷，題云《春秋公羊孔氏傳》。

八、王愆期《春秋公羊王門子注》

王愆期，字門子（見《釋文·序錄》），河東猗氏（今山西猗氏）人。咸和初（咸和元年西元 326 年），爲溫嶠江州督護（見嚴氏《全晉文》卷一百十五）。陶侃鎮荊州，爲右司馬。咸和七年六月（西元 332 年），陶侃疾篤，上表遜位，以後事付之，加督護，統領文武（見《晉書斠注》卷六十六〈陶侃傳〉）。及庾亮代侃，咸康初，爲征西司馬（見《晉書斠注》卷八十一〈桓宣傳〉、嚴氏《全晉文》卷一百十五）。至翼代亮鎮武昌，愆期亦代翼爲南郡太守（見《晉書斠注》卷七十三〈庾翼傳〉）、南蠻校尉（見《宋書》卷九十二〈王歆之傳〉）、散騎常侍辰陽伯。其父

〔註47〕見范〈序〉楊士勛《疏》。
〔註48〕見《晉書斠注》卷九十一〈孔衍傳〉、嚴可均《全晉文》卷一百二十四〈孔衍〉。

接多學博通，特精禮傳。常謂《左氏》辭義贍富，自是一家書，不主爲經發；《公羊》附經立傳，經所不書，傳不妄起，於文爲儉，通經爲長。任城何休訓釋甚詳，而黜周王魯，大體乖硋。且志通《公羊》，而往往還爲《公羊》疾病。乃更注《公羊春秋》，多有新義。然以喪亂盡失，王愆期乃緣其父意，更注《公羊》也。（見《晉書斠注》卷五十一〈王接傳〉。）

王書，《隋志》著錄十三卷，《釋文·序錄》、兩《唐志》並少一卷。《書·泰誓上》第一疏云：

> 《春秋》之王，自是當時之王，非改正之王。晉世有王愆期者，知其不可，注《公羊》，以爲《春秋》制文王指孔子耳，非周昌也。

此蓋所謂多有新義者也，今已亡佚，《詩·鴻雁》疏引有此書，王仁俊輯存一卷，題曰：「春秋公羊王門子注」。

考《春秋》之學，夫子所以申大義，懼亂賊者也，承學之徒，知者五家，傳後有三，漢時爭立：《公羊》因董生而興，故漢時稱盛，何休《解詁》，最名於世；及宣帝善《穀梁》，慶姓皆爲博士；言《左氏》者皆本之賈護、劉歆，學者乃眾，暫立於平帝，和帝以後，遂睥睨二傳矣。晉有杜、范，《左》、《穀》用明，唐取爲《正義》，乃與何《注》鼎足而三，遵用迄今，晉之「春秋學」，亦云盛矣。

第四節　晉人對戰國史之撰作
——敦煌本孔衍《春秋後語》及晉代其他治戰國史之有傳書者

仲尼既嘆春秋之多亂臣賊子也，而七雄復爭於戰國，其勢且視春秋有加，《戰國策》、《史記》並述其事矣，而有異同，晉·孔衍乃刪以爲《春秋後語》。今考其事，縷述如后。

一、孔衍《春秋後語》

按，孔衍有《春秋公羊傳集解》，並其事跡，已見本章第三節。本傳稱衍所撰述，凡百餘萬言，則所撰《春秋後語》，當在其中。今《唐書·經籍志》載孔衍《春秋國語》十卷，《唐書·藝文志》載《春秋時國語》十卷、《春秋後國語》十卷，又《新唐志》別有盧藏用《春秋後語》十卷。按，藏用、唐人。王重民謂《新唐志》「盧藏用」下脫「注」字，則所謂「盧藏用《春秋後語》」者，當作「盧藏用《注春秋後語》」。考今存《春秋後語》殘卷中，其二卷有《注》，王重民以爲即出

盧藏用之手。〔註49〕則孔衍書，唐時盧氏猶爲之注，《隋志》乃不著錄者，豈爲誤失？《史通・六家篇》云：

> 始衍撰《春秋時國語》，復撰《春秋後語》，勒成二書，各十卷，行於世者，唯《後語》存焉。

是《春秋時國語》，唐時已佚，而《後語》當爲劉知幾所見。

所撰《春秋後語》，蓋以《戰國策》所書，未爲盡善，乃引太史公所記，參其異同，刪彼二家，聚爲一錄。其書始自秦孝公，終於楚、漢之際。除二周及宋、衛、中山外，所留者秦、趙、韓、魏、楚、齊、燕七國，比於《春秋》，亦盡二百三十餘年行事。雖其書〈序〉有云「雖左氏莫能加」，世人乃尤其不量力，不度德，劉知幾則不以爲然，其言曰：

> 尋衍之此義，自比於丘明者，第謂《國語》，非《春秋傳》也，必方以類聚，豈多嗤乎。（見《史通・六家篇》）

王重民亦謂：

> 以衍書方諸《國策》，事覈於前，文該於舊，一人之事，載在同卷，兩國之史，例不兼書，翻檢至爲便易。六朝以來，《後語》較《國策》爲通行者，蓋以此故。〔註50〕

孔氏乃踵事增華，後出轉精，故能爾也。

其書《太平御覽》引有六十餘事，剡川姚氏乃據以勘正《國策》。然自謂訪之數年始得，則南宋之初，已不易覯。又《玉海》云：元・吳師道《國策識語》謂《後語》今不可得，賴姚本得見一二。則是書雖《宋志》著錄，然不謂元修《宋史》時，其書尚存。以王應麟時，已不得見，則當佚於宋、元之際。〔註51〕

孔衍《春秋後語》近乃自敦煌發見其殘卷，依次計有〈秦語〉上、中、下三卷，《趙語》上、下二卷，〈韓語〉、〈魏語〉、〈楚語〉、〈燕語〉各一卷，分爲羅振玉及巴黎、倫敦圖書館所藏。楊師家駱輯存兩晉遺籍，乃藉顯微膠卷拼合印入書中。羅振玉藏有之〈秦語〉中，及巴黎伯二五八九號〈魏語〉，巴黎伯二五六九號略出本，亦均曾印於《鳴沙石室佚書影印本》第二冊中。其書雖久佚於人世垂七、八百載，然殘存之九卷本，竟可使十卷之書，僅缺一卷，其各卷首尾固仍不完整，然重出之古籍，大體尚存，亦可謂難能可貴矣。茲將其分卷存藏情形，列

〔註49〕見楊師家駱《兩晉遺籍輯存（下）・序語》。
〔註50〕見楊師家駱《兩晉遺籍輯存（下）・序語》。
〔註51〕見楊師家駱《兩晉遺籍輯存（下）・序語》。

明如下：〔註52〕

卷　別	國　別	存　藏	備　　註
卷一	秦語上	巴黎伯五五二三	甲段存一百六行 乙段存一百七行
卷二	秦語中	羅振玉藏 巴黎伯二七○二卷	存九十五行 存八十行
卷三	秦語下	倫敦斯七一三	存行不詳
卷四	趙語上	巴黎伯三六一六	存一百九十行
卷五	趙語下	巴黎伯二八七二 巴黎伯二五六九	存五十九行 略出本
卷六	韓語	巴黎伯二五六九	略出本
卷七	魏語	巴黎伯二五八九 巴黎伯二五六九	存一百二十行 略出本
卷八	楚語	倫敦（編號待查） 巴黎伯二五六九	有注本 略出本（略出本四卷共存一百四十八行）
卷九	齊語	無存	
卷十	燕語	倫敦（編號待查）	有注本

　　據上所錄，知全缺者〈齊語〉，其內容卷目蓋與劉知幾《史通・六家篇》所論相合。今考敦煌本《春秋後語》發現前，劉學寵《青照堂叢書次編》第二函曾輯存一卷，乃有出於敦煌殘卷之外者，又王謨《漢魏遺書鈔・經翼》第三冊、黃奭《漢學堂叢書（黃氏逸書考）・子史鉤沈・史部・雜史類》、王仁俊《玉函山房輯佚書續編・史編・總類》、《說郛》（宛委山堂本）弓五等亦並有輯本一卷，《鳴沙石室佚書初編》別有《春秋後國語殘》四卷（存卷五至八）可並存參校也。

二、樂資《春秋後傳》

　　孔衍書之外，樂資《春秋後傳》之作，亦採自《戰國策》及《太史公書》而成。《史通・六家篇》曰：

　　　　逮孔子云沒，經傳不作，于時文籍，唯《戰國策》及《太史公書》而已。至晉著作郎魯國樂資，乃追采二史，撰爲《春秋後傳》。

按，樂資，始末未詳。據劉知幾〈六家篇〉所敘，知爲魯人，晉著作郎也。其書上接《春秋》，下迄漢初。以周貞王續前傳魯哀公，後至王赧之入秦，又以秦文王

〔註52〕見楊師家駱《兩晉遺籍輯存（下）・序語》。

之繼周，終於二世之滅，合成三十卷，〔註53〕亦名曰傳也。其書今佚，《水經・渭水注》、《後漢書・襄楷傳注》、《史記・田敬仲世家・索隱》、《初學記・天部、地部》、《御覽・地部、兵部》等並引《春秋後傳》（朱氏《經義考》，則誤以孔衍《後語》入於《後傳》），〔註54〕清・王謨《漢魏遺書鈔・經翼》（第三冊）乃從《水經注》鈔出一條、《初學記》二條，又《書鈔》二條、《御覽》六條，輯爲一卷，若《玉海》所引五條，因與記事文體不類，以爲即本書〈序例〉，故列卷首，而以《史記索隱》所引樂資說數條附焉。又黃奭《漢學堂叢書（黃氏逸書考）・經解・春秋類》亦有輯本一卷。

三、孔晁《春秋外傳國語孔氏注》

《戰國策》之前，有左丘明之《春秋外傳》（國語），乃開「國語家」之先。其書之名稱，今之所見，或謂之《國語》，或謂之《春秋外傳國語》，或謂之《外傳國語》，或謂之《外傳》，蓋題名稱號有詳略不同也。

《史通・六家》曰：

> 國語家者，其先亦出於左丘明，既爲《春秋內傳》，又稽其逸文，纂其別說，分周、魯、齊、晉、鄭、楚、吳、越八國事，起自周穆王，終於魯悼公，列於《春秋外傳國語》，合爲二十一篇。其文以方內傳，或重出而小異。然自古名儒，賈逵、王肅、虞翻、韋耀之徒，並申以注釋，治其章句。此亦六經之流，三傳之亞也。

蓋周之盛時，列國之史，林林總總，不可勝記。左丘明得見列國之書，既配經立傳，乃又撰諸異同，爲《外傳國語》。斯蓋採書、志諸文，非唯魯之史記而已。其《春秋外傳》之名，則始見於《漢書・律歷志》所引之《三統術》。《三統術》爲劉歆所作，蓋前漢所傳之古說也。又韋昭〈敘〉云：昔孔子發憤於舊史，左丘明因聖言以攄意，其明識高思未盡，故復采錄前世穆王以來，下訖魯悼伯之誄，以爲《國語》。其文不主於經，故號曰《外傳》。釋義亦云明晰矣。

考今之《國語》，凡〈周語〉三篇、〈魯語〉二篇、〈齊語〉一篇、〈晉語〉九篇、〈鄭語〉一篇、〈楚語〉二篇、〈吳語〉一篇、〈越語〉二篇、凡二十一篇。〈晉語〉獨多，必出於《晉乘》，《左傳》多載《晉乘》，亦以此故。其以周王爲天子，魯、齊以下爲諸侯，而天子下儕於諸侯，稱爲一國之語，殊不可解。然亦以此，遂爲後來

〔註53〕見《史通・六家篇》，又兩《唐志》卷數並同，《隋志》所錄，則增多一卷。
〔註54〕見章宗源《隋書經籍志考證》卷三樂資《春秋後傳》。

國別史之祖。〔註55〕至晉・孔晁乃繼先儒之後，又爲之注。

　　按，孔晁有《逸周書注》，並其事跡，已見第一章第一節。其所注《春秋外傳國語》，《隋志》著錄二十卷，兩《唐志》並云二十一卷，雖《新唐志》作孔鼂《解國語》，《舊唐志》不著注解人，然當爲孔氏之書，今佚。清馬國翰從《左傳正義》、宋庠《補注》等輯存〈周語〉五條、〈魯語〉六條、〈晉語〉十九條、〈鄭語〉三條、〈楚語〉、〈吳語〉、〈越語〉各一條，並爲一卷，題《春秋外傳國語孔氏注》，見於《玉函山房輯佚書補遺（娜嬛館本、重印本、楚南書局本）・經編・春秋類》。又黃奭《漢學堂叢書（黃氏逸書考）・子史鉤沈・史部・雜史類》亦有晉・孔晁撰《國語注》一卷。

〔註55〕見金毓黻《中國史學史》第二章古代之史家與史籍。

第二章　後漢三國史之撰作

　　自秦滅先王之典，遺制莫存。迄於漢興，而文學稍進，詩書間出。及司馬氏父子之爲太史令，天下遺文古事，遂畢集厥掌。初，談以太史之職，慇學者之不達，乃有六家要旨之論述。及欲更有所著作，以天子始建漢家之封，既掌天官，而因病不得與於其事，發憤且卒。其子遷乃承父訓於河洛之間，垂涕矢志以嗣先人之意。及被李陵之禍，遂遭極刑，特以著書未就，故甘而無悔也。今考其書，乃肆其周遊之奇氣，舒其鬱結之憤思，欲以窮天人之際，通上下之變，蓋亦繼《春秋》以作，而開正史之始。其後，以其意或難究詳，晉末，乃有中散大夫東莞徐廣，研核眾本，爲作音義，既具列異同，兼述訓解，又爲諸年表，注以干支，宋・裴氏之《集解》，遂據以散入百三十篇之內。此晉人對《史記》研述之可觀者。惜今無存、輯之本，於例不在論述之列。及班氏之有《漢書》，劉珍等之相繼著作於東觀，晉人於漢史之撰作，遂相仍不絕。又三國之時，並有史官，三國之事俱在，晉人乃又據以刪述焉。茲分論如后。

第一節　晉人對紀傳體漢史之撰作
　　——司馬彪《續漢書》、《九州春秋》及薛瑩、華嶠、謝沈、
　　　袁山松四家《後漢書》

《隋書・經籍志・正史類・序》曰：

　　後漢扶風班彪，綴後傳數十篇，并譏正前失。彪卒，明帝命其子固，續成其志。以爲唐、虞、三代，世有典籍，史遷所記，乃以漢氏繼於百王之末，非其義也。故斷自高祖，終於孝平王莽之誅，爲十二紀、八表、十

志、六十九傳。潛心積思二十餘年，建初中，始奏表及紀傳，其十志竟不能就。固卒後，始命曹大家續成之。先是，明帝召固爲蘭臺令史，與諸先輩陳宗、尹敏、孟冀等，共成《光武本紀》。擢固爲郎，典校祕書，固撰校漢事，作《列傳載記》二十八篇。其後，劉珍、劉毅、劉陶、伏無忌等，相次著述東觀，謂之《漢記》。

漢、魏以降，史官多竊虛號，有聲無實，〔註 1〕《東觀漢紀》又至晉無成，〔註 2〕好學之士，於後漢之事，乃爭奮翰藻，相與綴錄也。今就司馬彪等所撰書之有存本或輯本者，條錄並述如后：

《續漢書》五卷，晉·司馬彪撰，清·汪文臺輯。見於：《七家後漢書》。

《九州春秋》一卷，晉·司馬彪撰。見於：《漢學堂叢書（黃氏逸書考）·子史鉤沈·史部·正史類》。

《後漢書》一卷，晉·薛瑩撰，清·汪文臺輯。見於：《七家後漢書》。

《漢後記》一卷，晉·薛瑩撰，清·黃奭輯。見於：《知足齋叢書》。

《漢後書》一卷，見於：《漢學堂叢書（黃氏逸書考）·子史鉤沈·史部·正史類》。

《後漢書》二卷，晉·華嶠撰，清·汪文臺輯。見於：《七家後漢書》。

《後漢書》一卷，晉·華嶠撰，清·黃奭輯。見於：《知足齋叢書》。

《後漢書注》一卷，見於：《漢學堂叢書（黃氏逸書考）·子史鉤沈·史部·正史類》。

《後漢書》一卷，晉·華嶠撰，清·王仁俊輯。見於：《玉函山房輯佚書補編》。

《後漢書》一卷，晉·謝沈撰，清·汪文臺輯。見於：《七家後漢書》。

《後漢書》一卷，晉·謝沈撰，清·黃奭輯。見於：《知足齋叢書》。《漢學堂叢書（黃氏逸書考）·子史鉤沈·史部·正史類》。

《後漢書》一卷，晉·袁山松撰，清·汪文臺輯。見於：《七家後漢書》。

《後漢書》一卷，晉·袁山松撰，清·黃奭輯。見於：《知足齋叢書》。《漢學堂叢書（黃氏逸書考）·子史鉤沈·史部·正史類》。

《後漢書》一卷，晉·袁山松撰，清·王仁俊輯。見於：《玉函山房輯佚書補編》。

一、司馬彪《續漢書》、《九州春秋》

按，司馬彪，字紹統，宣帝從子，高陽王睦之長子。少篤學不倦，然好色薄行，爲睦所責，故不得爲嗣。彪由此不交人事，而專精學習，故得博覽群書，終其綴集之務。魏時，彪拜騎都尉，泰始中，爲秘書郎，轉丞，後拜散騎侍郎。惠帝末年（惠

〔註 1〕見《史通·史官篇》。
〔註 2〕見《史通·正史篇》。

帝光熙元年，西元 306 年），卒於家，年六十餘。有《續漢書》八十三卷、《九州春秋》十卷、《莊子注》二十一卷、《戰略》二十卷、《集》四卷等，又嘗條譙周《古史考》百二十二事爲不當。〔註3〕

　　所撰《續漢書》，乃以漢自中興，訖于建安，忠臣義士，亦以昭著，而時無良史，記述煩雜，譙周雖已刪除，然猶未盡，安順天下，亡缺者多，乃討論眾書，綴其所聞而成。〔註4〕《史通・正史篇》曰：

> 　　故記殘缺，至晉無成，太始中，秘書丞相司馬彪，始討論眾作，綴其所聞……號曰《續漢書》。

其《九州春秋》，則以漢氏失馭，英雄角力，故錄其行事以爲書。《直齋書錄解題》（卷五）云：

> 　　漢末州郡之亂，司、冀、徐、兗、青、荊、揚、梁、益、幽，凡盜賊僭叛皆紀之。

知彪所致力者，漢史也，一敍中興以來之忠臣義士，一紀漢末九州盜賊之僭叛，其刪煩補闕，堪稱良史。

　　司馬彪之《續漢書》，起自光武（西元 25 年），迄於孝獻（西元 220 年），通綜一百九十五年史蹟，乃斷代史。《續漢書・敍》曰：

> 　　起于世祖，終于孝獻，編年二百，錄世十二，通綜上下，旁貫庶事，爲紀、志、傳，凡八十篇。

今彪書〈志〉，凡存三十卷，紀、傳已佚，其〈志〉，以附范曄《後漢書》，故得留傳，凡王教之要，國典之源，粲然略備。梁・劉昭注補〈續漢書〉八志〈序〉曰：

> 　　司馬續書，總爲八志……王教之要，國典之源，粲然略備，可得而知矣。

劉昭之注范曄書，以其無志，乃取彪〈志〉注以補成今之《後漢書》。劉昭自序曰：

> 　　……迺借舊〈志〉，注以補之，……分爲三十卷，以合范史。

彪〈志〉八篇，昭分三十，以汲古閣毛氏本不載劉〈序〉，遂使孫承澤、李光地輩誤以司馬〈志〉爲范氏書。然其誤，固不自孫、李始，《四庫提要・正史類・後漢書》引何焯《義門讀書記》曰：

> 　　八志，司馬紹統之作，本漢末諸儒所傳，而述於晉初，劉昭注補，別有〈總敍〉，緣諸本或失載劉敍，故孫北海《藤陰箚記》亦誤出蔚宗志〈律曆〉之文。

〔註3〕見《晉書斠注》卷八十二〈司馬彪傳〉，嚴可均《全晉文》卷十五〈司馬彪〉。
〔註4〕見《晉書斠注》卷八十二〈司馬彪傳〉。

又曰：

　　攷洪邁《容齋隨筆》已誤以八志爲范書，則其誤不自孫承澤始。

觀乎陳振孫《直齋書錄解題》（第四卷）之述〈後漢志〉稱：《宋館閣書目》已直以百二十卷併稱蔚宗撰矣。

　　按，司馬彪之八志，計爲〈律曆〉、〈禮儀〉、〈祭祀〉、〈天文〉、〈五行〉、〈郡國〉、〈百官〉、〈輿服〉是也。云三十卷者，〈律曆〉、〈禮儀〉、〈祭祀〉、〈天文〉各爲上中下三卷，〈五行〉六卷，〈郡國〉、〈百官〉各爲五卷，〈輿服〉分上下，計共三十卷。此〈志〉每卷首不知何人題云「劉昭注補」，知以劉昭取司馬〈志〉注補范書故也。有改云補注者，則誤。至〈天文志〉下卷通卷無注，〈五行志〉第四卷亦然，則不知佚於何時。

　　彪〈志〉之詳述制度，乃多因《史》、《漢》，而稍易其名，晉、隋諸志，實效其例。劉昭〈後漢書注補序〉曰：

　　　司馬續書，總爲八志，〈律曆〉之篇，仍乎洪、邕所構，〈車服〉之本，
　　　即依董、蔡所立，〈儀祀〉得於往制，〈百官〉就乎故簿，並籍據前修，以
　　　濟一家者也。

洪者，劉洪也；邕者，蔡邕也；董者，董巴也；蔡，即邕。按〈禮儀志〉注引謝承書曰：

　　　太傅胡廣，博綜舊議，立漢制度，蔡邕依以爲〈志〉，譙周後改定以
　　　爲〈禮儀志〉。

〈祭祀志〉注引謝沈書曰：

　　　蔡邕引中興以來所修者，爲〈祭祀志〉，即邕之意也。

〈天文志・序〉云：

　　　孝明帝使班固敍《漢書》，而馬續述〈天文志〉，今紹《漢書》作〈天
　　　文志〉，起王莽居攝元年（西元6年），迄孝獻帝建安二十五年（西元220
　　　年），二百一十五載，言其時星辰之變，表象之應，以顯天戒，明王事焉。

〈注〉引謝沈書曰：

　　　蔡邕撰建武已後，星驗著明，以續前〈志〉，譙周接繼其下者。

〈五行志・序〉云：

　　　五行傳說及其占應，《漢書・五行志》錄之詳矣，故泰山太守應劭、
　　　給事中董巴、散騎常侍譙周，並撰建武以來災異，今合之以續前〈志〉。

〈百官志・序〉云：

　　　故新汲令王隆作〈小學漢官篇〉，諸文偶說，較略不究，惟班固著〈百

官公卿表〉，記漢承秦置官本末，託于王莽，差有條貫，然皆孝武奢廣之事。又職分未悉，世祖節約之制，宜爲常憲，故依其官簿，粗注職分，以爲〈百官志〉。凡置官之本，及中興所省，無因復見者，既在《漢書・百官表》，不復悉載。

考蔡邕有《十意》，曰〈律曆〉、〈禮〉、〈樂〉、〈郊祀〉、〈天文〉、〈車服〉（此下當脫四意，見《十七史商榷》卷三十七）此猶前書之十志，彪之〈律曆〉、〈禮儀〉、〈祭祀〉，即承其意也；又魏・董巴有《大漢輿服志》（見隋、唐志），彪承邕之意，因董之目，而撰〈輿服志〉；應劭、董巴、譙周皆有《後漢書》，其〈五行〉又爲司馬彪所本；〈郡國〉蓋爲〈地理志〉所改，錄中興以來郡縣改異及《春秋》、三史〔註5〕會同征伐地名（見〈郡國志序〉）；〈百官〉則據班氏〈百官公卿表〉，依其官簿以爲志。徐浩《廿五史述要》之述《後漢書》云：「攷班表乃承《史記・漢興以來將相名臣年表》之例以立，自彪改爲志，後世史家因之，失初意矣。」知彪之《續漢書》，並有所依循也。自漢中興以還，相承載筆，競志五行，如司馬彪者，雖未能盡善，而大較多實，凡所辯論，務守常途，既動遵繩墨，故理絕河漢。〔註6〕

　　彪書見於《晉書》本傳所載者，稱《續漢書》，凡八十篇，《隋書・經籍志・正史類》著錄《續漢書》八十三卷，兩《唐志》所錄，卷數與《隋志》同，而《舊唐志》作《後漢書》，《新唐志》別有錄一卷。據此，彪書於歐陽修撰《新唐書》之時，當尚存於世，至《宋史・藝文志》，惟載劉昭《補注後漢志》三十卷，《崇文總目》、《書錄解題》亦並闕彪之紀傳，則元修《宋史》時，彪書紀傳固已不存。陳振孫《直齋書錄解題》（第四卷）所謂宋《館閣書目》已直以百二十卷，併稱蔚宗撰，則其時彪〈志〉、范《書》或已不辨。攷司馬〈志〉之單行，當盛行於六朝、隋、唐，梁剡令劉昭之注范曄書，始得取以補范書之闕。而劉昭既注〈志〉，惟取八志，以補范史，與章懷太子所注范氏之紀傳九十卷，則仍別爲一書。其後，紀傳孤行，而〈志〉不顯，宋乾興元年（西元 1022 年），判國子監孫奭，乃奏以備全史之闕。〔註7〕今北

〔註5〕《十駕齋養新錄》卷六（「三史」條）云：三史，謂《史記》、《漢書》及《東觀漢記》也。自唐以來，《東觀漢記》失傳，乃以范蔚宗書當三史之一。
　　　　又王鳴盛《十七史商榷》論三史者，則凡三見：其一見於卷三十二，亦引《續漢・郡國志》而謂後漢爲指謝承或華嶠書，其二見於卷四十二，以《三國志・呂蒙傳》注引〈江表傳〉有省三史諸家兵書之語，謂三史似指《戰國策》、《史記》、《漢書》；其三見於卷九十九，乃並取前兩說而闕三國之世所傳之《東觀漢記》。
〔註6〕見《史通・書志篇》五行志。
〔註7〕見陳振孫《直齋書錄解題》卷四，（正史類，司馬彪紹統撰《後漢志》）。

宋槧本，前載乾興元年十一月十四日牒，具列奏奏，其略云：「范曄作之於前，劉昭述之於後，始因亡逸，終遂補全，綴其遺文，申之奧義。」〔註8〕奏又云：

> 伏見晉、宋書等，例各有志，獨茲《後漢》，有所未全，其《後漢志》三十卷，欲望聖慈，許令校勘彫印。

孫氏直以司馬《續漢志》爲《後漢志》，誤以彪《志》爲昭作也。自是之後，雕刻《後漢書》者，皆奉以爲式。明·毛氏汲古閣刻本以《續志》置范書〈紀〉、〈傳〉之後，至明監本爲欲與《史》、《漢》一例，遂置於范書〈紀〉之後、〈傳〉之前，且不題司馬彪之名，又易劉昭「注補」爲「補並注」，皆失其本目矣。〔註9〕

後人多有補《後漢書》者：盧文弨《續漢書志補》、徐紹楨《後漢書朔閏攷》是也。有補〈郡國志〉者：清·黃大華《郡國沿革攷》、近人周明泰《後漢縣邑省併表》、錢大昭《後漢郡國令考》（丁錫同補）是也。《後漢》八志，而闕藝文，補之者有清·錢大昭《補續漢書藝文志》一卷、侯康《補後漢書藝文志》四卷、姚振宗《補後漢書藝文志》四卷、顧懷玉《補後漢書藝文志》十卷、近人曾樸《補後漢書藝文志》一卷、並《攷》十卷。〔註10〕

至於司馬彪之《九州春秋》，乃以漢末失馭，英雄角力，遂錄其戰亂僭叛之事，而州爲一卷，亦國語家者流也。

其書《隋志·雜史類》著錄十卷，兩《唐志》作九卷，《宋志·霸史類》卷同《唐志》，而〈別史類〉複出十卷。《史通·六家》曰：

> 當漢氏失馭，英雄角力，司馬彪又錄其行事，因爲《九州春秋》，州爲一篇，合爲九卷，尋其體統，亦近代之《國語》也。

據陳氏《直齋書錄解題》所言，漢末之州郡計有：司、冀、徐、兗、青、荊、揚、涼、益、幽十州，則州爲一卷，當有十卷，然以「司」即《續漢志·郡國志》首載之「司隸」，不在九州之數，則爲九卷矣。又《經義考·擬經篇·中興書目》曰：

> 紀漢末州郡之亂，司、冀、兗、青、徐、荊、揚、涼、幽各一篇。

則《中興書目》所言九州之數雖同，所指九州之目又異。姚振宗《隋志攷證》曰：

> 范書〈獻帝本紀〉：建安十八年春正月庚寅（西元213年）復〈禹貢〉九州。注引《獻帝春秋》曰：時省幽幷州，以其群國幷於冀州，省司隸校尉及涼州，以其郡國幷爲雍州，省兗州，幷荊州、益州，於是有兗、豫、

〔註8〕見錢大昕《十駕齋養新錄》卷六（「司馬彪《續漢書·志》附范史以傳」條）。
〔註9〕見張立志《正史概論》，第三章，〈後漢書〉。
〔註10〕見徐浩《廿五史述要》，第二編，本論第三，〈後漢書〉。

青、徐、荆、揚、冀、益、雍也，九數雖同，而〈禹貢〉無益州，有梁州，然梁、益亦一地也，《魏志・本紀》（武帝）：十八年（建安十八年，西元213年）春正月詔書并十四州復爲九州，漢末九州之緣起如此。陳氏《書錄》言九州復有司隸、涼、幽，無豫、雍，而其數凡十，豈本書果如是乎，

而《中興書目》所言又異，莫衷一是，要當以《獻帝春秋》所言爲近。

據《獻帝春秋》之言，所謂之九州，當指兗、豫、青、徐、荆、揚、冀、益、雍。明・陳第《世善堂書目》猶有《九州春秋》九卷，《魏志》董卓、袁紹、賈翊、崔琰傳注、《文選注》、《通鑑攷異》、《白帖》卷二十九等多引之。《史略》有《九州春秋鈔》一卷，題云彪撰，劉孝標注，又見《通志・藝文略》，止云孝標注，當係劉氏節錄是書而注之。《太平御覽・兵部》引《九州春秋》二事，並有注文，蓋即劉孝標注者。〔註11〕

《九州春秋》今佚，除黃奭《漢學堂叢書》輯有一卷外，宛委山堂本《說郛》引五十九、《古今說部叢書一集》等亦並存一卷，又張宗祥校明鈔本《說郛》卷二〈古典錄略〉有《九州春秋》。

二、薛瑩《後漢書》

薛瑩，字道言，沛邵竹邑（今安徽宿縣）人。初爲秘府中書郎，孫休即位，爲散騎中常侍。數年，以病去官。孫皓初爲左執法，遷選曹尚書。及立太子，又領少傅。建衡三年，（西元271年）皓追歎瑩父綜遺文，且命瑩繼作。瑩於是作詩，自陳其父子兄弟累世蒙恩之情。是歲，何定建議鑿聖谿以通江淮，皓令瑩督萬人往，遂以多盤石難施功罷還，出爲武昌左都督。後定被誅，皓追聖谿事，下瑩獄，華覈乃上疏力陳瑩之才曰：「大吳受命，建國南土，大皇帝末年，命太史令丁孚、郎中項峻，始撰《吳書》，孚、峻具非史才，其所撰作，不足紀錄。至少帝時，更差韋曜、周昭、薛瑩、梁廣及臣五人，訪求往事，所共撰立，備有本末，昭、廣先亡，曜負恩蹈罪，瑩出爲將，復以過徙，其書遂委滯，迄今未撰奏。臣愚淺才劣，適可爲瑩等記注而已，若使撰合，必襲孚、峻之跡，懼墜大皇帝之元功，揭當世盛美。瑩涉學既博，文章尤妙，同寮之中，瑩爲冠首，今者，見吏雖多，經學記述之才如瑩者少，是此懷懷爲國惜之，實欲使卒垂成之功，編於前史之末，奏上之後，退塡溝壑，無所復恨。」遂召還爲左國史。是時法政多謬，舉措煩苛，瑩每上便宜，陳緩刑簡役，以濟育百姓，事或施行，遷光祿勳。天紀四年（西元

〔註11〕見章宗源《隋志考證》卷三（〈劉孝標注九州春秋抄〉）。又見黃逢元《補晉書藝文志》卷第二（〈乙部・雜史類〉司馬彪撰《九州春秋》）。

280 年），皓請降於晉，其文瑩所造也。瑩至洛陽，特先見敘，爲散騎常侍，答問處當，皆有條理。晉武帝太康三年壬寅（西元 282 年）卒，著書八篇，名曰《新載》。〔註12〕

　　所撰《後漢書》，本傳不載，梁有一百卷，見於《隋志》著錄者，題曰《後漢記》，存六十五卷，兩《唐志》、《七錄》俱作《後漢記》百卷，宋高似孫《史略》（卷三）述《東觀漢記》亦云：「其後有《後漢記》一百卷，晉散騎常侍薛瑩所撰。」是瑩書當作《後漢記》，今乃直云《後漢書》。

　　瑩以良史之才，廣涉博學，尤妙文章，踵《東觀》之後，執筆爲史，當爲可觀者。然劉勰之論，則以爲疏謬寡信，其言曰：

　　　　至於後漢紀傳，發源《東觀》，袁、張所製，偏駁不倫，薛、謝之作，

　疏謬少信……。〔註13〕

其書《太平御覽・皇王部》引有光武、昭帝、章帝、安帝、桓帝、靈帝六贊。

三、華嶠《後漢書》

　　華嶠，字叔駿，平原高唐（今山東禹城）人。才學深博，少有令聞，文帝爲大將軍，辟爲掾屬，補尚書郎，轉車騎從事中郎。晉泰始初（泰始元年，西元 265 年），賜爵關內侯，遷太子中庶子，出爲安平太守，〔註14〕辭親老不行，更拜散騎常侍，典中書著作，領國子博士，遷侍中。太康末年（太康十年，西元 289 年），武帝頗躭宴樂，又多疾病，小瘳，嶠與侍臣表賀，因微諫之，有「收功於所忽，事乃無悔，慮福於垂成，祚乃日新」之語。惠帝元康初（元康元年，西元 291 年），封宣昌亭侯，誅楊駿，改封樂鄉侯，遷尚書。後以嶠博聞多識，有良史之志，轉秘書監，加散騎常侍，班同中書寺，爲內台中書散騎著作。爲《漢後書》九十七卷，所著論議、難駁、詩賦之屬數十萬言。元康三年（西元 293 年）卒，追贈少府，諡曰簡。〔註15〕

　　嶠之書，據史言，乃以《漢紀》煩穢，慨然有改作之意，會其爲台郎，典官制事，由是得徧觀秘籍，遂就其緒，刪定《東觀記》而成。其書起於光武，終於孝獻，計一百九十五年事，分帝紀十二卷、皇后紀二卷、典十卷、傳七十卷，及〈三譜序傳目錄〉三卷，都爲九十七卷。其爲皇后作紀，以次帝紀，於前史乃稍有改易也。《晉

────────────

〔註12〕見《三國志・吳志八》〈薛綜傳〉。

〔註13〕見《文心雕龍・史在篇》。

〔註14〕《晉書斠注》卷四十四〈華表傳〉引《讀史舉正》曰：「案，安平，國也，不當有太守。」

〔註15〕見《晉書斠注》卷四十四〈華表傳〉。

書斠注》卷四十四〈華嶠附傳〉曰：

> 嶠以皇后配天作合，前史作外戚傳，以繼末編，非其義也，故易爲皇
> 后紀，以次帝紀。

嶠又改「志」爲「典」，以有〈堯典〉故也。《晉書・華嶠附傳》斠注云：

> 嶠已改「志」爲「典」，而收猶稱爲「志」者，以典亦志體也。

其表則闕焉。嶠性嗜酒，率常沈醉，其十典未成而終，秘書監何劭奏請嶠中子徹爲佐著作郎，使踵成之，亦未竟而卒，後監繆徵（按《御覽》二百三十四引王隱《晉書》及〈貫謐傳〉並作「繆微」），又奏由嶠少子暢爲佐著作郎，使克成之也。

當嶠書成，奏之，詔朝臣會議，時中書監荀勗、令和嶠、太常張華、侍中王濟等，咸以嶠文質事核，有遷、固之規，實錄之風。《書鈔》九十九引〈華嶠集序〉曰：

> 張華等稱其良史之才，足以繼跡遷、固，乃藏之秘府，與三史並流。

《史通・序例篇》曰：

> 華嶠《後漢》，多同班氏，如〈劉平〉、〈江革〉等傳，其〈序〉先言
> 孝道，次述毛義養親，此則《前漢・王貢傳》體，其篇以四皓爲始也。

又章宗源《隋志考證》曰：

> 《魏志・華歆傳注》、《世說・德行篇、方正篇注》並引嶠〈譜敍〉，
> 其言皆華氏事，蓋即班、馬自敍之例。

華嶠之刪輯《東觀記》以爲書，言簡辭質，敍述準當，蓋良史之筆也。《魏志・華歆傳注》引《晉諸公贊》曰：

> 撰《後漢書》，世稱爲良史。

其紀傳之準當，乃爲諸家之最。《文心雕龍・史傳篇》曰：

> 至於《後漢》紀傳，發源《東觀》，袁、張所製，偏駁不倫，薛、謝
> 之作，疏謬少信，若司馬彪之詳實，華嶠之準當，則其冠也。

《史通・正史篇》曰：

> 創紀傳者五家，〔註16〕推其所長，華氏居最。

是以范曄之作史，乃有所取資，故亦易「外戚」爲「后紀」，而其〈肅宗紀論〉、〈二十八將論〉、〈桓譚、馮衍傳論〉、〈袁安傳論〉、〈班彪傳論〉等，章懷並注爲華嶠之辭，〈王允傳論〉章懷漏注，以《魏志・董卓傳注》參校，知亦嶠辭。〔註17〕

嶠書本傳稱爲《漢後書》，隋、唐志俱作《後漢書》，章宗源《隋志攷證》以爲

〔註16〕姚振宗《隋志攷證》卷十一（〈史部一・正史類・華嶠後漢書〉）：「紀傳五家，大抵
是謝沈、薛瑩、袁山松、范蔚宗、蕭子顯也，亦或是劉義慶，非薛瑩。」
〔註17〕見章宗源《隋志攷證》卷一（〈史部・正史・華嶠漢後書〉）。

當係刊訛，後志乃相襲引用，吳士鑑、文廷式、丁國鈞、黃逢元等俱據以著錄。其九十七卷之書，經永嘉喪亂，存者僅三十餘卷，〔註18〕《隋志》所錄，唯存十七卷，則殘缺更多。兩《唐志》則得三十一卷，文廷式、吳士鑑、秦榮光所補《晉書·藝文志》之作九十七卷者，據本傳著錄也。

四、謝沈《後漢書》

謝沈，字行思，會稽山陰（今浙江紹興）人。少孤，事母至孝。博學多識，明練經史。郡命爲主簿功曹，察孝廉，太尉郗鑒辟並不就。會稽內史何充引爲參軍，以母老去職。閒居養母，不交人事，耕耘之暇，研精墳籍。康帝即位（康帝建元元年，西元 343 年），朝議疑七廟迭毀，乃以太常博士徵以質疑滯，以母憂去職。服闋，除尚書度支郎。何充稱沈有史才，遷著作郎。有《後漢書》百卷，又撰《晉書》三十餘卷。會卒，時年五十二。所著述及詩賦、文論皆行於世，其才學在虞預之右云。〔註19〕

所撰《後漢書》今佚，詳不可考。《史通·正史篇》曰：

創紀傳者五家。

姚振宗《隋志攷證》以爲：

紀傳五家，大抵是謝沈、張瑩、袁山松、范蔚宗、蕭子顯也。

則謝沈《後漢書》，乃繼華嶠之後，爲紀傳體者也。

其書本傳稱有百卷，《隋志·正史類》所錄有八十五卷，注云：「本一百二十二卷。」兩《唐志》並稱謝沈《後漢書》一百二卷，是卷數各有不同。攷謝沈別有《漢書外傳》，《隋志》云本一百二十二卷者，豈並此計之。沈之《外傳》，無逸篇可引，《舊唐志》稱《後漢書外傳》，《新唐志》只稱《外傳》，以《隋志》注云本一百二十二卷，合《唐志》卷數計之，或《外傳》二十卷。章氏考證謂梁《七錄》所載之本，《外傳》固附本書，至隋而《外傳》佚，唐時《外傳》出而闕十卷矣。〔註20〕是謝沈《後漢書》當有百二卷，傳言百卷者，舉成數也。〔註21〕今其書皆佚，唯《後漢書》有輯本存焉。

〔註18〕《晉書斠注》卷四十四〈華表傳〉：「永嘉喪亂，經籍遺沒，嶠書存者五十餘卷。」《斠注》曰：「五亦作三。」按，《史通·正史篇》曰：「遭晉室東徙，三惟一存。」則嶠書九十七卷，三唯一存者，存三十餘卷是也。

〔註19〕見《晉書斠注》卷八十二〈謝沈傳〉。

〔註20〕見章宗源《隋志攷證》卷一（〈史部·正史·謝沈後漢書〉）。

〔註21〕見《晉書斠注》卷八十二〈謝沈傳〉。

五、袁山松《後漢書》

袁山松，名崧，山松其字，諸書所稱，率以字行。曾祖袁瓌，陳郡陽夏（今河南太康）人，祖喬，俱有功於國學。山松少有才名，博學有文章，衿情秀遠，善音樂，舊歌有〈行路難曲〉，山松爲文，每酣醉縱歌，聽者莫不流涕，與羊曇之唱樂，桓伊之挽歌，時人並謂三絕。嗣爵湘西伯，安帝時爲秘書丞，歷宜都太守、吳郡太守。晉安帝隆安五年（西元 401 年），孫恩寇吳國，山松守滬瀆，城陷被害，有《後漢書》百卷。〔註22〕

其書有志，如〈百官志〉、〈郡國志〉、〈天文志〉、〈藝文志〉是也。姚振宗《隋經籍志攷證》曰：

> 按，沈約《宋書・禮志》引山松〈漢百官志〉，《水經注》引山松〈郡國志〉，《史通・書志篇》言山松有〈天文志〉，《通志・校讐略》言有〈藝文志〉，《宏簡錄》載梁《七錄》內有《後漢書・藝文志》若干卷，不著名山松，證以《通志》，當即袁氏之志。

其〈藝文志〉，蓋取資於魏、晉簿錄，大抵以魏《中經》、晉《新簿》爲依據，是以學者無取焉。姚振宗《隋經籍志考證》曰：

> 袁氏《後漢藝文志》取資於魏、晉時之簿錄，大抵以魏《中經》、晉《新簿》爲依據，其意蓋以爲魏、晉故府之所存，東漢書林所必有。

其天文則不遵舊例，所記多合時宜，劉知幾乃以爲賢於班、馬遠矣。《史通・書志・天文篇》云：

> 其間，唯有袁松山、沈約、蕭子顯、魏收等數家，頗覺其非，不遵舊例，凡所記錄，多合時宜，寸有所長，賢於班、馬遠矣。

知袁書所據，或不爲典要，亦不盡虛無也。至其〈光武論〉，（見《御覽》九十引）文多排疊，而喜填藻語，頗爲六朝橐籥。而書中志災祲爲多，將以垂示鑒戒，庶幾作史者之微旨焉。〔註23〕

今考其書，蓋散佚於梁之前，梁阮孝緒《七錄・敘目》曰：

> 袁山松《後漢藝文志》……（此下有脫文）八十七家亡。

阮氏蓋列八十七家之亡書，而山松〈藝文志〉與焉，知阮氏之時，已不能全見松書矣。其書本傳稱有百篇，《隋經籍志》著錄九十五卷，注云：「本一百卷。」《舊唐志》一百二卷，《新唐志》一百一卷，又〈錄〉一卷。袁書劉孝標注《世說》之時，多採

〔註22〕見《晉書斠注》卷八十二〈袁山松傳〉、嚴可均《全晉文》卷五十六〈袁山松〉、姚振宗《隋志攷證》等。
〔註23〕見姚之駰〈序〉。

引之，而《三國志注》、《水經注》、《文選注》、《北堂書鈔》、《初學記》、《六帖》、《藝文類聚》、《太平御覽》、《事類賦》等各部中，亦尙有踪跡可尋。〔註24〕

司馬彪既作《續漢書》，華嶠、謝沈、袁山松之徒又作《後漢書》，皆往往因《東觀漢記》之舊爲之也，宋·高似孫乃以爲司馬彪、謝沈之書，先儒最稱其精，然其撰《史略》之時，已不復可見，華嶠之書，世人亦多推崇，今則唯司馬《續志》存焉。

第二節　晉人對編年體漢史之撰作
——張璠《後漢紀》及袁宏《後漢紀》

自史官放絕，作者相承，皆以班、馬爲準，漢獻帝雅好典籍，以班固《漢書》文煩難省，命潁川荀悅仿《春秋左傳》之體，爲《漢紀》三十篇，言約而事詳，辯論多美，大行於世。〔註25〕自是而後，多有依仿，晉人所撰，見於《隋志》者，張璠與袁宏兩家《後漢紀》也。袁書今存，張書有輯本，茲並錄如後：

《後漢紀》一卷，晉·張璠撰，清·汪文臺輯。見於：

《七家後漢書》。

《後漢紀》一卷，晉·張璠撰，清·黃奭輯。見於：

《漢學堂叢書（黃氏逸書考）·子史鉤沈·史部別史類》。

《後漢紀》三十卷，晉·袁宏撰，見於：

《兩漢紀》（黃姬水本、南監本、樂三堂本、學海堂本、三餘書屋本）。

《四庫全書·史部編年類》。

《摛藻堂四庫全書薈要·史部》。

《龍谿精舍叢書·史部》。

《四部叢刊·史部》（初次印本、二次印本、縮印二次印本）。

一、張璠《後漢紀》

張璠，《晉書》無傳，始末不詳。《經典釋文·敘錄》在〈解傳述人易部〉有張璠《集解》十二卷，注云：

安定（今甘肅涇川）人，東晉祕書郎參著作。

嚴可均《全晉文》卷一百三十八之敘張璠略歷，蓋本乎此。其撰《後漢紀》，見於《魏志·少帝紀》裴松之《注》。其言曰：

〔註24〕見黃奭《黃氏逸書考·子史鉤沈》袁山松《後漢書·序》。
〔註25〕見《隋書·經籍志·古史類序》。

臣松之案，張璠，晉之令史，出於官長，撰《後漢紀》，雖以未成，
辭藻可觀。

據此，則史志之言三十卷者，豈未成之數歟？其《後漢紀》之稱，因舊也。意其時，
謝、薛諸書，皆未行世，璠因東觀本朝之史，而刪錄之。且《東觀記》續於熹平，
其後但有起居注諸書，璠故略于國初，而詳于季世，亦以備其未備。裴松之注《魏》、
《蜀志》，多援是書爲證也。〔註26〕

張璠以編年之體，紀述後漢，蓋亦黨同丘明。《史通‧二體篇》曰：

　　　荀悅、張璠，丘明之黨也，班固、華嶠，子長之流也，唯此二家，各
　　相矜尚。

又〈六家篇〉曰：

　　　如張璠、孫盛、干寶、徐廣、裴子野、吳均、何之元、王劭等，其所
　　著書，或謂之「春秋」，或謂之「紀」，或謂之「略」，或謂之「典」，或謂
　　之「志」，雖名各異，大抵皆依《左傳》以爲準焉。

其書雖未成而辭藻可觀，〔註27〕且言漢末之事差詳，〔註28〕是以袁宏之撰書，
於經營八年，疲而不能定之後，及見張璠之《紀》，遂採以益之，以竟全功。以此又
知張璠之書，其時蓋已難得。是以文廷式之《補晉志》稱：張璠《後漢紀》，「吳正
儀以爲逸書無考，余秘書歷敍群史，亦獨闕是編。」〔註29〕則璠書當已早佚。其見
於《隋志》所錄者有三十卷，列爲古史，兩《唐志》卷同，列於編年。《三國志‧注》、
《後漢志‧注》、《世說‧注》並引璠《紀》，〔註30〕《御覽》五百六十二、《蜀志‧
劉二牧傳‧注》亦各有一條，嚴可均《全晉文》卷一百三十八因據以輯錄。

二、袁宏《後漢紀》

　　袁宏，字彥伯，陳郡陽夏（今河南太康）人，生於晉成帝咸和三年戊子（西
元 328 年）。有逸才，文章絕美，曾爲〈詠史詩〉，是其風情所寄也。少孤貧，謝
尚時鎮牛渚，賞其詠誦，名譽日茂。尚爲安西將軍豫州刺史，引宏參其軍事，累
遷大司馬，桓溫府記室。溫重其文筆，專綜書記，爲一時文宗。所作〈東征賦〉，
列稱過江諸名德。後爲〈三國名臣頌〉，謂居上者不以至公理物，爲下者必以私路

〔註26〕見姚之駰〈序〉。
〔註27〕見《魏志》三〈少帝紀注〉。
〔註28〕見袁宏〈後漢紀序〉。
〔註29〕黃奭《漢學堂叢書‧子史鈎沈‧張璠漢紀序》曰：「余氏歷敍群史，亦獨遺此，吳正
　　　　儀並以爲無效。」
〔註30〕見《四庫全書總目提要‧史部‧編年類‧後漢紀》及章宗源《隋書經籍志考證》。

期榮，是以名教薄而世多亂也。又以爲時方顛沛則顯不如隱，萬物思治而默不如語。及從溫北征，又作〈北征賦〉，皆其文之高者。宏性彊正亮直，雖被溫禮遇，至於辯論，每不阿屈。與伏滔同在溫府，府中呼爲袁、伏，宏心恥之，以爲辱之甚。謝安常賞其機對辯速，後安爲揚州刺史，入爲吏部郎，出爲東陽太守。孝武帝太元元年丙子（西元 376 年），卒於東陽，年四十九。有《後漢紀》三十卷、《竹林名士傳》三卷、詩賦誄表等雜文凡三百首，又有《正始名士傳三卷》、《中朝名士傳》若干卷、《集》二十卷。〔註 31〕

　　袁宏，即袁山松之從昆弟，其撰《後漢紀》，蓋於東晉康帝之世，在范曄之前（見金毓黻《中國史學史》第四章〈魏晉南北朝私家修史之本末〉）。乃以《後漢書》煩穢雜亂，遂以暇日撰集，因前代遺事，略舉義教所歸，庶以弘敷王道也。其所綴會，除《漢紀》外〔註 32〕，別有謝承書、司馬彪書、華嶠書、謝沈書、漢靈、獻起居注、漢名臣奏，旁及諸郡耆舊先賢傳等凡數百卷。經營八年，疲而不能定，及見張璠所撰，遂採而益之，成三十卷書。〔註 33〕其三十卷者，〈光武皇帝〉八卷、〈孝明皇帝〉二卷、〈孝章皇帝〉二卷、〈孝和皇帝〉二卷、〈孝殤皇帝〉一卷、〈孝安皇帝〉二卷、〈孝順皇帝〉二卷、〈孝質皇帝〉一卷、〈孝桓皇帝〉二卷、〈孝靈皇帝〉三卷、〈孝獻皇帝〉五卷也。其書以編年爲體，先著以年號，續稱某年某季某月，再以諸事各繫其後，猶如左丘明之《春秋左氏傳》。自司馬遷改編年爲紀傳，荀悅又易紀體爲編年，袁宏之體，乃仿自荀悅，而遠祖丘明。〔註 34〕自荀悅、袁宏以兩漢事編年爲書，謂之左氏體，左氏又於是起。〔註 35〕袁宏與袁山松之書，一紀一書，疑同時所作，

〔註 31〕見《晉書斠注》卷九十二〈袁宏傳〉、嚴可均《全晉文》卷五十七〈袁宏〉。
〔註 32〕見袁宏《後漢紀・序》。《四庫全書總目提要》（史部・編年類）以爲此《漢紀》蓋指荀悅之書。
〔註 33〕見袁宏《後漢紀・序》。
〔註 34〕《史通・六家篇》：「當漢代史書，以遷、固爲主，而紀傳互出，表志相重，於文爲煩，頗難周覽。至孝獻帝始命荀悅撮其書爲編年體，依《左傳》著《漢紀》三十篇。自是每代國史，皆有斯作。起自後漢，至於高齊，如張璠、孫盛、干寶、徐廣、裴子野、吳均、何之元、王劭等，其所著書，或謂之『春秋』，或謂之『紀』，或謂之『略』，或謂之『典』，或謂之『志』，雖名各異，大抵皆依《左傳》以爲準焉。」
又〈二體篇〉曰：「荀悅、張璠，丘明之黨也。」
〈正史篇〉之說《後漢書》曰：「晉東陽太守袁宏，抄撮漢氏後書，依荀悅體著《後漢紀》三十篇。」
《四庫大辭典・類敘・史部總敘・編年類敘》曰：「劉知幾深通史法，而《史通》分敘六家，統歸二體，則編年、紀傳，均正史也，其不列爲正史者，以班、馬舊裁，歷朝繼作，編年一體，則或有或無，不能使時代相續，故姑置焉，無他義也。」
〔註 35〕參見《古今圖書集成・經籍典》第一百七十卷（徐得之《左氏國語・陳傅良序》）。

故不相爲引，顧一門皆良史，何其盛也。〔註36〕其紀，於朝廷紀綱，禮樂刑政，治亂成敗，忠奸是非之際，指陳論著，每致意焉，故其詞縱橫放肆，反復辯達，明白條暢，既啓告當代，而垂訓無窮，其爲書卓矣。〔註37〕

　　袁宏之書，雖亦抄撮其前諸家《後漢書》，而詳略不同，於抉擇去取，則自出鑒裁，〔註38〕此晁公武《郡齋讀書志》所以謂比諸家號爲精密，〔註39〕劉知幾所云：「世言漢中興史者，唯袁、范二家而已」者也。〔註40〕璠《紀》雖差詳漢末之事，固不如袁書矣。自丘明傳《春秋》，馬遷著《史記》，二家各相矜尚，然短長互見，得失並存，〔註41〕范曄書雖出袁宏之後，今讀袁《紀》，則如未嘗有范《書》，讀范《書》，亦如未嘗有袁《紀》，蓋各以所本，自達於後世，體制凡例，猶黑白之不相亂，河漢之不相涉也。〔註42〕

　　袁書三十卷，今傳于世，與荀悅書駢稱兩漢紀。其見於《晉書》本傳所載，與夫《隋志》、《史通》、兩《唐志》、《宋史志》等所錄者，卷數並同。

第三節　晉人對三國史之撰作
——陳壽《三國志》及孫盛、張勃、虞溥書

　　自東京之後，漢武鼎盛之治已不復見。至獻帝之末，曹操挾天子以號令天下，群雄蠭起。及赤壁一役，而三國之局分。至司馬炎之易魏，三國之史遂終焉。其時，以三國並有史職，三國之事俱在，晉人遂據以刪採，陳壽《三國志》，其尤著者。是書自宋以來，傳刻頻繁，今之通行本亦多，蓋論三國之事者，莫不取徵焉。清・王仁俊又有《佚文》一卷，見於《經籍佚文》，蓋由存本外之見於他書引用者輯集而得。壽書之外，別有孫盛《魏氏春秋》、張勃《吳錄》、虞溥《江表傳》，俱述三國之事，茲考其見輯存者，條錄並陳如后：
《魏氏春秋》一卷，晉・孫盛撰。見於：

　　　　《增定漢魏六朝別解・史部》。
《魏氏春秋》一卷。見於：

〔註36〕見姚之駰〈序〉。
〔註37〕見汝陰王銍〈兩漢紀後序〉。
〔註38〕見《四庫全書總目提要・史部・編年類・後漢紀》及《史通・正史篇》。
〔註39〕見晁公武《郡齋讀書志》卷五（〈編年類〉袁宏《後漢紀》）。
〔註40〕見《史通・正史篇》。
〔註41〕見《史通・二體篇》。
〔註42〕見汝陰王銍〈兩漢紀後序〉。

《説郛》（宛委山堂本）引五十九。

《古今説部叢書一集》。

《吳錄》一卷，晉・張勃撰。見於：

《説郛》（宛委山堂本）引五十九。

《吳錄》。見於：

《説郛》（張宗祥校明鈔本）卷三。

《吳錄》一卷，晉・張勃撰，清・王仁俊輯。見於：

《玉函山房輯佚書補編》。

《吳錄》一卷，晉・張勃撰，民國・葉昌熾輯。見於：

《穀淡廬叢薰》。

《江表傳》一卷，晉・虞溥撰，清・王仁俊輯。見於：

《玉函山房輯佚書補編》。

一、陳壽《三國志》

陳壽，字承祚，巴西安漢（今四川南充）人，生於蜀建興十一年癸丑（西元233年）。少好學，師事同郡譙周，仕蜀爲觀閣令史（《華陽國志・陳壽傳》謂陳壽出仕爲東觀秘書郎、散騎黃門侍郎。）宦人黃皓專弄威權，大臣皆曲意附之，壽獨不爲之屈，由是，屢被遣黜，又以居病，使侍婢調治藥丸，爲時人所貶責，遂沈廢累年。及蜀平（蜀漢後主炎興元年，西元263年，時陳壽三十一歲。）司空張華愛其才，舉爲孝廉，除佐著作郎，出補陽平令（錢大昕《廿二史考異》卷二十二「晉書陳壽傳」云：「按，泰始十年，壽上表稱平陽侯相，此云陽平令，恐誤。」考《華陽國志・陳壽傳》正作出爲平陽侯相，知史言蓋誤。）撰《蜀相諸葛亮集》奏之，除著作郎，領本郡中正。當張華舉壽爲中書郎，荀勗忌華而疾壽，遂諷吏部遷壽爲長廣太守，壽辭以母老不就。杜預將之鎮，復薦之於帝，授御史治書，以母憂去職。後數歲，起爲太子中庶子，未拜，西晉惠帝元康七年丁巳（西元297年）卒，享年六十五年。撰有魏、蜀、吳《三國志》六十五篇、《古國志》五十篇、《益都（部）耆舊傳》十篇，餘文章傳於世，凡所述作二百餘篇。〔註43〕

壽聰警敏識，屬文富豔（見《華陽國志》卷十一〈陳壽傳〉），所撰《三國志》，辭多勸戒，明乎得失，時人稱其善敍事，有良史之才。夏侯湛時著《魏書》，見壽所作，便壞己書而罷。張華亦深善之，謂壽曰：「當以《晉書》相付耳。」其爲時所重

〔註43〕見《晉書斠注》卷八十二〈陳壽傳〉。

如此。考陳壽之書，本爲私撰，至晚年歸老於家，始竟其功。及卒後，梁州大中正尙書郎范頵等上表曰：「故治書侍御史陳壽作《三國志》，辭多勸戒，明乎得失，有益風化，願垂采錄。」于是詔下河南尹華澹、洛陽令張泓，就家寫其書，〔註44〕遂入於官也。計自晉武帝太康元年（西元280年）平吳之時起，（壽四十八歲，始研治三國史事）迄於惠帝元康七年（西元297年）病卒，共十八年，其間撰書應在十年以上，雖有張華、夏侯湛、范頵等見其稿，原並未寫定呈上也。

　　陳壽之書，乃作於吳平之後。《華陽國志・後賢志》曰：

　　　　吳平後，壽乃鳩合三國史，著魏、蜀、吳三國志六十五篇，號《三國志》。
《史通・正史篇》曰：

　　　　　　至晉受命，海內大同，著作陳壽，乃集二國史，撰爲《國志》，凡六
　　十五篇。
而所敘魏、蜀、吳三國之事，皆有所本。按，魏、吳二國，皆嘗修史：魏黃初太和中，命尙書衞紀、繆襲，草創紀傳，累載不成，又命侍中韋誕、應璩、秘書王沈、大將軍從事中郎阮籍、司徒右長史孫該、司隸校尉傅玄等，復共撰定。其後，王沈獨就其業，勒成《魏書》四十四卷。其書多爲時諱，殊非實錄。吳大帝之季年，始命太史令丁孚、郎中項峻撰《吳書》，孚、峻俱非史才，其文不足紀錄。至少帝時，更勅韋曜、周昭、薛瑩、梁廣、華覈訪求往事，相與記述，推瑩爲首，當歸命侯時，昭、廣先亡，曜、瑩徙黜，史官久闕，書遂無聞，覈表請曜、瑩續成前史。其後曜獨終其書，定爲五十五卷。〔註45〕此官修之史也。蜀則記注無聞。（《三國志・蜀後主傳評》：「國不置史，注記無官，是以行事多遺，災異靡書。」《史通・史官篇》則云：「案《蜀志》稱王崇補東觀，許蓋掌禮儀，又卻正爲秘書郎，廣求益部書籍，斯則典校無闕，屬辭有所矣，而陳壽評云，蜀不置史官者，得非厚誣諸葛乎。」按，蜀雖有史官，然未聞修史也。）而於私撰之史，蜀則東觀郎王崇，於入晉之後，有《蜀書》之作；王沈《魏書》之前，則有魏時京兆魚豢《魏略》（見《史通・正史篇》）。及晉受命，海內大同，陳壽乃鳩合諸官、私之史，起自魏黃初元年（西元220年），至晉武帝太康元年（西元280年）止，勒成六十五卷之《三國志》也。六十五卷者，〈魏書〉四紀、二十六列傳，〈蜀書〉十五列傳，〈吳書〉二十列傳是也。

　　今考其書，雖名曰志，然僅紀傳，而表亦闕焉，蓋乃正史之別體。其三國之分述，各依國勢，則取法乎《國語》。於魏則撰爲紀體，稱帝曰皇后；蜀則稱主稱后，而更立太子；吳惟孫權稱主，孫亮、孫休、孫皓曰嗣主，妻稱夫人，並爲三傳。蓋

〔註44〕見《晉書斠注》卷八十二〈陳壽傳〉。
〔註45〕見《史通・正史篇》。

自有別也。其傳〈魏書〉，則起自董卓；〈蜀書〉，則起自劉備；〈吳書〉則自孫堅始。傳類除后妃之外，別有方技。於傳華陀，（按，張仲景與華陀同爲建安名醫，而陳壽僅爲華陀立傳，是以《史通・人物篇》以爲乃陳氏之網漏吞舟。）則敘其治一證，即效一證；傳管輅，則敘其占一事，即驗一事；獨於〈朱建平傳〉，總敘其所相者若干人，而又總敘各人之徵驗于後，此又作傳之變體也。〔註46〕其於〈蜀書〉，雖僅〈魏書〉之半，然就群臣稱述讖緯及登壇告天之文，立后、立太子之策，則特書於蜀，壽於蜀事，蓋亦詳矣。

　　壽以蜀人入晉，晉承魏祚，其爲三國史，亦云難矣，其於三國興亡之事，魏、晉革易之處，乃不無忌諱，是以世謂壽於〈魏紀〉創爲迴護之法，其後歷代本紀多奉以爲式，《舊唐書》、《舊五代史》猶皆遵之。《廿五史述要・三國志》曰：

　　　　《三國志》書法，與前史不同者，即創爲迴護之法。

又曰：

　　　　如〈魏紀〉書天子以公領冀州牧，爲丞相、魏公，爲魏王之類，一似皆出於漢帝之酬庸讓德，而非曹操攘之者，此例一定，則齊王芳之進司馬懿爲丞相，高貴鄉公之加司馬師黃鉞，封司馬昭爲晉公，加九錫，敘位相國，陳留王封昭爲晉王，建天子旌旗，以及禪位於司馬炎等事，自可一例敘述。〔註47〕

考其書中，乃時有曲事，如司馬師之廢齊王芳，〈紀〉文載爲太后之令，極言齊王無道不孝，以見其當廢，其實齊王之廢，全出於師，而太后不知；高貴鄉公之被弒於司馬昭，〈高貴鄉公紀〉但載「高貴鄉公卒」，絕不見被弒之跡，反載太后之令，言高貴鄉之當誅。其曲筆可謂盛矣。〔註48〕

　　至其於《魏書》之著有四紀，列魏國之君王，如曹操（曹丕建立魏朝後，追遵曹操爲武皇帝）、曹丕、曹叡等，俱撰爲武帝、文帝、明帝諸紀，而於蜀、吳之君主，如劉備、孫權等則僅爲之立傳，在《魏書》中，對於劉備、孫權等稱帝之時，皆不書，而在《蜀書》及《吳書》之中，于君主即位，必記明魏之年號，以見正統之在魏，乃啓後人之責難。及習鑿齒著《漢晉春秋》，遂遵蜀爲正統，朱子作《綱目》，亦帝蜀僞魏，自後論者多是鑿齒而非壽矣。及司馬溫公作《通鑑》，又以魏爲正統。《四庫全書總目提要・三國志》論之曰：

〔註46〕見《二十五史述要》第二編（〈本論〉第四）「三國志」。
〔註47〕范曄《後漢書・獻帝紀》載：「曹操自領冀州牧」、「曹操自立爲丞相」、「曹操自立爲魏公，加九錫」、「曹操自進號爲魏王」等，與《三國志・魏書》相較，其迴護可知。
〔註48〕見趙翼《二十二史劄記》卷六（「《三國志》多迴護」條）。

　　以理而論，壽謬萬萬無辭，以勢而論，則鑿齒帝漢順而易，壽欲帝漢逆而難。蓋鑿齒時，晉已南渡，其事有類乎蜀，爲偏安者爭正統，此孚於當代之論者也。壽則身爲晉武之臣，而晉武承魏之統，僞魏是僞晉矣，其能行於當代哉。此猶太祖篡立，近于魏，而北漢、南唐，跡近于蜀，故北宋諸儒皆有所避而僞魏。高宗以後，偏安江左，近于蜀，而中原魏地，全入于金，故南宋諸儒乃紛起而帝蜀，此當論其世，未可以一格繩也。

是陳壽之尊魏，蓋不得已也。

　　廿五史中，論者頗多《三國志》之簡潔：《晉書·陳壽傳》載范頵等上表稱陳壽書「文豔不若相如，而質直過之」，劉勰稱陳壽「文質辨論」，晁公武譽爲「高簡有法」，趙翼亦稱其「剪裁斟酌處，亦自有下筆不苟者，參訂他書，而後知其矜愼」。〔註49〕考袁宏《後漢紀》：曹操薨，子丕襲位，有漢帝命嗣丞相魏王一詔，陳壽《志》無之。又〈獻帝傳〉，禪代時有李伏、劉廙、許芝等勸進表十一道，丕下令固辭，亦十餘道，陳壽《志》亦盡刪之，惟存〈九錫文〉一篇、〈禪位策〉一通而已。(《廿二史箚記》卷六) 知陳壽書之簡潔，他書不易及也。又甄后之死，本紀雖不言其暴亡，而后傳中，明言因失寵出怨言而賜死，是諱之於紀，而載之於傳；於〈明帝紀〉，書皇太后崩於許昌，絕不見其被害之跡。蓋甄之賜死是事實，故傳書之，郭之逼殺蓋訛傳，故傳不書，足見陳壽紀事之謹愼，而於「崩於許昌」四字，略見其不在宮闈，此又作史之微意也。孫策之出行，爲許貢客所射中，創而死，〈江表傳〉、《志林》、《搜神記》皆以爲策殺道士于吉之報，壽作〈策傳〉，以爲妖妄，削而不書，亦見於其有識而不惑於異說也。〔註50〕董卓之亂，曹操尚未輔政，故《魏紀》內不能詳述，而其事又不可不記，則於〈董卓傳〉內詳之，此敘事之善於位置者。(《廿二史箚記》卷六) 陳壽作傳，有以一人立傳，而以同類之人詳於附傳者，如〈倉慈傳〉後歷敘吳瓘、任燠、顏斐、令狐邵，孔乂等，以其皆良吏而類敘之，蜀·楊戲有〈季漢輔臣贊〉，並載於〈戲傳〉後，其中有壽所未立傳者，則於各人下注其歷官行事，以省人人立傳之煩，(《廿二史箚記》卷六) 此又壽之善於安排。《吳志·陸凱傳》增其〈孫皓二十事〉一疏，本得之傳聞者，故謂：予從荊州來，得此疏，問之吳人，多云不聞凱有此，且其文切直，恐非皓所肯受也，或以爲凱藏之篋笥，未敢上，及病篤，皓遣董朝來視疾，因以付之，虛實難明，然以其指摘皓事，足爲後戒，故列於凱傳之後云，〔註51〕陳壽所

〔註49〕見趙翼《二十二史箚記》卷六（「《三國志》書事得實」條）。
〔註50〕見《二十二史箚記》卷六。
〔註51〕見《二十二史箚記》卷六。

以列難明之事於傳者，以其足爲後戒也，又恐人或即以爲眞，故再三申明其意，可謂言之不誣。故劉勰論之曰：

> 魏代三雄，紀傳互出，《陽秋》、《魏略》之屬，《江表》、《吳錄》之類，或激抗難徵，或疏闊寡要，惟陳壽《三國志》，文質辯洽，荀、張比之於遷、固，非妄譽也。〔註52〕

《晉書》卷八十二史臣曰：

> 丘明既歿，班、馬迭興，奮鴻筆於西京，騁直詞於東觀，自斯已降，分明競爽，可以繼明先典者，陳壽得之乎，江漢英靈，信有之矣。

宋高似孫《史略》亦稱：

> 壽有古良史之風，其所著《三國志》，文義典正，皆揚于王庭之言，微而顯，婉而成章，班史以來，無及壽者。

陳壽之有曲筆迴護，自不免於非議，然其淡遠妙造，誠難能也，是以千載以來，咸稱論之。

至謂乞米不與，不爲丁儀、丁廙立傳，與謂厚誣諸葛者，亦引爲後世之爭論。

按《晉書・陳壽傳》曰：

> 或云丁儀、丁廙，有盛名於魏，壽謂其子曰：「可覓千斛米見與，當爲尊公作佳傳。」丁不與之，不爲立傳。

又曰：

> 壽父爲馬謖參軍，謖爲諸葛亮所誅，壽父亦坐被髠，諸葛瞻又輕壽，壽爲亮立傳，謂亮將略非長，無應敵之才，言瞻惟工書，名過其實。

故曰：議者以此少壽也。考《晉書斠注》引《三國志考證》五曰：

> 按，丁儀、丁廙官不過右刺姦掾及黃門侍郎，外無摧鋒接刃之功，內無升堂廟勝之効，黨於陳思王，冀搖冢嗣，啓釁骨肉，事既不成，刑戮隨之，斯實魏朝罪人，不得立傳明矣。

又宋高似孫《史略・三國志》引《後魏書》載崔浩之、毛循之之論壽書云：

> 循之曰：「昔在蜀中，聞長老言壽曾爲諸葛門下書佐，得撻百下，故其論武侯云：『應變將略，非其所長。』」浩乃與論曰：「夫亮之相劉備，當九州鼎沸之會，英雄奮發之時，君臣相得，魚水爲喻，而不能與曹氏爭天下，委弃荆州，退入巴蜀，誘奪劉璋，偽連孫氏，守窮崎嶇之地，僭號邊夷之間，此策之下者，可與趙它爲偶，而以爲蕭亞匹，不亦過乎。謂壽

〔註52〕見《文心雕龍・史傳篇》。

貶亮非爲失實。」

據此，知所謂厚誣諸葛者，或史據長老途說之言也。

索米一說，北周・柳虯、唐・劉允濟、劉知幾、宋・陳振孫等皆信之；宋・晁公武則以爲未必然；清・朱彝尊、杭世駿、王鳴盛、趙翼等更力辯其誣。《十七史商榷》卷三十九（《三國志》「陳壽史皆實錄」）曰：

> 索米一說，周・柳虯、唐・劉充濟、劉知幾皆信之，近朱氏彝尊、杭氏世駿辯其誣，謂壽于魏文士，惟爲王粲、衛覬五人立傳，粲取其興造制度，覬取其多識典故，若徐幹、陳琳、阮瑀、應瑒、劉楨，僅于〈粲傳〉附書，今〈粲傳〉附書云：「沛國丁儀、丁廙、宏農楊修、河內荀緯等，亦有文采。」又于〈劉廙傳〉附見云：「與丁儀共論刑禮。」如此亦足矣，何當更立傳乎。

又曰：

> 壽豈特不爲立傳而已，于〈陳思王傳〉云：「植既以才見異，而丁儀、丁廙、楊修等爲之羽翼。」于〈衛臻傳〉云：「太祖久不立太子，方奇貴臨淄侯，丁儀等爲之羽翼。」是奪嫡之罪，儀、廙爲大，又毛玠、徐奕、何夔、桓階之流，皆鯁臣碩輔，儀等交構其惡，疏斥之，然則二人，蓋巧佞之尤，安得立佳傳。

據此所舉諸端，則《晉史》所謂丁儀、丁廙有盛名於魏者，其名何名，蓋可知矣。王鳴盛又曰：

> 然此猶陳壽一人之言也，王沈撰《魏書》，一則曰：「奸以事君」，一則曰：「果以凶偪敗」，魚豢撰《魏略》稱：「文帝欲儀自裁，儀向夏侯尚叩頭求哀」，張騭撰《文士傳》稱：「盛譽臨淄侯，欲以勸動太祖」。

儀、廙二人如此，是以王鳴盛以爲壽所書儀、廙事皆實，壽之用心，實爲忠厚。王氏又曰：

> 毛玠，儀所讒也，玠出見黔面，其妻子沒爲官奴，婢者曰：「使天下雨者，蓋此也。」（按此者指丁儀勢之盛也）壽不屬之儀，而第曰：「後有白玠者」，白者爲誰？非儀則廙，壽爲之諱也，尚得謂因索米不得，而有意抑之乎。

陳壽如此，是以王氏直以爲宜更益以陳書，並稱四史，以配五經，其餘各史，皆出其下也。〔註53〕

〔註53〕見《十七史商榷》卷四十二「三史」。又所謂三史者，見第二章第一節〔註5〕。

　　至謂亮將略非所長，則亮之不可及處，固不必以用兵見長也。觀乎壽入晉後，撰次《蜀相諸葛亮集》奏上之，於諸葛之事，推許備至，本傳特附其目錄，并上書表，則尊亮極矣。其首言曰：

　　　　亮少有逸群之才，英霸之器，容貌甚偉，時人異焉。

續又稱：

　　　　亮年二十七，即建奇策，自使孫吳，得與武帝交戰，而大破其軍，乘
　　　勝克捷，江南悉平。及備殂沒，亮外連東吳，內平百越，立法施度，整理
　　　戎旅，工械技巧，物究其極，科教嚴明，賞罰必信，無惡不懲，無善不顯，
　　　至于吏不容奸，人懷自屬，道不拾遺，彊不侵弱，風化肅然也。

壽於亮之功勞治績，已備載矣。壽〈表〉又曰：

　　　　當此之時，亮之素志，進欲龍驤虎視，包括四海，退欲跨陵邊疆，震
　　　蕩宇內。又自以為無身之日，則未有能蹈涉中，抗衡上國者。是以用兵不
　　　戢，屢耀其武。然亮才於治戎為長，奇謀為短。理民之幹，優于將略。而
　　　所與對敵，或值人傑。加眾寡不侔，攻守異體。故雖連年動眾，未能有克。
　　　昔蕭何薦韓信，管仲舉王子城父，皆忖己之長，未能兼有故也。

亮誠非神，焉能多兼，或稍有所短，不亦宜乎。視其六出祁山，終無一成，可見為節制之師，於進取稍鈍，陳壽言自是實語，且壽又以為非皆戰之罪，以眾寡不侔，攻守異體，而時無韓信，則亦勢之使然也。壽之於亮，斯為誠厚矣。陳壽又曰：

　　　　亮之器能政理，抑亦管、蕭之亞匹也。而時之名將，無城父、韓信，
　　　故使功業陵遲，大義不及邪。蓋天命有歸，不可以智力爭也。

是使亮有神智，大勢所趨，豈獨立所能撐之哉。壽〈表〉又稱：

　　　　亮卒，黎庶追思，以為口實，至今梁、益之民，咨述亮者，言猶在耳，
　　　雖〈甘棠〉之詠召公，鄭人之歌子產，無以遠譬也。孟軻有云：「以逸道
　　　使民，雖勞不怨，以生道殺人，雖死不忿。」信矣。

壽以為黎庶之於亮，雖召公、子產，無以比倫，又豈有心厚誣哉。論者或又怪亮文彩不豔，而過于丁寧周至者，壽則以為亮所與言，盡眾人凡士也，非如咎、繇之能與舜、禹共談，周公之能與群下矢誓，故其文指不得及遠也，然其聲教遺言，皆經事綜物，公誠之心，形于文墨，足以知其人之意理，而有補于當世矣。壽之此表，上於晉泰始十年二月一日，綜其所言，其於諸葛傾服之情，已不待辯，而謂有意厚誣，豈為公論。宋‧裴松之既注《三國志》，乃上表宋文帝曰：

　　　　壽書銓敘可觀，事多審正，誠遊覽之苑囿，近世之嘉史。

李詳曰：

世之輕議壽者，皆妄人也。〔註54〕

當非過言。

壽書六十五篇，本成於范曄《後漢書》之前，然今之廿五史乃列爲第四，次范書之後，蓋以史實之朝代爲序也。其以《國語》、《國策》之體，造成三國分峙之國別史，崔鴻之《十六國春秋》、路振之《九國志》、吳任臣之《十國春秋》蓋皆聞其風而起者，亦「國語家」之支與流裔也。〔註55〕至其書之簡潔，乃或病其略，撰後一百三十餘年，至宋・裴松之，遂奉詔爲之注，旁搜博採，爲世所重。《史通・正史篇》曰：

> 宋文帝以《國志》載事傷於簡略，乃命中書郎裴松之，兼采眾書，補注其闕，由是世言三國之志者，以裴松爲本焉。

裴氏之注《三國志》，採輯史料凡一百四十餘種，〔註56〕其鳩集傳記，增廣異聞，較原書多出三倍，陳氏《書錄解題》乃以爲繁蕪，然由今視之，當《三國志》補史可也。裴《注》之外，尚有杭世駿《三國志補注》、潘眉《三國志考證》，及各種補志、表等。〔註57〕

二、孫盛《魏氏春秋》

孫盛，字安國，太原中都（今山西平遙）人。年十歲，避難渡江。及長，博學，

〔註54〕見《正史源流・急就篇》。

〔註55〕見金毓黻《中國史學史》第四章（〈魏晉南北朝私家修史之本末〉）。

〔註56〕此據錢大昕統計，見《二十二史考異》卷十五。又《二十二史劄記》卷六所引晉人著述之今有存本或輯本者，計有：司馬彪《續漢書・志》、《九州春秋》、張璠《後漢紀》、袁宏《後漢紀》、習鑿齒《漢晉春秋》、華嶠《後漢書》、《續漢書郡國志》、《汝南先賢狀》、《零陵先賢狀》、《楚國先賢狀》、《襄陽記》、孫盛《魏氏春秋》、《益部耆舊傳》、《華陽國志》、張勃《吳錄》、虞溥《江表傳》、虞預《會稽典錄》、王隱《晉書》、虞預《晉書》、干寶《晉紀》、《晉陽秋》、傅暢《晉諸公贊》、陸機《晉惠帝起居注》、《晉泰始居注》、《太康三年地理記》、《帝王世紀》、皇甫謐《列女傳》、張隱《文士傳》、葛洪《神仙傳》、摯虞《決疑》諸書。

〔註57〕《二十五史述要・三國志》云：補志者，洪亮吉有《三國疆域志》二卷，近人金兆豐《三國志疆域校補》不分卷一冊、錢昭《補三國藝文志》四卷、侯康《三國藝文志》四卷、近人陶元珍《補三國食貨志》不分卷一冊。《三國志》無表，萬季野氏《歷代史表》中有關三國者即：（一）〈漢季方鎮年表〉、（二）〈大事年表〉、（三）〈魏將相大臣年表〉、（四）〈魏國將相大臣年表〉、（五）〈魏方鎮年號〉、（六）〈魏將相大臣年表〉、（七）〈吳將相大臣年表〉、（八）〈三國諸王世表〉等。此外補表者多家，有：黃大華〈三國三公宰輔表〉三卷、洪飴孫〈三國職官表〉三卷、清謝鍾英〈三國大事年表〉、〈三國疆域表〉、〈三國疆域志疑〉、清吳增植〈三國郡縣表〉附〈考證〉、楊守敬又有〈補正〉、周嘉猷〈三國紀年表〉一卷、近人周明泰〈三國世系表〉一卷、又陶元珍有〈補遺〉一卷、吳廷燮〈漢季方鎮年表〉、〈魏方鎮年表〉、〈蜀方鎮年表〉、〈吳方鎮年表〉。

善言名理，于時殷浩擅名一時，與抗論者，惟盛而已。盛著醫卜及易象，浩竟無以難之，由是知名。起家佐著作郎，以家貧親老，求爲小邑，出補瀏陽令，太守陶侃請爲參軍。庾亮代侃，引爲征西主簿，轉參軍。時丞相王導執政，亮以元舅居外，南蠻校尉陶稱讒其間，導、亮頗懷疑貳，盛密諫亮曰：「王公神情朗達，常有世外之懷，豈肯爲凡人事邪，此必佞邪之徒，欲間內外耳。」亮納之。庾翼代亮，以盛爲安西諮議參軍，尋遷廷尉正。會桓溫代翼，留盛爲參軍，與俱伐蜀。平，賜爵安懷縣侯，累遷溫從事中郎。從入關，平洛，以功進封吳昌縣侯，出補長沙太守，累遷秘書監，加給事中。年七十二，卒。盛篤學不倦，著有《魏氏春秋》、《晉陽秋》，並造詩賦論難數十篇。〔註58〕

所撰《魏氏春秋》，當作於晚年官秘書監時，是以《書鈔》五十七、《初學記》十二並引《晉中興書》曰：

> 既居史官，乃著《三國晉陽秋》。

其書當擬於《春秋》而爲編年之體，故每書年首，必云某年春帝正月。〔註59〕筆彩則略同於干寶。《文心雕龍・才略篇》曰：

> 孫盛、干寶，文盛爲史，準的所擬，志乎典訓，戶牖雖異，而筆彩略同。

其曰《魏氏春秋》，劉知幾則以爲好奇厭俗，習舊捐新，雖得稽古之宜，未達從時之義也。其言曰：

> 上古之書，有《三墳》、《五典》、《八索》、《九丘》，其次有《春秋》、《尚書》、《檮杌》、《志乘》，自漢已下，其流漸繁，大抵史名多以書記記略爲主，後生祖述，各從所好，沿革相因，循環遁習，蓋區域有限，莫踰於此焉。至孫盛有《魏氏春秋》，孔衍有《隋尚書》，陳壽、王邵曰「志」，何之元、劉璠曰「典」，此又好奇厭俗，習舊捐新，雖得稽古之宜，未達從時之義。〔註60〕

盛言諸所改易，又率以意製，多不如舊，故裴松之曰：

> 盛言諸所改易，皆非別有異聞，率更自以意製，多不如舊，凡紀言之體，當使若出其口，辭勝而違實，固君子所不取，況復不勝而徒長虛妄哉。〔註61〕

〔註58〕見《晉書斠注》卷八十二〈孫盛傳〉。
〔註59〕《史通・模擬篇》：「孫盛魏、晉二《陽秋》，每書年首，必云某年春帝正月，夫年既編帝紀，而月又列帝名，以此而擬《春秋》，又所謂貌同而心異也。」
〔註60〕見《史通・題目篇》。
〔註61〕見《三國志》卷二十二〈陳泰傳〉注。

考《魏志》卷一〈武帝紀〉：

> 公曰：「夫劉備，人傑也，今不擊，必爲後患。」

裴《注》引孫盛《魏氏春秋》云：

> 答諸將曰：「劉備，人傑也，將生憂寡人。」

故裴松之譏之曰：

> 臣松之以爲史之記言，既多潤色，故前載所述，有非實者矣，後之作者，又生意改之，於失實也，不亦彌遠乎。凡孫盛製書，多用《左氏》以易舊文，如此者非一。嗟乎，後之學者，將何取信哉。且魏武方以天下勵志，而用夫差分死之言，尤非其類。

孫氏錄曹公平素之語，而全作夫差亡滅之詞，雖言以春秋，而事殊乖越者矣。（《史通·言語篇》）又《魏志》卷七〈臧洪傳〉之述酸棗之盟，裴松之注云：

> 臣松之案：于時此盟，止有劉岱等五人而已，《魏氏春秋》橫內劉表等數人，皆非事實。表保據江漢，身未嘗出境，何由得與洪同壇而盟乎？

裴氏之注《三國》，以洽博著稱，於當時史料，蓋已網羅，猶不見劉表之嘗參與酸棗之盟，則《魏氏春秋》之言，誠不知何據，是以劉勰亦有「激抗難徵」之嘆。〔註62〕

孫氏《魏氏春秋》本傳不著卷數，《隋志·古史類》著錄二十卷，兩《唐志》作《魏武春秋》，「武」字蓋誤，《初學記·職官部》引《中興書》則稱盛著《三國陽秋》，未詳何據？其書今佚，黃逢元《補晉志》稱：《荊楚歲時記》「六月伏日」條案語、《水經·渭水注》、《續漢書注》、《書鈔》、《初學記》、《御覽》屢引存，又屢引盛〈魏氏春秋評〉，或即是書紀傳後評語。又《世說注》、《魏志注》、《文選注》亦引，嚴可均《全晉文》卷六十三據《三國志注》引《魏氏春秋》評凡四十三條，又引《魏氏春秋》異同評十條。

三、張勃《吳錄》

張勃，《晉書》無傳，始末不詳。按，《史記》卷六十六〈伍子胥傳·集解〉引：

> 張勃曰：「子胥乞食處在丹陽溧陽縣。」

《索隱》曰：

> 張勃，晉人，吳鴻臚儼之子，作《吳錄》，故裴氏《注》引之。

又《晉書斠注》卷九十二〈張翰傳〉曰：

<hr/>

〔註62〕《文心雕龍·史傳篇》曰：「魏代三雄，記傳互出，《陽秋》、《魏略》之屬，《江表》、《吳錄》之論，或激抗難徵，或疏闊寡要，……」劉師培《中國中古文學史》卷四〈魏晉文學之變遷〉：「陽秋，謂習鑿齒《漢晉陽秋》……及孫盛《魏氏春秋》也。」

張翰，字季鷹，吳郡吳人（今江蘇吳縣），父儼，吳大鴻臚。

《吳志・孫皓傳》注引《吳錄》曰：

儼，字子節，吳人也。……以博聞多識，拜大鴻臚。

黃逢元《補晉書藝文志》曰：

元案：《書鈔》六十八云：勃，尚書郎，據本書〈索靖傳〉知勃爲敦煌人。

此張勃身世之可攷者，所撰有《吳錄》三十卷。

其書已佚，《水經・浪水》注、《左傳・宣公》正義、《文選・笙賦》注、謝靈運〈登臨海嶠詩〉注、張衡〈七命〉注、《初學記・獸部》引，並題《吳錄地理志》，《藝文類聚》、《太平御覽》、《寰宇記》所引，題《地理志》者尤多，〔註63〕知當《錄》內有〈志〉，又《世說・實譽篇》注引《吳錄・士林》曰：「吳郡有顧、陸、朱、張，三國之間，四姓盛焉。」云云，知〈士林〉當亦《錄》中之一篇，或即〈儒林〉別名。〔註64〕文廷式《補晉書藝文志・正史類》曰：

余攷《世說・夙惠門》注、《文選》卷十三注引《吳錄・長沙桓王諱策》云云，似是本紀，又《尚書・顧命》正義曰：「《吳錄》稱吳人嚴白虎聚眾反，遣弟興詣孫策，策引白削斫席，興體動曰：我見刀爲然。」此亦當是策紀文。又《世說・品藻門》注引《吳錄》「顧邵安、龐士元言更親之」，〈規箴門〉注引《吳錄》「陸凱，字敬風，吳人，丞相遜族子，忠鯁有大節」云云，此即顧邵安、陸凱傳文。

據此，知張勃書乃有紀，有傳，有志。《隋志》入之於正史，注云：「三十卷，亡。」兩《唐志》卷同，而入於雜史，《通志・藝文略》則歸編年。考正史、雜史之名，俱見於《隋志》。正史至宋而定，其體尊與經配，非懸諸令典，莫敢私增；雜史則兼包眾體，宏括書名。於其始也，則取捨固有不同。至編年一類，則與紀傳之體迥異，知張勃書之非編年也。

四、虞溥《江表傳》

虞溥，字允源，高平昌邑（今山東金鄉）人。父祕，爲偏將軍，鎮隴西，溥從父之官，專心墳籍，時疆場閱武，人爭視之，溥未嘗寓目。咸寧中，郡察孝廉，除郎中，補尚書都令史，尚書令衛瓘、尚書褚䂮，並器重之。太康中，遷公車司馬令，除鄱陽內史，大修庠序，廣招學徒，移告屬縣，獎訓有加。溥爲政嚴而不猛，風化大行。注《春秋》經傳，撰《江表傳》，及文章、詩賦數十篇。卒於洛，時年六十二。

〔註63〕見章宗源《隋志考證》卷一（〈史部・正史・張勃吳錄〉）。
〔註64〕見黃逢元《補晉書藝文志》卷第二〈張勃吳錄〉。

子勃過江，上《江表傳》於元帝，詔藏于秘書。〔註65〕

虞書，《隋志》不錄，本傳不著卷數，《唐志‧雜傳類》有《江表傳》二卷，〈雜史類〉重出五卷。以其為私撰之書，故卒後，其子始上於元帝，藏于秘書。所述皆魏、蜀、吳三國之事，而吳事尤詳，〔註66〕劉知幾以之與揚雄《蜀紀》等書並列，以為咸是偽書。其言曰：

> 按，國之有偽，其來尚矣，如杜宇作帝，勾踐稱王，孫權建鼎峙之業，
> 蕭詧為附庸之主，而揚雄撰《蜀紀》，子貢著《越絕》，虞裁《江表傳》，
> 蔡述《後梁史》，攷斯眾作，咸是偽書。〔註67〕

虞氏《江表傳》，裴松之之注《魏志》（〈少帝紀高貴鄉公〉），以為差有條貫，劉勰則以為疏闊寡要。〔註68〕其書今亡，其逸篇見於裴松之徵引最多。〔註69〕

〔註65〕見《晉書斠注》卷八十二〈虞溥〉。
〔註66〕見章宗源《隋志考證》卷十三（〈雜傳‧虞溥江表傳〉）。
〔註67〕見《史通‧補註篇》。
〔註68〕《文心雕龍‧史傳篇》曰：「魏代三雄，記傳互出，《陽秋》、《魏略》之屬，《江表》、《吳錄》之倫，或激抗難徵，或疏闊寡要，……」劉師培《中國中古文學史》卷四〈魏晉文學之變遷〉：「《江表傳》，虞溥撰。」
〔註69〕見章宗源《隋志考證》卷十三（〈雜傳‧虞溥江表傳〉）。

第三章　晉人所撰之晉史

第一節　晉代之起居注

古者左史記言，右史記事，起居注者，左右史職，所以錄紀人君日用動止之事，為後世撰史之所取資也。《史通·史官篇》曰：

> 夫起居注者，編次甲子之書，至於策命、章奏、封拜、薨免，莫不隨事紀錄，言惟詳審，凡欲撰帝紀者，皆因之以成功，即今為載筆之別曹，立言之貳職。

其源甚早，《春秋傳》曰：

> 君舉必書，書而不法，後嗣何觀。

考《周官》、《禮記》有內史，掌書王命，是其職也。〔註1〕《漢書·藝文志》有《漢著記》百九十卷，唐·顏師古注謂「若今之起居注。」宋·王應麟《玉海》亦云：「《漢著記》即漢之起居注」，《隋書·經籍志·起居注序》則謂漢武帝有《禁中起居注》。據此，則西漢之時，似有起居注，然《漢著紀》，據近人朱希祖所考，謂非起居注，〔註2〕以著記掌於太史，而起居注則掌於內史，自以注記之名，混於起居注，顏師古、王應麟等遂指《著記》為起居注。〔註3〕至於《禁中起居注》，杭

〔註1〕見《十三經注疏·周禮》卷第二十六〈內史〉條。又漢荀悅《申鑒·時事篇》云：先帝故事，有起居注，日月動靜之節，必書焉，宜復其式，內史掌之，以紀內事。

〔註2〕詳見《國立北京大學國學季刊》第二卷第四號（民國十九年十二月出版）朱希祖〈漢唐宋起居注考〉。

〔註3〕《國立北京大學國學季刊》第二卷第三號（民國十九年九月出版）朱希祖〈漢十二世著紀考〉嘗謂顏師古、王應麟之言為是，而第四號朱氏〈漢唐宋起居注考〉則以為非。當以後者為是。

世駿已詳言其為僞書。〔註4〕則起居注殆起於東漢。其史有明文者，可得有三，即：《明帝起居注》、〔註5〕《靈帝起居注》、〔註6〕《獻帝起居注》〔註7〕是也。而其時，雖有著作之實，未有其官。至魏明帝太和中，始置著作郎，晉稱大著作，又增置佐著作郎，掌撰國史，兼注起居。《史通·史官篇》曰：

> 晉令著作郎，掌起居集注，撰錄諸言行勳伐舊載史籍者，元魏置起居令史，每行幸讌會，則在御左右，紀錄帝言及賓客酬對，後別置修起居注二人，多以餘官兼掌。

自是而後，晉世起居，乃按時記撰。晉武帝詔曰：

> 自泰始以來，大事皆撰錄，秘書寫其副，後有其事，輒宜綴集以為常。

〔註8〕

考晉西號中朝，東稱江左，帝一十有五，起自泰始，終於元熙，年百五十有六，此史既備，而尤多於起居之注也。宋北徐州主簿劉道會撰《晉起居注》三百餘卷〔註9〕當即根據各朝起居注而撰正者，盛況可見一斑。然其後率多零落，《隋志》所錄，自泰始起，迄於元熙，止得二十部，計二百一十四卷。今並亡佚，其見輯存者，可得一十六部，計一十六卷耳，茲條列並考如後：

《晉武帝起居注》，晉·某撰，清·黃奭輯。見於：

> 《漢學堂叢書（黃氏逸書考）·子史鉤沈·史部別史類》。

《晉泰始起居注》，晉·李軌撰，清·黃奭輯。見於：

> 《漢學堂叢書（黃氏逸書考）·子史鉤沈·史部別史類》。

《晉咸寧起居注》，晉·李軌撰，清·黃奭輯。見於：

> 《漢學堂叢書（黃氏逸書考）·子史鉤沈·史部別史類》。

《晉泰康起居注》，晉·李軌撰，清·黃奭輯。見於：

> 《漢學堂叢書（黃氏逸書考）·子史鉤沈·眾家晉史》。

《惠帝起居注》一卷，晉·陸機撰，清·黃奭輯。見於：

> 《漢學堂叢書（黃氏逸書考）·子史鉤沈·晉書附》。

《惠帝起居注》一卷，晉·陸機撰，清·湯球輯。見於：

〔註4〕見《道古堂文集》卷二十一〈答任武承問起居注書四〉。
〔註5〕見晉·袁宏《後漢紀》卷十一。
〔註6〕見晉·袁宏《後漢紀·序》。
〔註7〕見晉·袁宏《後漢紀·序》。《隋書·經籍志》著錄《漢獻帝起居注》五卷。
〔註8〕見《晉書·武帝本紀》泰始六年（西年270年），秋七月乙巳詔。
〔註9〕梁有三百二十二卷，隋存三百一十七卷，見《隋志·史部·起居注類》劉道會《晉起居注》。

《廣雅書局叢書・史學・晉紀輯本》。

《叢書集成初編・史地類・晉紀輯本》。

《晉永安起居注》，晉・某撰，清・黃奭輯。見於：

《漢學堂叢書（黃氏逸書考）・子史鉤沈・眾家晉史》。

《晉建武起居注》，晉・某撰，清・黃奭輯。見於：

《漢學堂叢書（黃氏逸書考）・子史鉤沈・眾家晉史》。

《晉太興起居注》，晉・某撰，清・黃奭輯。見於：

《漢學堂叢書（黃氏逸書考）・子史鉤沈・眾家晉史》。

《晉咸和起居注》，晉・李軌撰，清・黃奭輯。見於：

《漢學堂叢書（黃氏逸書考）・子史鉤沈・眾家晉史》。

《晉咸康起居注》，晉・某撰，清・黃奭輯。見於：

《漢學堂叢書（黃氏逸書考）・子史鉤沈・眾家晉史》。

《晉康帝起居注》，晉・某撰，清・黃奭輯。見於：

《漢學堂叢書（黃氏逸書考）・子史鉤沈・眾家晉史》。

《晉永和起居注》，晉・某撰，清・黃奭輯。見於：

《漢學堂叢書（黃氏逸書考）・子史鉤沈・眾家晉史》。

《晉孝武帝起居注》，晉・某撰，清・黃奭輯。見於：

《漢學堂叢書（黃氏逸書考）・子史鉤沈・眾家晉史》。

《晉太元帝起居注》，晉・某撰，清・黃奭輯。見於：

《漢學堂叢書（黃氏逸書考）・子史鉤沈・眾家晉史》。

《晉隆安起居注》，晉・某撰，清・黃奭輯。見於：

《漢學堂叢書（黃氏逸書考）・子史鉤沈・眾家晉史》。

《晉義熙起居注》，晉・某撰，清・黃奭輯。見於：

《漢學堂叢書（黃氏逸書考）・子史鉤沈・眾家晉史》。

按，上列諸書，多無撰名，蓋皆史官、近臣之所錄也。《唐六典》曰：

漢、晉以後，起居注皆史官所錄。

又《隋志・起居注類序》曰：

今之存者有漢獻帝及晉代已來起居注，皆近侍之臣所錄。

其有撰名者，惟李軌《晉泰始起居注》、《晉咸寧起居注》、《晉太康起居注》、《晉咸康起居注》（按，《隋志》不著撰人，據《唐志》則亦李軌所撰也），及陸機《惠帝起居注》耳。

　　李軌《晉書》無傳，始末不詳。《隋志》載有《周易音》一卷，注云：
　　　　晉尚書郎李弘範撰。
陸德明《經典釋文・敘錄》云：
　　　　李軌，字弘範，江夏人，東晉祠部郎中都亭侯。
馬國翰《玉函山房輯本・序》稱：
　　　　唐・釋元應《一切經音義》引李洪範，「弘」又作「洪」。
按「弘」、「洪」音同義似，此李軌事跡之可考者。

　　陸機，字士衡，吳郡人，生於吳景帝永安四年辛巳（西元261年）。少有異才，
文章冠世，伏膺儒術，非禮不動，清屬有風格，爲鄉黨所憚。太康元年（西元280
年），年二十而吳滅，退居舊里，閉門勤學，積有十年，以孫氏在吳，而祖父世爲
將相，有大勳於江表，深慨孫皓而棄之，乃論權所以得，皓所以亡，又欲述其祖
父功業，遂作〈辯亡論〉二篇。太康末（年二十九），與弟雲俱入洛，造太常張華。
華素重其名，如舊相識，曰：「伐吳之役，利獲二俊。」薦之諸公。後太傅楊駿辟
爲祭酒，會駿誅，累遷太子洗馬著作郎。元康四年秋（西元294年），吳王晏出鎮
淮南，以機爲郎中令。元康六年（西元296年），遷尚書中兵郎，轉殿中郎。趙王
倫輔政，引爲相國參軍。倫將纂位，以爲中書郎。及倫伏誅，齊王冏收機等九人
付廷尉，賴成都王穎、吳王晏並救理之，得減死徙邊，遇赦而止。時中國多難，
或勸機還吳（機有〈思歸賦〉，蓋作於是時），機以志匡世難，故不從勸。冏既矜
功，機乃作〈豪士賦〉刺焉。以成都王推功不居，又有全濟之恩，謂能康隆晉室，
遂委身焉。穎以機參大將軍軍事，表爲平原內史。太安初（太安元年，西元302
年），穎等討長沙王，假機後將軍河北大都督，督二十餘萬眾，機以羈旅入宮，頓
居群士之右，固辭，不許，遂行。機軍大敗於鹿苑，人相登躡。初機以吳人而在
寵族之上，人多惡之，遂被讒，爲成都王所誅。臨刑，有「華亭鶴唳，豈可復聞」
之嘆，情頗悽惻，時惠帝太安二年癸亥（西元303年），年四十三，二子同遇害焉。
機天才俊逸，辭藻宏麗，與其弟雲，同爲江南之秀。葛洪著書，稱其文猶玄圃之
積玉，無非夜光焉，五河之吐流，泉源如一焉，其弘麗妍贍，英銳漂逸，亦一代
之絕乎。其受推服如此，然好游權門，以進趣獲譏，遂不得善終，良可惜也。所
著文章凡三百餘篇，並行於世。〔註10〕

　　今考《晉武帝起居注》，《隋志》不著錄，《書鈔・設官部》、《御覽・皇親部、職

〔註10〕見《晉書斠注》卷五十四〈陸機傳〉。

官部》並引之。〔註11〕按，晉武受禪，改元泰始（泰始元年，西元265年），時蜀漢亡已二年，吳‧孫皓甘露元年（西元265年），猶未混一，紀元凡十年（西元265～274年），改元咸寧（西元275年），又五年，吳亡（西元280年），天下一統，大赦，改元泰康（西元280年），又十年，改元太熙，太熙元年四月（西元290年），帝崩，在位凡二十六年（西元265～290年），改元有四，〔註12〕《隋志》所錄者，《晉泰始起居注》、《咸寧起居注》、《泰康起居注》也。諸書徵引，其作《晉武帝起居注》者，蓋稱引偶異，當非別是一書。〔註13〕

《晉泰始起居注》，《隋志》著錄二十卷，《唐志》並同。《蜀志‧諸葛瞻傳‧注》、《藝文類聚‧菓部》、《太平御覽‧果部》並引之。〔註14〕

《晉咸寧起居注》，《隋志》所錄十卷，《唐藝文志》作二十二卷。《藝文類聚‧服飾部》、《初學記‧服食部》、《北堂書鈔‧衣冠部》、《太平御覽‧服章部》並引之。〔註15〕

《晉泰康起居注》，《隋志》著錄二十一卷，兩《唐志》並二十二卷，《南齊書》卷十四〈州群志〉上有「北徐州鎮鍾離，《漢志》鍾離縣屬九江郡，《晉太康二年起居注》置淮南鍾離」之語，又《初學記‧職官部》、《白帖‧校書郎》、《藝文類聚‧食物部》、《太平御覽‧職官部、兵部、車部、器物部、飲食部》並引之。〔註16〕

自武帝崩，惠帝立（西元290年），惠帝即位不踰年，改元永熙，明年正月詔改永熙爲永平元年（西元291年），是年三月（西元291年），以誅楊駿等，大赦，改元爲元康，元康紀元凡九年（西元291～299年），明年正月改元永康（西元300年），永康二年正月（西元301年）趙王倫篡位，四月反正，大赦，改元爲永寧（西元301年），永寧紀元止於明年十二月（西元302年），其後又改太安（西元303年）、永興（西元304年）、光熙（西元306年），惠帝在位十七年（西元290～306年），凡十

〔註11〕見章宗源《隋志考證》卷五〈起居注〉及黃奭《漢學堂叢書‧子史鉤沈‧眾家晉史‧晉武帝起居注》。
〔註12〕見姚振宗《隋志考證》卷十五〈史部五‧起居注類〉。
〔註13〕姚振宗《隋志考證》卷十五〈史部五‧起居注類‧晉泰元起居注〉按語：「章氏既載泰始、咸寧、泰康起居注三部，又別出《晉武帝起居注》，既載建元、寧康、泰元起居注，亦三部，又別出康帝、孝武帝起居注，皆注云不著錄，此但以諸書稱引偶異，未嘗詳考歷朝年號，遂以爲別是一書，眩惑殊甚也。」
〔註14〕見章宗源《隋志考證》卷五〈起居注〉，又見黃奭《漢學堂叢書‧子史鉤沈‧眾家晉史‧晉泰始起居注》。
〔註15〕見章宗源《隋志考證》卷五〈起居注〉，又見黃奭《漢學堂叢書‧子史鉤沈‧眾家晉史‧晉咸寧起居注》。
〔註16〕見章宗源《隋志考證》卷五〈起居注〉，又見黃奭《漢學堂叢書‧子史鉤沈‧眾家晉史‧晉泰康起居注》。

改元。〔註17〕《隋志》著錄《晉元康起居注》一卷，又稱梁有「永平、元康、永寧起居注六卷」，又有《惠帝起居》二卷，而無《永安起居注》，當梁之前已佚，《初學記·服食部》引有其載鄯善國一條，〔註18〕然所記乃泰康四年（西元823年）之事，疑有誤。

《惠帝起居注》，梁有二卷，不著撰人，隋亡。章宗源《隋志考證》稱：《宋書·蔡廓傳》、《魏志·張燕傳注》各引一事，題「陸機晉惠帝起居注」，又《魏書·趙儼傳》、《世說·言語篇注、文學篇注、賞譽篇注》、《北堂書鈔·儀飾部、武功部》、《太平御覽·職官部、服章部、服用部》共引《惠帝起居注》十三事，不著撰人。〔註19〕按，沈約《宋書》五十七〈蔡廓傳〉所引作「陸士衡起居注」。士衡，機字，本傳稱元康中累遷太子洗馬著作郎，其撰起居注當在斯時，然不知是否即此二卷也。

《晉建武起居注》、《晉大興起居注》，《隋志》不分別著錄，所著錄者《晉建武、大興、永昌起居注》也，梁有二十卷，隋存九卷，《唐志》作二十二卷。按〈元帝本紀〉，建武元年三月辛卯（西元317年），即晉王位，改元建武，次年三月，愍帝崩，即皇帝位，改元大興（西元228年），紀元凡四年（西元318～321年），明年改元永昌（西元322年），是年四月，王敦舉兵入京師，閏十一月己丑，帝崩，在位凡六年（西元317～322年），改元三，建武、大興、永昌是也。其時所撰起居注，今並佚。《太平御覽·服用部》，引《建武起居注》一事，《職官部》引《大興起居注》二事，《儀飾部》引《永昌起取注》一事。〔註20〕

《晉咸和起居注》，《隋志》著錄十六卷，注云，李軌撰，兩《唐志》作十八卷。《晉咸康起居注》，《隋志》二十二卷，不著撰人，兩《唐志》卷同，作李軌撰。〔註21〕按，成帝改元咸和，凡九年（西元326～334年），改元咸康，凡八年（西元335～342年）。其起居注今並佚，《藝文類聚·菓部》、《太平御覽·器物部、羽族部》並引《晉咸和起居注》。《類聚·歲時部、布帛部、器物部、木部》、《太平

〔註17〕見姚宗源《隋志考證》卷十五（〈史部五·起居注類·晉元康起居注〉）。
〔註18〕見章宗源《隋志考證》卷五〈起居注〉，又見黃奭《漢學堂叢書·子史鉤沈·眾家晉史·晉永安起居注〉）。
〔註19〕見章宗源《隋志考證》卷五〈起居注〉，又見黃奭《漢學堂叢書·子史鉤沈·眾家晉史·晉惠帝起居注〉）。
〔註20〕見章宗源《隋志考證》卷五〈起居注〉，又見黃奭《漢學堂叢書·子史鉤沈·眾家晉史·晉建武、大興、永昌起居注〉）。
〔註21〕黃奭《漢學堂叢書·子史鉤沈·眾家晉史·晉咸康起居》注：「《新唐書·藝文志·類敘》於李軌之下，似亦李軌撰。」按：《舊唐書·經籍志》亦作李軌撰。

御覽・器物部》、《書鈔》、並引《晉咸康起居注》。〔註22〕

　　《晉康帝起居注》，《隋志》不著錄，按，康帝在位二年（西元343～344年），改元建元，《隋志》有《晉建元起居注》四卷，兩《唐志》並同，作《康帝起居注》者，疑諸書徵引，稱名有異耳。《北堂書鈔・設官部》、《太平御覽・職官部》並引《晉康帝起居注》。〔註23〕

　　《晉永和起居注》，梁有二十四卷，隋存十七卷，兩《唐志》並同於梁。按，穆帝即位（西元345年），年二歲，太后臨朝攝政，改元永和，凡十二年（西元345～356年），明年（西元357年）正月，帝加元服，始親萬機，改元升平，凡五年崩（西元375～361年）。其起居注今並佚，《初學記・樂部、寶器部》、《白帖》、《太平御覽・珍寶部》，並引《晉永和起居注》。〔註24〕

　　《晉孝武帝起居注》，《隋志》不著錄。《晉太元起居注》，梁有五十四卷，隋存二十五卷，兩《唐志》並作五十二卷。按，穆帝崩後，哀帝、海西公、簡文帝先後繼位，並有《起居注》，皆已亡佚。至孝武帝即位，十歲，崇德太后臨朝，紀元寧康，凡三年（西元373～375年），明年（西元376年）正月，帝加元服，皇太后歸政，太赦，改元太元，太元二十一年秋九月崩（西元396年）。其寧康、太元並有《起居注》，今亦亡佚。《藝文類聚・儲官部》、《太平御覽・皇親部》皆引《晉孝武帝起居注》，《世說・賞譽篇注》、《御覽・車部》並引《晉泰元起居注》。〔註25〕

　　《晉隆安起居注》，《隋志》著錄十卷，兩《唐志》並改為《晉崇寧起居注》，亦十卷，考晉無「崇寧」之號，當是唐、宋人避諱改。《晉義熙起居注》，梁有三十四卷，隋存十七卷，兩《唐志》並同於梁。按，安帝紀元隆安，凡五年（西元397～401年），改元元興，凡三年（西元402～404年），元興元年（西元402年）三月，桓玄反，入京師，明年（西元403年）十二月，玄篡位，以帝為平固王，帝蒙塵於尋陽，次年（西元404年），又為玄偪至江陵南郡，及督護馮遷斬桓玄，又復蒙塵於桓振賊營，明年（西元405年）正月反正，大赦，改元義熙，義熙十四年十二月崩（西元418年）。帝不惠，自少及長，口不能言，雖寒暑之變，無以辨也，凡所動止，皆非己出，故桓

〔註22〕見章宗源《隋志考證》卷五〈起居注〉，又見黃奭《漢學堂叢書・子史鉤沈・眾家晉史・晉咸和起居注、晉咸康起居注》。

〔註23〕見章宗源《隋志考證》卷五〈起居注〉，又見黃奭《漢學堂叢書・子史鉤沈・眾家晉史・晉康帝起居注》。

〔註24〕見章宗源《隋志考證》卷五〈起居注〉，又見黃奭《漢學堂叢書・子史鉤沈・眾家晉史・晉永和起居注》。

〔註25〕見章宗源《隋志考證》卷五〈起居注〉，又見黃奭《漢學堂叢書・子史鉤沈・眾家晉史・晉孝武帝起居注》。

玄之篡，因此獲全，劉裕將爲禪代，密使王韶之縊帝而立恭帝，其隆安、元興、義熙，並有起居注，今亦亡佚。《太平御覽・果部》引《晉隆安起居注》一事，《藝文類聚・舟車部》、《北堂書鈔・舟部、衣冠部、藝文部、儀飾部》、《太平御覽・天部、服章部、器物部、果部、茱菇部、香部》並引《晉義熙起居注》。〔註26〕

又黃奭《漢學堂叢書（黃氏逸書考）・子史鈎沈・眾家晉史》，據《御覽》四百八十六引《晉元嘉起居注》有「徐州刺史王仲德上言，下邳令僮殷道益（句有誤），十一月冒寒出郡，履涉冰雪，主簿王墨等三人，腳悉凍斷。」之語，按，晉有元康、元興、元熙，而無元嘉，「元嘉」是宋文帝年號（西元424～453年），此條或是《宋元嘉起居注》，「宋」誤作「晉」，或是《元興起居注》，俟考。

自晉之代有起居注，隋、唐因之，每天子臨軒，侍立於玉堦之下，人主有命，則逼階延首而聽之，退而編錄，以爲起居注〔註27〕則又踵事而增其華者也。

第二節　晉人所撰紀傳體當代史
——王隱等諸家《晉書》

夫博聞強識，疏通知遠，前言、往行，莫不達也，天文、地理，莫不察也，書美以彰善，記惡以垂戒，窮聖人之至賾，詳一代之亹亹，是史官也。然自史官廢絕久矣，漢氏頗循其舊，班、馬因之，魏、晉以來，其道逾替，南董之位，以祿貴遊，政駿之司，罕因才授。〔註28〕於是尸素之儔，盱衡於延閣之上，立言之士，揮翰於蓬茨之下，一代之記，眾至數十，而傳說不同，聞見舛駁，此晉史撰作之所以多也。所記國事，爲紀傳者，即仍班、馬之前規，造編年者，則擬荀、袁之後議，爲是《史》、《漢》之體大行，而《國語》之風替矣。又以世更代替，變亂迭興，卷帙遺文，率多亡佚。今就晉人撰述之見存輯者，條明如后：

《晉書》一卷，晉・王隱撰，清・黃奭輯。見於：

　　《漢學堂叢書（黃氏逸書考）・子史鈎沈・史部正史類》。

《晉書》十一卷，晉・王隱撰，清・湯球輯。見於：

　　《廣雅書局叢書・史學・晉書輯本》。

　　《叢書集成初編・史地類・九家舊晉書輯本》。

〔註26〕見章宗源《隋志考證》卷五〈起居注〉，又見黃奭《漢學堂叢書・子史鈎沈・眾家晉史・晉隆安起居注、晉義熙起居注》。
〔註27〕見《史通・史官篇》。
〔註28〕見《隋書・經籍志・史部序》。

《晉書》一卷，晉・王隱撰，清・王仁俊輯。見於：

　　《玉函山房輯佚書補編》。

《王隱晉書》二卷，晉・王隱撰，陶棟輯。見於：

　　《輯佚叢刊》。

《晉書》一卷，晉・虞預撰，清・黃奭輯。見於：

　　《漢學堂叢書（黃氏逸書考）・子史鉤沈・史部正史類》。

《晉書》一卷，晉・虞預撰，清・湯球輯。見於：

　　《廣雅書局叢書・史學・晉書輯本》。

　　《四明叢書》第八集。

　　《叢書集成初編・史地類・九家舊晉書輯本》。

《晉書》一卷，晉・朱鳳撰，清・黃奭輯。見於：

　　《漢學堂叢書（黃氏逸書考）・子史鉤沈・史部正史類》。

《晉書》一卷，晉・朱鳳撰，清・湯球輯。見於：

　　《廣雅書局叢書・史學・晉書輯本》。

　　《叢書集成初編・史地類・九家舊晉書輯本》。

《晉書》一卷，晉・陸機撰，清・黃奭輯。見於：

　　《漢學堂叢書（黃氏逸書考）・子史鉤沈・史部別史類》。

《晉紀》一卷，晉・陸機撰，清・湯球輯。見於：

　　《廣雅書局叢書・史學・晉紀輯本》。

　　《叢書集成初編・史地類・晉紀輯本》。

《晉紀》一卷，晉・干寶撰，清・黃奭輯。見於：

　　《漢學堂叢書（黃氏逸書考）・子史鉤沈・史部別史類》。

《晉紀》一卷，晉・干寶撰，清・湯球輯。見於：

　　《廣雅書局叢書・史學・晉紀輯本》。

　　《叢書集成初編・史地類・晉紀輯本》。

《干寶晉紀》二卷，晉・干寶撰，陶棟輯。見於：

　　《輯佚叢刊》。

《晉陽秋》一卷，晉・庾翼撰。見於：

　　《續百川學海》乙集。

　　《說郛》（宛委山堂本）弓五十九。

　　《古今說部叢書》一集。

《晉春秋》。見於：

《說郛》（張宗祥校明鈔本）卷二〈古典錄略〉。

《漢晉春秋》一卷，晉·習鑿齒撰，清·黃奭輯。見於：

　　《漢學堂叢書（黃氏逸書考）·子史鈎沈·史部別史類》。

《漢晉春秋》三卷，晉·習鑿齒撰，清·湯球輯。見於：

　　《廣雅書局叢書·史學·漢晉春秋》。

《漢晉春秋》一卷，晉·習鑿齒撰，清·王仁俊輯。見於：

　　《玉函山房輯佚書續編·史編總類》。

《晉紀》一卷，晉·鄧粲撰，清·黃奭輯。見於：

　　《漢學堂叢書（黃氏逸書考）·子史鈎沈·史部別史類》。

《晉紀》一卷，晉·鄧粲撰，清·湯球輯。見於：

　　《廣雅書局叢書·史學·晉紀輯本》。

　　《叢書集成初編·史地類·晉紀輯本》。

《晉紀》一卷，晉·鄧粲撰，清·陳運溶集證。見於：

　　《麓山精舍叢書》第一集。

《晉陽秋》一卷，晉·孫盛撰，清·黃奭輯。見於：

　　《漢學堂叢書（黃氏逸書考）·子史鈎沈·史部別史類》。

《晉陽秋》三卷，晉·孫盛撰，清·湯球輯。見於：

　　《廣雅書局叢書·史學·晉陽秋輯本》。

《晉陽秋》一卷，晉·孫盛撰，清·王仁俊輯。見於：

　　《玉函山房輯佚書補編》。

《晉紀》一卷，晉·曹嘉之撰，清·黃奭輯。見於：

　　《漢學堂叢書（黃氏逸書考）·子史鈎沈·史部別史類》。

《晉紀》一卷，晉·曹嘉之撰，清·湯球輯。見於：

　　《廣雅書局叢書·史學·晉紀輯本》。

　　《叢書集成初編·史地類·晉紀輯本》。

《晉紀》一卷，晉·徐廣撰，清·黃奭輯。見於：

　　《漢學堂叢書（黃氏逸書考）·子史鈎沈·史部別史類》。

以上計十一家，其王隱、虞預、朱鳳皆東晉人，故所撰《晉書》，止於西晉四朝之事，陸機僅記三祖，干、習則並至愍帝，鄧粲之紀，專述元、明，孫書以枋頭之事見改，曹、庾史無明文，徐氏入宋，而書成於義熙。

　　王、虞、朱之書，《隋經籍志》俱著錄於正史類，蓋為紀傳之體。

一、王隱《晉書》

　　王隱，字處叔，陳郡陳（今河南淮陽）人。世寒素，父銓，歷陽令，少好學，有著述之意，每私錄晉事及功臣行狀，未就而卒。隱以儒素自守，不交勢援，博學多聞，受父遺業，西都舊事，多所諳究。建興中，過江，丞相軍諮祭酒涿郡祖納雅相知重，上疏薦隱。太興初（太興元年，西元318年），乃召隱及郭璞俱爲著作郎，令撰晉史。時著作郎虞預私撰《晉書》，而生長東南，不知中朝事，數訪於隱，幷借隱所著書，竊寫之，所聞漸廣，是後更疾隱，形於言色。預既豪族，交結權貴，共爲朋黨以斥之，隱竟以謗免。黜歸於家，貧無資用，書遂不就，乃依征西將軍庾亮于武昌，亮供其紙筆，書乃得成。咸康六年（西元340年），詣闕上之。年七十餘，卒於家。隱書拙於文辭，蕪舛不倫，文體混漫，義不可解，其次第可觀者，其父所撰也。〔註29〕

　　所撰《晉書》，本傳不載卷數，《隋志》著錄八十六卷，注云：「本九十三卷，今殘缺。」兩《唐志》及《史通》並爲八十九卷，姚振宗《隋志考證》稱：

　　　　《史通》所載卷數往往與本志不符，恐皆是後人依《唐志》妄改，如
　　此書云八十九卷，王沈《魏書》云四十四卷，皆有可疑。

其書詳於中朝事，蓋取叶隨時，自出胸臆，不藉稽古也，是以《史通‧書事篇》曰：

　　　　王隱、何法盛之徒所撰晉史，乃專訪州閭細事，委巷瑣言，聚而編之，
　　目爲鬼神傳錄，其事非要，其言不經，異乎三史之所書，五經之所載也。

〈稱謂篇〉曰：

　　　　時采新名，務成篇題，若王晉之十士寒儁，沈宋之二凶索虜，即其事也。

〈書志編〉曰：

　　　　後來加以瑞異。

劉知幾之撰〈雜說〉逐譏云：

　　　　王、檀著書，是晉史之尤劣者。

王指王隱，檀謂檀道鸞，劉氏微詞如此，蓋檀道鸞之比也。〔註30〕考《北堂書鈔‧設官部》有隱書《石瑞記》，此蓋《史通》所謂瑞異，〔註31〕又沈約《州郡志》及酈氏《水經注》並有王隱《地道記》，知隱易「志」爲「記」也，《太平御覽‧人事部》有〈寒儁傳〉，〈文學部〉有〈處士傳〉，《藝文類聚‧靈異部》引有〈鬼神傳〉

〔註29〕見《晉書斠注》卷八十二〈王隱傳〉。
〔註30〕《史通‧雜說（中）》：「道鸞不揆淺才，好出奇語，所謂欲益反損，求姸更嫭者矣。」
〔註31〕章宗源《隋志考證》卷一〈史部‧正史‧王隱晉書〉曰：「《書鈔》引此，雖不明稱王隱而〈藝文部〉補注引貫遠墓碑生金事，則題王隱《石瑞記》，補注乃明‧陳禹謨所撰，明人言固多不可信，而此似有所本。」

中語〔註32〕《史記‧外戚世家》第十九《索隱》稱：外戚紀后妃也，后族亦代有封爵故也，《漢書》則編之列傳中，王隱則謂之〈紀〉而在〈列傳〉之首。據此：知王隱書當有〈紀〉、〈傳〉、〈記（志）〉而特廣列諸傳也。又《史通‧論贊篇》曰：

> 《春秋左氏傳》，每有發論假君子以稱之，二傳云「公羊子」、「穀梁子」，史記云「太史公」，既而班固曰「讚」，荀悅曰「論」，東觀曰「序」，謝承曰「詮」，陳壽曰「評」，王隱曰「議」，何法盛曰「述」，揚雄曰「譔」，劉昞曰「奏」，袁宏、裴子野自顯姓名，皇甫謐、葛洪列其所號，史官所撰，通稱史臣，其名萬殊，其義一揆。

是隱書之有「議」，猶陳壽之有「評」，亦史書之通例。劉知幾之於王隱，雖以為俱不如當時諸作，然亦以為史官之尤美，著作之妙選者也。〔註33〕

二、虞預《晉書》

虞預，字叔寧，本名茂，犯明穆皇后母諱改焉，會稽餘姚（今浙江紹興）人。年十二而孤，好學有文章。餘姚風俗各有朋黨，宗人共薦預為縣功曹，未半年見斥。太守庾琛命為主簿，紀瞻代琛，復為主簿，轉功曹史，察孝廉，不行，安東從事中郎諸葛恢、參軍庾亮等薦預，召為丞相行參軍兼記室。遭母憂，服竟，除佐著作郎。太興中，轉琅邪國常侍，遷祕書丞、著作郎。咸和間，從平王含，賜爵西鄉侯。假歸，太守王舒請為諮議參軍。蘇峻亂平，進爵平康縣侯，遷散騎侍郎，著作如故，除散騎常侍，乃領著作。以年老歸卒於家，有《晉書》四十餘卷。〔註34〕

所撰《晉書》，據王隱本傳稱，乃借隱所著書竊寫之，以不知中朝事故也。則虞預書有襲於王隱者，是後，虞預更疾隱而斥隱，是以劉知幾乃並詆之曰：

> 其有舞詞弄札，飾非文過，若王隱、虞預，毀辱相凌，子野、休文，釋紛相謝，用捨由乎臆說，威福行於筆端，斯乃作者之醜行，人倫所同疾也。（《史通‧曲筆篇》）

考《初學記》、《北堂書鈔‧設官部》並引虞預書〈何楨傳〉，《史通‧人物篇》謂王隱書無何楨，〔註35〕則王隱所不編，預固有焉。

虞書，《隋志》著錄二十六卷，注云：「本四十四卷，今殘缺」，與本傳作四十餘

〔註32〕見章宗源《隋志考證》卷一〈史部‧正史‧王隱晉書〉。
〔註33〕見《史通‧史官篇》。
〔註34〕見《晉書斠注》卷八十二〈虞預傳〉。
〔註35〕《史通‧人物篇》：「當三國異朝，兩晉殊宅，若元則、仲景，時才重於許洛，何楨、許詢，文雅高於楊于，而陳壽《國志》、王隱《晉史》，廣列諸傳，而遺此不編，斯亦漏網吞舟，過為迂闊者。」

卷者合，兩《唐志》並五十八卷，蓋訛多卷數也。今亡，《魏志・王粲傳注》，《太平御覽・皇王部》並引。

三、朱鳳《晉書》

朱鳳，《晉書》無傳，始末不詳。《隋經籍志・史部・正史類》著錄有朱鳳《晉書》，注云：

> 晉中書郎朱鳳撰。

又《晉書・華譚傳》稱：

> 譚，太興初（太興元年，西元318年）爲祕書監，時晉陵朱鳳、吳郡吳震，並學行清修，老而未調，譚皆薦爲著作佐郎。

《書鈔》卷五十七引臧榮緒《晉書》稱：

> 晉陵朱鳳、吳郡吳震，並有史才，譚薦補著作佐郎。

《初學記》十二引何法盛《晉中興書》謂：

> 並皆稱職也。

此朱鳳事跡之可考者。所撰《晉書》十四卷，敘至元帝（紀元太興、永昌），未竟，《隋書・經籍志》所錄僅得十卷，兩《唐志》並爲十四卷。今佚，《世說・德行篇注、言語篇注、汰侈篇注》、《文選・關中詩注》、《安陸王碑注》、《北堂書鈔・車部》、《太平御覽・職官部》，共引朱鳳書九事。〔註36〕

第三節　晉人所撰編年體當代史
——陸機等諸家晉史（附敘十八家舊晉史及唐太宗新《晉書》）

前述陸、干、庾、習、鄧、孫、曹、徐諸書，並見《隋志・古史類》。《隋志・古史類敘》曰：

> 漢獻帝雅好典籍，以班固《漢書》，文繁難省，命潁川荀悅作《春秋左傳》之體，爲《漢紀》三十篇，言約而事詳，辯論多美，大行於世。至晉太康元年，汲郡人發魏襄王冢，得古竹簡書，字皆科斗，……蓋魏國之史記也，其著書皆編年相次，文意大似《春秋》經，諸所記事，多與《春秋左氏》符同，學者因之以爲《春秋》則古史記之正法，有所著述，多依《春秋》之體。

〔註36〕見章宗源《隋志考證》卷一（〈史部・正史・朱鳳晉書〉）。

則陸等之書，蓋率編年爲體，故唐志入於編年類。

一、陸機《晉紀》

　　陸機有《惠帝起居注》，並其事跡，已見本章第一節。陸氏以賦擅名，本傳稱其有文章凡三百餘篇，並行於世，然不載有《晉紀》。其書始著於《隋志》，繼評於唐貞觀之詔令，劉氏《文心》、知幾《史通》，並有說焉。《文心雕龍・史傳篇》曰：

　　　　晉代之書，繁乎著作，陸機肇始而未備。

《史通・正史篇》曰：

　　　　洛京時，著作郎陸機，始撰《三祖紀》。

陸《紀》大抵列紀宣帝懿、景帝師、文帝昭父子兄弟之事，後之作者迭起，陸氏實肇其端。其稱三祖者，皆爲追號。陸書〈限斷議〉曰：

　　　　三祖實終爲臣，故書爲臣之事，不可如傳，此實錄之謂也。而名同帝王，故自帝王之籍，不可以不稱紀，則追王之義。

其書蓋直序而不編年，故劉知幾曰：

　　　　陸機《晉書》，列紀三祖，直序其事，竟不編年，年既不編，何紀之有。（《史通・本紀篇》）

劉氏之論曲筆，又曰：

　　　　亦有事每憑虛，詞多烏有，或假人之美，藉爲私惠，或誣人之惡，持報已讎者，……如陸機《晉史》之虛張拒葛之鋒……。（《史通・曲筆篇》）

陸機以論文而兼論史，而諛詞不翦，頗累風骨，〔註37〕此又陸機之短。陸《紀》，《隋志》著錄四卷，兩《唐志》及鄭、馬二通卷並同，皆入編年門，今亡，《太平御覽・職官部、人事部、兵部》並引陸書〈武紀〉，《初學記・帝王部》引〈文紀論〉，〈文部〉引〈限斷議〉。〔註38〕

二、干寶《晉紀》

　　干寶有《春秋左氏函傳義》，並其事跡，已見第一章第二節。按，晉自中興草創，未置史官，中書監王導乃上疏以爲宜建立國史，撰集帝紀，敕佐著作郎干寶等，漸就撰集，元帝納焉。干寶於是始領國史，著《晉紀》二十卷。〔註39〕

　　考干氏文勝爲史，志乎典訓，與孫盛戶牖雖異，而筆彩略同。〔註40〕雖才或深

〔註37〕《文心雕龍・議對篇》：「陸機斷議，亦有鋒穎，而諛辭弗剪，頗累文骨。」
〔註38〕見章宗源《隋志考證》卷二（〈史部・古史・陸機晉紀〉）。
〔註39〕見《晉書斠注》卷八十二〈干寶傳〉。
〔註40〕見《文心雕龍・才略篇》。

淺，珪璋足用。〔註41〕其以良史之才，直敘晉史，大抵準乎丘明，而深抑馬、班，蓋從簡約也。《史通・載言篇》曰：

> 干寶議撰晉史，以爲宜準左丘明，其臣下委曲，仍爲譜注，于時議者，莫不宗之。

又〈序例篇〉曰：

> 唯令升先覺，遠述邱明，重立凡例，勒成《晉紀》，鄧、孫以下，逐躡其蹤，史例中興，于斯爲盛。

干氏歷詆諸家，獨歸美丘明，以《左傳》爲立言之高標，著作之良模也。〔註42〕其所立凡例，于時宗之。然所擬《左氏》，往往止取其貌，而忘其所以。若天子之葬，必云「葬我某皇帝」，且無二君，何「我」之有？又如孫皓暴虐，人不聊生，晉師是討，後無相怨，而干寶《晉紀》云：「吳國既滅，江外忘亡」，此取《左傳》「邢遷如歸，衛國忘亡」之語而小變之。夫狄滅二國，君死城屠，齊桓行霸，興亡繼絕，故《左傳》云云，言上下安堵，不失舊物。如干氏之言，豈江外被典午之善政，同歸命之滅亡乎，以此而擬《左氏》，劉知幾所謂貌同而心異者也。至其敘愍帝歿于平陽，而云晉人見者多哭，以視《左傳》敘桓公在齊遇害，而云彭生乘，公薨於車，則劉氏所謂貌異而心同者也。蓋君父見害，臣子所恥，義當略說，不忍斥言矣。夫述者相效，自古而然，模擬之體，厥此二途。〔註43〕

荀悅有云，立典有五志，達道義，彰法式，通古今，著功勳，表賢能是也，干寶之釋五志也，體國經野之言則書之，用兵征伐之權則書之，忠臣、烈士、孝子、貞婦之節則書之，文誥專對之辭則書之，才力伎藝殊異則書之，〔註44〕是以所撰《晉紀》，乃能審正得敘，評論切中，直而能婉。〔註45〕劉知幾謂爲，晉史諸家，善之最也，〔註46〕劉師培又以爲與陸機〈辨亡〉乃同爲晉代論文之最博大者。〔註47〕章

〔註41〕見《文心雕龍・時序篇》。

〔註42〕《史通・煩省篇》：「及干令升史議，歷詆諸家，而獨歸美《左傳》，云丘明能以三十卷之約，括囊二百四十年之事，靡有孑遺，斯蓋立言之高標，著作之良模也。」又詳〈二體篇〉。

〔註43〕見《史通・模擬篇》。

〔註44〕見《史通・書事篇》。

〔註45〕《文心雕龍・史傳篇》：「干寶述紀，以審正得敘。」《文選》四十九《晉紀・論晉武帝革命・注》引何法盛《晉書》：「評論切中，咸稱善之。」《史通・序例篇》：「必定其臧否，徵其善惡，干寶、范曄，理切而多功，鄧粲、道鸞，詞煩而寡要。」《晉書斠注》卷八十二〈本傳〉曰：「其書簡略，直而能婉，咸稱良史。」

〔註46〕《史通・論贊篇》：「……必擇其善者，則干寶、范曄、裴子野，是其最也。」

〔註47〕見劉師培《中國中古文學史》卷四（〈魏晉文學之變遷〉）。

宗源《考證》稱：干寶〈論武帝革命〉及〈晉紀總論〉，昭明列于《文選・卷四十九》，房喬修《晉書》，全取〈總論〉而微有刪節，《魏志・三少帝紀注、曹爽傳注、陳泰傳注》、《世說・賢媛篇注、方正篇注》皆引。又《文選注》所引有〈武紀〉、〈惠紀〉、〈懷紀〉、〈愍紀〉，《北堂書鈔・設官部》引一書，題〈晉總紀〉。其書記自宣帝，迄於愍帝，共七帝五十三年，都為二十卷。《隋志》著錄二十三卷，《唐志》、《史通》俱為二十二卷。與本傳所載微異，今亡。夫自班、荀二家，角力爭先，後來繼作，不出二途，故晉史有王、虞，而副以干《紀》，各有其美，並行於世，撰史者固不能如令升之言，唯守一家而已。〔註48〕

三、庾翼《晉陽秋》

庾翼，字稚恭，亮弟，潁川鄢陵（今河南鄢陵）人，生於晉惠帝永興二年乙丑（西元305年）。少有經綸大略，京兆杜乂、陳郡殷浩，並才名冠世，而翼弗之重也。見桓溫總角之中，便期之以遠略，因言於成帝曰：「桓溫有英雄之才，願陛下勿以常人遇之，常壻畜之，宜委以方邵之任，必有弘濟艱難之勳。」累遷從事中郎。頃之，除振威將軍鄱陽太守，轉建威將軍西陽太守，撫和百姓，甚得歡心。遷南蠻校尉，領南郡太守，加輔國將軍假節，賜爵都亭侯。及亮卒，授都督江、荊、司、雍、梁、益六州諸軍事安西將軍荊州刺史假節，代亮鎮武昌。翼以帝舅年少超居大任，遑遑屬目，慮其不稱，每竭志能，勞謙匪懈，戎政嚴明，經略深遠，數年之中，公私充實，人情翕然，稱其才幹。由是自河以南，皆懷歸附，石季龍等皆詣翼降，慕容皝、張駿皆報使請期。翼雅有大志，欲以滅胡平蜀為己任，言論慷慨，形于辭色。康帝初，（康帝建元元年，西元343年），徙鎮襄陽，加都督征討軍事，進征西將軍領南蠻校尉。穆帝初（穆帝永和元年，西元345年），還都江州，疽發背，穆帝永和元年乙巳卒（西元345年），時年四十一，追贈車騎將軍，諡曰肅，有集二十二卷。〔註49〕

今考其本傳及隋、唐諸志，皆不稱庾翼撰《晉陽秋》，《三國志・魏志・夏后惇傳注》、〈蜀志・譙周傳注〉、《世說注》等並引《晉陽秋》，吳士鑑斠注《晉書》則取《世說・德行篇注、假譎篇注、方正篇注》等所引《晉陽秋》以注〈庾亮傳〉、〈庾冰傳〉。明・吳永《續百川學海》輯存七事，黃逢元《補晉書藝文志》於編年一類據以著錄。

〔註48〕見《史通・二體篇》。
〔註49〕見《晉書斠注》卷七十三〈庾翼傳〉、嚴可均《全晉文》卷三十七〈庾翼〉。

四、習鑿齒《漢晉春秋》

　　習鑿齒，字彥威，襄陽（今湖北襄陽）人。家族富盛，世爲鄉豪。少有志氣，博學洽聞，以文著稱。荊州刺史桓溫，辟爲從事，江夏相袁喬深器之，數稱其才於溫，轉西曹主簿，親遇隆密，有「徒三十年看儒書，不如一詣習主簿」之語，累遷別駕。溫出征伐，鑿齒或從或守，所在任職，每處機要，莅事有績，善尺牘論議，溫甚器遇之。時清談文章之士韓伯、伏滔等，並相友善，後使至京師，簡文亦雅重焉。既還，以忤溫旨，左遷戶曹參軍，出爲榮陽太守。及溫覬覦非望，鑿齒在郡（衡陽郡），著《漢晉春秋》以裁正之。其書起漢光武，終於晉愍帝，於二國之時，蜀以宗室爲正，魏武雖受漢禪晉，尚爲篡逆，至文帝平蜀，乃爲漢亡，而晉始興焉，明天心不可以勢力強也，凡五十四卷。後以腳疾廢於里巷，臨終，上書著論，以爲晉宜越魏繼漢，情頗悼惜。〔註50〕

　　按，習氏以才辯著稱，曾與釋道安對言襄陽，傳爲美談。〔註51〕所作《漢晉春秋》，或以爲旨在斥溫覬覦之心，〔註52〕劉知幾則不以爲然，《史通・探賾篇》曰：

　　　　習鑿齒之撰《漢晉春秋》，以魏爲僞國，此蓋定邪正之途，明順逆之理耳。

劉氏以爲安有變三國之體統，改五行之正朔，勒成一史，傳諸千載，而藉以權濟物議，取誠當時，豈非勞而無功，博而非要，求之人情，理不當爾。今考其書，乃品評卓逸，違忤直書，蓋申史臣之強項者也，劉知幾曰：

　　　　當宣、景開基之始，曹、馬構紛之際，或列營渭曲，見屈武侯，或發

　　　　伏雲臺，取傷成濟，陳壽、王隱，咸杜口而無言，陸機、虞預，各栖毫而

　　　　靡述。至習鑿齒，乃申以死葛走（舊有「生」字）達之說，抽戈犯躍之言，

　　　　歷代厚誣，一朝如雪，考斯人之書事，蓋近古之遺直歟。〔註53〕

夫人稟五常，士兼百行，邪正有別，曲直不同。邪曲者，人之所賤，而小人之道也；正直者，人之所貴，君子之德也。然世多趨邪棄正，不踐君子之跡，而由小人之行，語曰：「直如弦，死道邊；曲如鈎，反封侯。」可勝歎哉。故寧順以保吉，不違忤以受害也。然烈士徇名，壯夫重氣，寧爲蘭摧玉折，不作瓦礫長存，此劉知幾《史通・直書篇》之所論也，習氏蓋有焉，故劉氏〈論贊篇〉又曰：

　　　　孫安國，都無足採，習鑿齒，時有可觀。

〔註50〕見《晉書斠注》卷八十二〈習鑿齒傳〉。
〔註51〕釋道安有《西域志》，見第四章第五節。
〔註52〕亦見《世說・文學篇注》引檀道鸞《續晉陽秋》。
〔註53〕見《史通・直書篇》。

習書實開後來魏、晉正統之爭論。

其書《隋志》著錄四十七卷，兩《唐志》並與本傳所載五十四卷同，今亡。《魏志‧三少帝紀注、劉表傳注》、《蜀志‧先主傳注、諸葛亮傳注、劉璋傳注、二主妃子傳注》、《藝文類聚‧祥瑞部》、《太平御覽‧兵部、人事部》等並引之。

五、鄧粲《晉紀》

鄧粲，長沙（今湖南長沙）人，事跡見於《晉書斠注》卷八十二〈鄧粲傳〉。鄧氏少以高絜著名，不應州郡辟命，荊州刺史桓沖，卑辭厚禮，請爲別駕，粲喜其好賢，乃起應召，名譽遂減半矣。後患足疾，不能朝拜，求去職不聽，令臥視事，又以病篤，乞骸骨，乃許之。粲以父騫有忠信言，而世無知者，乃著《元明紀》十篇，行於世。

按，東晉凡有元帝、明帝、成帝、康帝、穆帝、哀帝、海西公、簡文帝、孝武帝、安帝、恭帝等十一帝，鄧氏所撰，蓋止於〈中宗元帝〉、〈肅宗明帝〉二紀，故本傳稱鄧撰晉史爲《元明紀》，然考《世說注》引鄧粲〈紀〉二十餘事，其〈賞譽篇〉注有「咸和中」事，咸和乃成帝年號，又《御覽‧人事部》載張華、陸雲事，華、雲皆卒於惠帝時，《元明紀》中不能載之，則粲所著書，或已爲後人增亂，或不止〈元〉、〈明〉二紀矣。

鄧粲《晉紀》乃立有條例，《文心雕龍‧史傳篇》曰：

> 《春秋》經傳，舉例發凡，自《史》、《漢》以下，莫有準的，至鄧粲《晉紀》，始立條例，又撮略漢、魏，憲章殷、周，雖湘州曲學，亦有心典謨，及安國立例，乃鄧氏之規焉。

然其詞則煩而寡要，非干寶之匹，是爲知幾所議，《史通‧序例篇》曰：

> 唯令升遠述丘明，重立凡例，鄧、孫已下，遂躡其蹤，史例中興，於斯爲盛，必定其臧否，徵其善惡，干寶、范曄，理切而多功，鄧粲、道鸞，詞煩而寡要。

隋、唐諸志，俱稱粲《晉紀》十一卷，今佚。

六、孫盛《晉陽秋》

孫盛，字安國，太原中都（今山西平遙）人，善言名理，與殷浩俱著名於時。有《魏氏春秋》，並其事蹟，已見第二章第四節，盛又著《晉陽秋》，〔註54〕詞直

〔註54〕《宋書》三十五〈州郡志〉富陽令下曰：「漢舊縣，本曰富春。……晉簡文鄭太后諱春，孝武改曰富陽。」是以浦起龍《史通通釋》卷四之釋論贊曰：「是知凡曰陽秋，

而理正，咸稱良史。然以所述枋頭失利事，忤桓溫，溫怒謂盛子曰：「枋頭誠為失利，何至乃如尊君所說，若此史遂行，自是關君門戶事。」時盛已年老還家，性方嚴，有軌憲，雖子孫斑白，而庭訓愈峻，枋頭之事，諸子仍共號泣稽顙，請為刪改，盛大怒，諸子遂私改之。時盛書已寫定兩本，一寄於慕容暐，〔註 55〕太元中，孝武帝博求異聞，始於遼東得之，以相考校，與中國本多有不同，書遂兩存。〔註 56〕

　　今考其書，乃迄於哀帝，〔註 57〕蓋雜記吳、晉之事，〔註 58〕其立條例則仍鄧粲之成規，筆彩略同於干寶，而以約舉為能，〔註 59〕蓋亦有擬於《春秋》者。然每書年首，必云某年春帝正月，夫年既編帝紀，而月又列帝名，以此而擬《春秋》，則又劉知幾所謂貌同而心異也。〔註 60〕劉知幾又曰：

　　　　夫為于可為之時，則從，為于不可為之時，則凶。如董狐之書法不隱，趙盾之為法受屈，彼我無忤，行之不疑，然後能成其良直，擅名今古。至若齊史之書崔弒，馬遷之述漢非，韋昭仗正于吳朝，崔浩犯諱于魏國，或身膏斧鉞，取笑當時，或書填坑窖，無聞後代。夫世事如此，而責史臣不能申其強項之風，勵其匪躬之節，蓋亦難矣。是以張儼發憤，私存嘿記之文；孫盛不平，竊撰遼東之本。以茲避禍，幸獲兩全。以驗世途之多隘，知實錄之難遇耳。（《史通・直書篇》）

知孫盛者，亦可謂難得。

　　其書，《隋志》著錄三十二卷，《唐經籍志》誤衍為《晉陽春秋》，又以「孫盛」誤為「鄧粲」，「三十二卷」誤為「二十二卷」。《唐藝文志》亦沿誤作鄧粲《晉陽秋》三十二卷，又作孫盛《晉陽秋》二十二卷。〔註 61〕《宋史・藝文志》亦衍「春」字，

　　本皆春秋也。」

〔註 55〕《晉書斠注》卷八十二〈孫盛傳〉作「慕容儁」。按，錢大昕《廿二史考異》卷二十二〈孫盛傳〉：「枋頭之役，在慕容暐時，儁已先死久矣。」則「慕容儁」當作「慕容暐」。又姚氏《隋志考證》卷十二〈史部二・古史類・孫盛晉陽秋〉曰：「按，所謂竊改一本者，大抵皆潛及放所為也。」

〔註 56〕《晉書斠注》卷八十二〈孫盛傳〉斠注引《釋藏給三集・古今佛道論衡實錄一》曰：「孫盛子潛，以晉太元十五年（西元 390 年）上之。詔曰：『得上故祕書監所著書，省以愾然，遠模前典，憲章在昔一代之事，輒敕納之祕閣，以貽於後。』」

〔註 57〕見《隋書・經籍志・古史類・孫盛晉陽秋》。按，哀帝自西元 362～365 年止。

〔註 58〕《十七史商榷》四十三稱，孫盛雜記吳、晉事，大約不過至海西公或簡文帝而止矣。

〔註 59〕見《文心雕龍・史傳篇》及〈才略篇〉。

〔註 60〕見《史通・模擬篇》。

〔註 61〕《唐經籍志》作《晉陽春秋》二十二卷，鄧粲撰。姚振宗《隋志考證》卷十二〈史部二・古史類・孫盛晉陽秋〉曰：「此以孫盛誤為鄧粲。又誤衍「春」字。又三十二卷

作三十卷。《玉海‧藝文類》、《中興書目》並存〈宣帝〉一卷、〈懷帝下〉一卷、《蜀志‧譙周傳注》、《吳志‧孫皓傳注》、《水經‧河水注》、《通典‧禮門》、《文選‧求爲諸孫置守冢表注》等皆引之。

七、曹嘉之《晉紀》

曹嘉之,《晉書》無傳,始末不詳。《魏志》卷二十〈楚王彪傳〉稱:正元元年（西元 254 年）,詔封彪世子嘉爲常山眞定王,《注》引王隱《晉書》有「東莞太守曹嘉」云云,又《北堂書鈔‧設官部》亦引此事作「曹嘉之」,然則曹嘉之,即曹嘉也。據《魏志》卷二十〈楚王彪傳〉,則曹嘉之當係魏武皇帝之孫,彪之世子,於正元元年（西元 254 年）封爲常山眞定王也。裴松之《注》則稱:嘉入晉封高邑公,元康中,與石崇俱爲國子博士,後爲東莞太守。《注》又引王隱《晉書》載吏部郎李重啓云:「魏氏宗室屈滯,每聖恩所存,東莞太守曹嘉,才幹學義,不及志翁,而良素修潔,性業踰之,又已歷二郡,臣以爲優先代之,後可以嘉爲員外散騎侍郎。」又《隋經籍志》著錄曹嘉之《晉紀》十卷,注云:「晉前軍諮議」,則曹氏不止官東莞太守也。

所撰《晉紀》,兩《唐志》之著錄,俱與《隋志》同。今佚,《世說‧方正篇注、賞譽篇注》、《文選‧思舊賦注、顏延年五君詠（阮步兵）注、阮嗣宗勸進表注、張華女史箴注》、《初學記‧職官部》、《書鈔‧天部、設官部》、《藝文類聚‧職官部》、《御覽‧職官部、人事部》等並引之。〔註62〕

八、徐廣《晉紀》

徐廣,字野民,東莞姑幕（今山東諸城）人,侍中邈之弟也,生於晉穆帝永和八年壬子（西元 352 年）。世好學,至廣尤爲精純,百家數術,無不研覽。孝武世,除秘書郎,典校秘書省,轉員外散騎侍郎,仍領校書,尚書令王珣深相欽重,舉爲祠部郎。會稽世子元顯,時錄尚書,欲使百僚致敬,內外順之,使廣爲議,廣常以爲愧焉。元顯引爲中軍參軍,遷領軍長史。桓玄輔政,以爲大將軍文學祭酒。義熙初（義熙元年,西元 405 年）,奉詔撰《車服儀注》,除鎮軍諮議,領記室,封樂成侯,轉員外散騎常侍,領著作。尚書奏:太和以降,世歷三朝,宜勅著作郎徐廣撰成國史。於是,勅廣撰集焉。遷驍騎將軍,領徐州大中正,轉正員常侍、大司農,

誤爲二十二卷。」《唐藝文志》作鄧粲《晉陽秋》三十二卷,又有孫盛《晉陽秋》二十二卷,姚氏考證謂此亦沿誤傳譌也。

〔註62〕見章宗源《隋志考證》卷二（〈史部‧古史‧曹嘉之晉紀〉）。

仍領著作如故。

義熙十二年（西元 416 年），廣勒成《晉紀》，凡四十六卷，〔註63〕表上之，因乞解史任，不許，遷秘書監。桓宣篡位，帝出宮，廣陪列悲動左右。及劉裕受禪，恭帝遜位，廣獨哀感，涕泗交流，謝晦見之，謂曰：「徐公將無小過也。」廣收淚而言曰：「君爲宋朝佐命，吾乃晉室遺老，憂喜之事，固不同時。」乃更歔欷，因辭衰老，乞歸桑梓。廣性好讀書，老猶不倦，年七十四卒於家，時宋文帝元嘉二年乙丑（西元 425 年）。〔註64〕有《史記音義》十二卷，見於《隋志》著錄，乃研核眾本，具列異同，兼述訓解。裴駰之注《史記》，遂取以散入百三十篇中，今無傳本。

所撰《晉紀》，隋、唐諸志並作四十五卷，與本傳所載微異，今亦亡佚。《世說‧政事篇》注引一事，題徐廣《歷記》，「歷」當爲「晉」之誤，〈雅量篇注〉、《水經‧河水注》引廣《記》，《初學記‧服食部》引一事，題徐廣《晉志》，《御覽‧飲食部》引作《紀》，姚振宗《隋志考證》卷十二徐廣《晉紀》按語曰：

> 按，史言太和以降，世歷三朝者，乃海西公五年（西元 366～370 年）、簡文帝二年（西元 371～372 年）、孝武帝二十五年（西元 373～397 年），此三朝總三十二年，其前爲哀帝，有孫盛《晉陽秋》，其後爲安帝，有王韶之《隆安紀》及檀道鸞《續晉陽秋》、郭季產《續晉記》，兩晉編年之史，本志所錄，猶完備無缺焉。

則廣書所記，蓋三十二年間事。

九、十八家舊晉史

夫人寓天地之間，固若蜉蝣之在世，然於功名塵事，則莫不遑遑焉，汲汲焉，何耶？蓋恥沒世而名無聞也。苟使竹帛長存，史官不絕，則其人雖亡，其事如在，用使後學，坐披囊篋而神交萬古，足不出戶而窮覽千載。是以晉有著作，諸史蠭起，雖在紛亂，而其事不遺也。然以長短或異，參差不齊，是以《文心雕龍‧史傳篇》曰：

> 晉代之書，繁乎著作，陸機肇始而未備，王韶續末而不終，干寶述紀，以審正得序，孫盛《陽秋》，以約舉爲能，……鄧粲《晉紀》，始立條例，……及安國立例，乃鄧氏之規焉。

劉師培以謂劉勰惟舉陸、干、鄧、孫、王而略王隱、虞預、朱鳳、曹嘉之者，猶論

〔註63〕《南史》本傳作《晉紀》四十二卷，《宋書》本傳與《晉書》同。
〔註64〕見《晉書斠注》卷八十二〈徐廣傳〉，又《宋書》本傳稱廣元嘉二年卒，孫志祖《讀書脞錄》曰：「晉、宋書俱云年七十四，而《南史》云年過八十，猶歲讀五經一徧，則不止七十四也。」

－97－

魏、吳各史，深抑習氏《陽秋》、《吳錄》諸書也。〔註65〕又《史通‧史官篇》曰：

> 中朝之華嶠、陳壽、陸機、束晢，江左之王隱、虞預、干寶、孫盛，……
> 斯並史官之尤美，著作之妙選也。

《晉書》卷八十二末〈贊〉曰：

> 王（隱）惡雅才，虞（預）憨悍史，干（寶）、孫（盛）撫翰，前良
> 可擬，鄧（粲）、謝（沈）懷沿、異聞無紀，習（鑿齒）亦研思，徐（廣）
> 非絢美，咸被簡冊，共傳遙祀。

史臣總評曰：

> 處叔（王隱）區區，勵精著述，混淆蕪舛，良不足觀。叔寧（虞預）
> 寡聞，穿窬王氏，雖勒成一家，未足多尚。令升（干寶）、安國（孫盛），
> 有良史之才，而所著之書，惜非正典，悠悠晉室，斯文將墜。鄧粲、謝沈，
> 祖述前史，茅宇重軒之下，施枃連榻之上，奇詞異議，罕見稱焉。習氏（鑿
> 齒）、徐公（廣），俱云筆削，彰善癉惡，以為懲勸。夫蹈忠履正，貞士之
> 心，背義圖榮，君子不取，而彥威（習鑿齒）跡淪寇壤，逡巡於偽國，野
> 民（徐廣）運遭革命，流連於舊朝，行不違言，廣得之矣。

《隋志》之評晉史，亦有：「理失中庸，辭乖體要，致令允恭之德，有闕於典墳，忠
肅之才，不傳於簡策，斯所以為蔽也。」（〈史部序〉）之語。是以唐有重修《晉書》
之詔，而歷數諸家晉史之非，遂有十八家晉史之稱也。唐貞觀二十年（西元648年）
閏三月初四日詔曰：

> 晉氏膺運，制有中原，上帝啓玄石之圖，下武代黃星之德，及中朝鼎
> 立，江左嗣興，竝宅寰區，總鎮徽號，足以飛英麗筆，將美□書。但十有
> 八家，雖存記注，才非良史，事虧實錄。緒煩而寡要，思勞而少功。叔寧
> 課虛，滋味同於畫餅。子雲學埏，涓滴埋於涸流。處叔不終於中興，法盛
> 莫通於創業。洎乎干、陸、曹、鄧，略記帝王。鸞、盛、廣、松，纔編載
> 記。其文既野，其事罕傳。遂使典午清高，韜遺芳於簡冊。金行曩志，闕
> 繼美於驪騵。邈想寐寥，深為歎息。

則所謂十八家者，據〈貞觀詔令〉，當有臧榮緒、謝沈、虞預、蕭子雲、王隱、何法
盛、干寶、陸機、曹嘉之、鄧粲、檀道鸞、孫盛、徐廣、裴松之等十四家。臧榮緒，
齊徐州主簿，所著《晉書》，隋、唐志並著錄一一○卷；謝沈，晉祠部郎，有《晉書》
三十餘卷，見於本傳；蕭子雲，梁國子祭酒，撰《晉書》一百十卷（〈蕭子雲傳〉），

〔註65〕見劉師培《中古文學史》卷四（〈魏晉文學之變遷〉）。

《隋志》存十一卷，兩《唐志》並止九卷；何法盛，宋湘東太守，所撰《晉書》，《隋志》七十八卷，兩《唐志》並多二卷；檀道鸞，宋永嘉太守，撰有《續晉陽秋》二十卷，隋、唐志所錄並同；裴松之，宋太中大夫，以《三國志注》享名，撰有《晉紀》，見於《宋書》卷六十四〈裴松之傳〉。餘有虞預、王隱、干寶、陸機、曹嘉之、鄧粲、孫盛、徐廣等晉人著作，已見前述。

　　所餘四家，則說或不同。蓋以《晉書》之作，實不止十八家也，除前所述及者外，其見於《隋志・正史類》者尚有：

　　宋・謝靈運《晉書》三六卷。

　　梁・蕭子顯《晉史草》三十卷。

　　梁・鄭忠《晉書》七卷。

　　梁・沈約《晉書》一百一十卷。

　　梁・庾銑《東晉新書》七卷。

見於〈古史類〉者有：

　　宋・劉謙之《晉紀》二十三卷。

　　宋・王韶之《晉紀》十卷。（《廿二史箚記》卷七稱：〈韶之傳〉謂其私撰《晉安帝春秋》，宋・高似孫《史略》卷三稱其私撰《晉陽秋》。）

　　宋・郭季產《續晉紀》五卷。（《廿二史箚記》卷七作《晉續紀》。）

　　李檗《戰國春秋》。（又見〈霸史類〉）

　　梁・蕭方等《三十國春秋》三十一卷。（宋・高似孫《史略》卷三作三十卷）

見於〈雜史類〉者有：

　　晉・傅暢《晉諸公讚》二十二卷。

　　晉・荀綽《晉後略記》十五卷。

　　梁・張緬《晉書鈔》三十卷。

　　張氏《晉書鴻烈》六卷。

　　晉・郭頒《魏晉世語》十卷。（宋・高似孫《史略》卷五作《魏晉世論》）

見於〈舊事類〉者又有：

　　晉・孔愉《咸和咸康故事》四卷。

　　車灌《晉修復山陵故事》五卷。

　　晉廷尉盧琳《晉四王起事》四卷。

以及不著撰人之《晉八王故事》十卷、《晉朝雜事》二卷、《晉、宋舊事》一百三十五卷、《晉要事》三卷、《晉故事》四十二卷、《晉建武故事》一卷、《晉東宮舊事》十卷等。

上列諸書，其屬晉人之著述，而今有存本或輯本者，則唯《晉後略記》、《晉四王起事》、《晉八王故事》、《晉諸公讚》及《東宮舊事》。至《晉八王故事》，《隋志》雖不著撰人，兩《唐志》並作盧琳撰。其《晉後略記》、《晉四王起事》、《晉八王故事》，則並有清・黃奭輯本一卷，俱見於《漢學堂叢書（黃氏逸書考）・子史鉤沈・史部雜史類》。《晉後略記》黃氏作《晉後略》，《晉四王起事》黃氏作《晉四王逸事》，《晉八王故事》又見於宛委山堂本《說郛》弓五十九，《晉東宮舊事》（《唐志》作張敞撰），與《晉諸公讚》並詳第五章第一節。

按，荀綽，勖孫，潁川潁陰（今河南許昌）人，字彥舒。博學有才能，撰《晉後書》十五篇，傳於世。永嘉末，為司空從事郎，後沒於石勒，為勒參軍。事見《晉書斠注》卷三十九〈荀勖傳〉。所撰《晉後略記》，《唐經籍志》著錄五卷，〈藝文志〉作《晉後略》五卷，宋・高似孫《史略》（卷四）作《晉後略》十一卷。《宋志・史鈔類》有荀綽《晉略》九卷，蓋即是書，《群書治要》二十九引作《略記》，《崇文總目》、《遂初堂》、晁《志》、陳《錄》、《玉海》諸簿錄家皆不載。

盧琳始末未詳，惟見《晉書・盧欽、熊遠》二傳所載各一事。《晉書斠注》卷四十四〈盧欽傳〉稱：欽，范陽涿水（今河北涿縣）人。祖植，漢侍中。父毓，魏司空。欽子珽，珽子志，志兄子琳。又卷七十一〈熊遠傳〉稱；遠為御史中丞時，尚書刁協用事，眾皆憚之，尚書郎盧琳將入，直遇協於大司馬門外，協醉，使琳避之，琳不迴，協令威儀牽捽墜馬，至協車前而後釋，遠奏免協官。考《隋志》題其官「晉廷尉」，史則失載。

所撰《四王起事》、《八王故事》，蓋為廷尉時所作。姚振宗《隋志考證》曰：

> 按，琳當惠帝時，嘗與志侍帝於蕩陰敗績之後者。

又曰：

> 按，諸書所引（引《晉四王起事》），多惠帝征成都王穎，六軍敗績於蕩陰之事。似所謂四王者，為齊王冏、成都王穎、河間王顒、長沙王乂。惠帝永寧元年（西元 301 元），趙王倫篡位，四王同起兵以討之者也。後皆自相吞滅，死於非命。又《晉書・八王傳序》曰：趙倫、齊冏之輩。河間、東海之徒，家國俱亡，身名並滅云云，豈又此四王歟？不得而詳矣。
>
> 《晉書・八王傳》所載，殆即據此兩書。（兩書指《晉四王起事》及《八王故事》）

《晉書》卷五十九〈汝南文、成王亮、楚隱王瑋、趙王倫、齊王冏、長沙厲王乂、成都王穎、河間王顒、東海孝獻王越列傳序〉曰：

> 有晉諸王，或出擁旄節，莅嶽牧之榮，入踐臺階，居端揆之重。然而

　　　　付託失所，授任乖方，政令不恆，賞罰斯濫。或有才而不任，或無罪而見
　　　　誅。朝爲伊、周，夕爲莽、卓。機權失於上，橫亂作於下。楚、趙諸王，
　　　　相仍構釁，徒興晉陽之甲，竟匱勤王之師，遂使昭陽興廢，有甚奕棊，乘
　　　　輿幽縶，更同羑里。胡羯陵侮，宗廟丘墟，良可悲也。向使八王之中，一
　　　　藩繫賴，如梁王之禦大敵，若朱虛之除大憝，則外寇焉敢憑陵，內難奚由
　　　　竊發。縱令天子暗劣，鼎臣奢放，雖或顛沛，未至土崩。

則西晉之政亂朝危，蓋咎在諸王。禍起蕭牆，黎元塗炭。故胡塵驚而天地閉，戎兵
接而宗廟隳。《詩》所謂：「誰生厲階，至今爲梗。」其斯之謂矣。

　　《隋志》著錄《晉四王起事》四卷爲盧琳所撰，兩《唐志》並同，《舊唐志》「起
事」作「起居」，「居」當爲「事」之誤。《晉八王故事》，《隋志》不著撰人，兩《唐
志》並作盧琳撰，且多二卷。姚振宗《隋志考證》云：「本志記載未審也。」

　　有關晉史之撰述，除此之外，見於《晉書》本傳者，又有：

　　晉・束晳《晉書帝紀》十卷。

　　晉・華嶠《魏晉紀傳》。

　　晉・傅暢《公卿故事》。

　　荀伯子《晉史》。

見於《史通》者，有：

　　劉彤注《晉紀》四十卷。

　　劉協注干寶《晉紀》六十卷。

　　周祇《崇安記》二卷。

　　武敏之《三十國春秋》。（宋・高似孫《史略》卷三稱有一百卷。）

　　唐・杜延篤《晉春秋略》二十卷。

　　賈匪之《漢魏晉帝要記》三卷。

　　唐・徐堅《晉書》一百一十卷。

　　高希嶠注《晉書》一百三十卷。

　　何超《晉書音義》三卷。

　　晉・傅暢《晉曆》二卷。

　　《晉錄》五卷（撰者不詳）。

　　據上所述，計書在五十種以上，當唐初修史時，必泰半俱在，且皆兼綜互訂，
是以〈唐貞觀詔〉所遺四家晉史，應屬何家，遂說或不同。

　　考《晉書》卷八十二末之史臣評，列數王隱、虞預、干寶、孫盛、鄧粲、謝
沈、習鑿齒，徐廣諸人之是非，與〈貞觀詔〉所論者，蓋異曲同工，惟多習鑿齒

耳，則唐修《晉書》，當亦有見於習書，習氏當亦爲〈貞觀詔〉中所謂十八家之一。按，引述〈貞觀詔〉所謂前後史十八家者，首見於《史通・正史篇》，劉知幾曾歷事二主，三入史館，以載削餘暇，商榷史篇，而成《史通》，於唐前史實，一一列舉，並精心品評，於史學之貢獻，可謂至深且鉅矣，其於所論列之《晉書》中，亦及習氏，〔註66〕而浦起龍《史通通釋》卷十二，於晉史十八家，就隋、唐二志之〈正史〉、〈編年〉二部所錄者，列舉十九家，乃以爲習書「主漢斥魏，以爲異議，遂廢不用歟？」意蓋以爲習氏不能與於所謂十八家之列，然考習書不止見於《隋志》、《晉書》本傳、《晉書》史臣評、《史通》等，亦見於《唐志》、《通志》。《四庫全書總目提要・史部・正史類》稱：「唐人如李善注《文選》，徐堅編《初學記》，白居易編《六帖》，於王隱、虞預、朱鳳、何法盛、謝靈運、臧榮緒、沈約之書，與夫徐廣、干寶、鄧粲、王韶之、曹嘉之、劉謙之之《紀》，孫盛之《晉陽秋》，習鑿齒之《漢晉陽秋》，檀道鸞之《續晉陽秋》，並見徵引。」則習書固當見於唐之貞觀，所以不與於詔令中者，或略之也。

《史通》所論《晉書》，於習氏之外，又有孫盛、干寶、徐廣、王隱、虞預、陸機、何法盛、臧榮緒、沈約、謝靈運、鄧粲、檀道鸞、劉丹、王韶之、束晳、曹嘉之、張緬諸人。孫、干、徐、王、虞、陸、何、臧、鄧、檀、曹，等已見〈貞觀詔〉及《晉書》史臣評；沈書梁有隋亡，《唐志》、《通志》並不錄；束書遭亂不存；劉彤、張緬乃注釋彙抄之類，自不能與於貞觀所云晉史諸家之中；謝書、王書並見於本傳，始《隋志》著錄之後，續見於《史通》（王書見〈正史篇〉）、《唐志》、《通志》，《四庫全書總目提要》稱唐人所撰書，於謝、王二書，亦見徵引，又王書亦見於《宋書》本傳、《南史・蕭韶傳》及《文心雕龍・史傳篇》所論，則謝、王亦當與於十八家之列。

據此，則十八家者已得十七，所餘止一家耳。據《四庫全書總目提要》稱，唐人著書，又引有朱鳳之書與劉謙之之《紀》，朱、劉二書，隋、唐志、《通志》並有著錄，則所餘一家者，當於此二書之中。考朱氏乃晉人，其書《隋志》著錄十卷，注云：「未成，本十四卷，今殘缺。」而不載於《晉書》本傳，劉氏宋人，固亦不載於《晉書》之中，然見於《宋書・劉康祖傳》，則與十八家之列者，蓋爲劉謙之矣。〔註67〕

晉史之作者雖眾，然或爲殘缺，或爲早亡，或爲注釋，或爲彙抄，或敍故事，或爲晚出，或失撰人，貞觀所稱者，唯十八家耳。所謂十八家者，據上所考，依其所見之先後，當爲齊・臧榮緒、晉・謝沈、晉・虞預、梁・蕭子雲、晉・王隱、宋・

〔註66〕見《史通・論贊、論謂、直書、探賾、煩省、雜說》諸篇。
〔註67〕見柏蔭培《晉書十八家商榷》。

何法盛、晉‧干寶、晉‧陸機、晉‧曹嘉之、晉‧鄧粲、宋‧檀道鸞、晉‧孫盛、晉‧徐廣（後入宋）、晉‧裴松之（以上見〈貞觀詔令〉）、晉‧習鑿齒（見《晉書》卷八十二末史臣曰）、宋‧王韶之（見於《文心雕龍‧史傳篇》及《史通‧雜述、古今正史》諸篇）、謝靈運（見《史通‧論贊、覈才》諸篇）、宋‧劉謙之（見《四庫全書總目提要‧史部‧正史類》）也。雖或異於前人之說，求其庶幾矣。

十、唐太宗新《晉書》

唐太宗既以諸家所撰未至盡善，遂令史官更撰《晉書》。《史通‧正史篇》曰：

> 皇家貞觀中有詔，以前後史十有八家，制作雖多，未能盡善，乃勅史官，更加纂錄，採正典與舊說數十餘部，兼引偽史《十六國書》，爲紀十、志二十、列傳七十、載記三十、並序例目錄，合爲百三十卷。

云有百三十二卷者，除紀、志、列傳、載記外，並及序例及目錄。今目錄猶存，敬播所撰敘例則久已不傳，其見於《史通》者止三條耳。〔註68〕

其所參稽雖多，然以臧榮緒書爲本，蓋以其能括東、西晉爲一代之典，都一百一十卷，而紀、錄、志、傳俱全也。與修之人以房玄齡、褚遂良爲主，《舊唐書‧房玄齡傳》曰：

> 貞觀十八年（西元644年），玄齡與褚遂良受詔重撰《晉書》，於是奏請許敬宗、來濟、陸元仕、劉子翼、令狐德棻、李義府、薛元超、上官儀等八人，分功撰錄，以臧榮緒《晉書》爲本，參考詳洽。〔註69〕

其凡例發於敬播，李淳風以深明星歷，主修〈天文〉、〈律歷〉、〈五行〉三志、而太宗自撰宣、武二帝紀及陸機、王羲之二傳論，於是號其書爲御撰，而不列史臣之名，垂二十年乃成。此書爲鳩集多人設局纂修而成，雖用後漢東觀修史之成法，實開後來官修諸史之先例。

自唐修《晉書》成，言晉史者，或漸棄舊本，而有從新撰者，〔註70〕然臧氏之

〔註68〕錢大昕《十駕齋養新錄》六〈晉書敘例條〉云：「一云凡天子廟號，唯書于卷末。一云班漢皇后，除王、呂之外，不爲作傳，並編敘行事，寄出〈外戚篇〉。一云坤道卑柔，中宮不可爲紀，今編同列傳，以戒牝雞之晨。」

〔註69〕按，與修之人，說或不同，詳見《廿五史述要》第二編〈本論〉第五〈晉書〉。此不贅。

〔註70〕《四庫全書總目提要‧史部‧正史類‧晉書》：「劉知幾《史通‧外篇》謂貞觀中詔，前後《晉史》十八家，未能盡善，敕史官更加纂撰，自是言晉史者，皆棄其舊本，競從新撰，然唐人如李善注《文選》，徐堅編《初學記》，白居易編《六帖》，於王隱、虞預、朱鳳、何法盛、謝靈運、臧榮緒、沈約之《書》，與夫徐廣、干寶、鄧粲、王韶、曹嘉之、劉謙之之《紀》，孫盛之《晉陽秋》，習鑿齒之《漢晉陽秋》，

書仍未遽廢，遂繫新、舊之名以別之，於房玄齡主修者為「新晉書」，（見《史通·題目、暗惑》諸篇）猶兩《唐書》、兩《五代史》之有新、舊之稱。其後，臧書亡於安史之亂，惟存貞觀新撰書，後世遂不復知有「新晉書」之名。〔註71〕

新《晉書》之成，雖能囊括舊聞，然好采詭謬碎事，競爲豔體，爲論者所病，《史通·論贊篇》曰：

> 大唐修《晉書》，作者皆當代詞人，遠棄史、班，近宗徐、庾，夫以飾彼輕薄之句，而編爲史籍之文，無異加粉黛於壯夫，服綺紈於高士者矣。

又《二十二史箚記》卷七曰：

> 論《晉書》者，謂當時修史之人，皆文詠之士，好采詭謬碎事，以廣異文，又史論競爲豔體，此其所短也。

《四庫提要》更指其略實行而獎浮華，忽正典而取小說，蓋書成之日，即有不愜於眾論者。然當時史官，如令狐德棻等，率老於文學，其紀傳敘事，皆爽潔老勁，非魏、宋二書可比，而僭僞載記，亦簡而不漏，以視《十六國春秋》，誠不可同日而語也。

考唐修《晉書》，既可暢言，史料又備，故爲之作注者少，而刪削作補者多。然官修之書，出自眾手，淆亂不安，罅漏滋多，近人吳士鑑乃爲之斠注，片語碎金，搜考最力。其十例曰：溯源也，捃逸也，辨例也，正誤也，削繁也，考異也，表微也，補闕也，廣證也，存疑也。循斯十例，異者辨之，同者證之，謬者糾之，遺者補之，於唐修之書，乃有所匡正焉。〔註72〕

檀道鸞之《續晉陽秋》，並見徵引，是實未嘗棄，毋乃書成之日，即有不愜於眾論者乎。」
〔註71〕見錢大昕《十駕齋養新錄》卷六〈新晉書〉條。
〔註72〕詳見拙著〈六十年來之晉書研究〉，民63年5月，臺北，正中書局。

第四章　晉人之地理書及地方史

　　史部類隸之法，蓋自梁・阮孝緒之《七錄》始，其類十二，曰國史、注曆、舊事、職官、儀典、法制、偽史、雜傳、鬼神、土地、譜狀、符錄。《隋志》因緣《七錄》，而類次稍易，其類十三，曰正史、古史、雜史、霸史、起居注、舊事、職官、儀注、刑法、雜傳、地理、譜系、簿錄是也。《隋志》更阮《錄》「土地」為「地理」，自後《舊唐書・經籍志》、《新唐書・藝文志》、《宋史・藝文志》、《明史・藝文志》、以迄清修《四庫全書》，其部類雖或有異，「地理」之目，則未嘗改也。知地理之書，固屬史學範圍。其後以研究日細，書籍日廣，遂以附庸，蔚為大國，研究史學者，幾不再論及。茲仍史志之舊，並考如后。

第一節　晉人對地圖學之貢獻
——裴秀《禹貢地域圖》

　　我國之製圖，由來甚早。《尚書・洛誥》曰：

　　　　我又卜瀍水東，亦惟洛食，伻來，以圖及獻卜。

孔穎達《疏》曰：

　　　　以所卜地圖及獻所卜吉兆於王。

宋・蔡沈《集傳》曰：

　　　　圖，洛之地圖也。

又《詩經・周頌・般》曰：

　　　　於皇時周，陟其高山，墮山喬嶽，允猶翕河。

《爾雅・釋言》曰：

獻，圖也。

《玉篇·犬部》曰：

獻，圖也，與「猶」同。

據此，則西周之前，我國已有地圖。戰國以降，征伐不已，用兵行政之際，地圖之為用，必更詳審，且被重視。是以荊軻能藉督亢之地圖以近秦王，孫子論兵，亦詳及地形，以地圖為軍事、外交之先導也。《漢書·蕭何傳》曰：

沛公至咸陽：何獨先入，收丞相御史律令、圖書藏之，沛公具知天下阨塞、戶口多少、強弱處、民所疾苦者，以何得秦圖書也。

沛公所以能知天下，既以蕭何之得秦圖書，知圖書之為用大矣哉。

我國輿圖，自三代以還，由國史掌之，然繪製之務，或出胥史，或由畫工，舛謬難免，是以時有學者起而探討之。裴秀、賈耽〔註1〕、朱思本〔註2〕以迄清初測繪地圖之西教士，皆其尤著者，而裴秀乃集我國古來製圖經驗之大成，為地圖學理論立下準的。近人王庸，於我國之地圖史，遂分為三大時期，其言曰：

晉·裴秀以前為上古期，此期地圖，由原始狀態，進步至裴秀，而集古來製圖經驗之大成，於是地圖之學，遂有理論上之準繩。裴秀之後，地圖與地志迭有進退，方法上多因襲而少新創，是為中古時期。洎乎明末清初之際，一面有利瑪竇《坤輿圖》之輸入，一面有康熙間東來教士之測繪中國地圖，於是地圖之學，始為大變，至近今坊間流行之中國地圖，猶間接受清初測繪地圖之影響，是為地圖史之近世期。〔註3〕

是裴秀當為我國輿地學理論之先驅者。

裴秀，字季彥，河東聞喜（今山西聞喜）人，生於魏文帝黃初五年甲辰（西元224年）。少好學，時人稱曰：「後進領袖有裴秀」。渡遼將軍毋丘儉嘗薦於大將軍曹爽，辟為掾，襲父爵清陽亭侯，遷黃門侍郎。爽誅，以故更免。頃之，為廷尉正，歷文帝安東及衛將軍司馬、衛國相，軍國之政，多見信納，遷散騎常侍。帝之討諸葛誕，秀與尚書僕射陳泰、黃門侍郎鍾會，豫參謀略。及誕平，轉尚書，進封魯陽鄉侯。常道鄉公立，進爵縣侯，遷尚書僕射。魏咸熙初，改官制，議五

〔註1〕賈耽，唐人，好地理學，有《隴石山南圖》、《海內華夷圖》、《古今郡國道縣四夷述》四十卷，為地圖史上繼裴秀之後畫時代之製作，事迹俱詳《舊唐書·賈耽傳》。

〔註2〕朱思本，元人，有《輿地圖》二卷，事略見瞿氏《鐵琴銅劍樓書目》卷二十二，又見《北平圖書館館刊》（學生書局印行）七卷二號，內藤虎次郎著、吳晗譯〈地理學家朱思本〉，據所考朱氏輿地圖，作《廣輿圖》，又稱歷明迄今，輿圖之作，多為朱氏勢力所統罩，影響之大，視賈圖猶有過之。

〔註3〕見王庸《中國地理學史》第二章〈序論〉。

等之爵，自騎督以上六百餘人皆封，於是秀封濟川侯〔註4〕。武帝即王位，拜尙書令、右光祿大夫、開府，加給事中。及帝受禪，加左光祿大夫，封鉅鹿郡公，尋爲司空，損益多善。晉武帝泰始七年辛卯（西元 271 年）卒，年四十八，帝甚痛之，諡曰元。

今考裴秀之地圖學，具載於史書，其製圖方法，除地球經緯爲當時所不知者外，餘則均與今日之言製圖原則相一致。當其職在地官之時（武帝時官司空，掌水土之職），以〈禹貢〉山川地名，多有變異，後世說者，或強牽引，漸以暗昧，於是甄摘舊文，疑者則闕，古有名而今無者，皆隨事注列，作《禹貢地域圖》十八篇，並〈序〉一篇。〈序〉乃詳言其製圖之六體曰：

> 分率也，所以辨廣輪之度；準望也，所以正彼此之體；道里也，所以定所由之數。高下也，方邪也，迂直也，此三者各因地制宜，所以校夷險之異。

裴氏又自解其六體曰：

> 有圖像而無分率，則無以審遠近之差；有分率而無準望，雖得之於一隅，必失之於他方；有準望而無道里，則施於山海隔絕之地，不能以相通；有道里而無高下、方邪、迂直之校，則徑路之數，必與遠近之實相違，失準望之正矣。故以此六者，參而考之。然遠近之實，定於分率；彼此之實，定於道里；度數之實，定於高下、方邪、迂直之算，故雖有峻山鉅海之隔，絕域殊方之迥，登降詭曲之因，皆可得舉而定者。準望之法既正，則曲直遠近，無所隱其形也。〔註5〕

蓋分率者，約地之廣狹與紙之大小，審度而勻之，即計里畫方也，此作圖之第一義，作圖而無分率，是畫工之意筆，非輿圖之實用也；準望者，方隅鳥道之謂，即辨正方位也；道里者，人跡經由之路，自此至彼，里數若干之謂也；路有高下、方邪、迂直。高者岡巒，下爲原野；方如矩鉤，邪如弓弦；迂如羊腸，直如鳥飛：皆道路夷險之別也。〔註6〕此皆作圖之關鍵，有此六體，則遠近曲折，峻山鉅海，皆無所隱其形也。又云：

> 圖書之設，由來尙矣。自古立象垂制，而賴其用。三代置其官，國史

〔註 4〕即廣川侯。唐避諱改。

〔註 5〕見《晉書斠注》卷三十五〈裴秀傳〉。

〔註 6〕參鄒漢勛《寶慶疆圖說》、金錫齡《裴秀禹貢地域圖序六法述義》、胡渭《禹貢錐指》、《禹貢圖後識》。（見《晉書斠注》卷三十五〈裴秀傳斠注〉及王庸《中國地理學史》第二章引）。

掌厥職。暨漢屠咸陽，丞相蕭何盡收秦之圖籍。今秘書既無古之地圖，又無蕭何所得，惟有漢氏輿地，及括地諸雜圖。各不設分率，又不考正準望，亦不備載名山大川。雖有麤形，皆不精審，不可依據。或荒外迂誕之言，不合事實，於義無取。大晉龍興，混一六合，以清宇宙，始於庸蜀，采入其俎，文皇帝乃命有司，撰訪吳、蜀地圖。蜀土既定，六軍所經，地域遠近，山川險易，征路迂直，校驗圖記，罔或有差。今上考〈禹貢〉山海川流，原隰陂澤，古之九州，及今之十六州郡國、縣邑、疆界、鄉陬，及古國盟會舊名，水陸徑路，爲地圖十八篇。

此則述其制圖之由也。三代之絕學，裴氏乃繼於秦、漢之後，著爲圖說，神解妙合，亦云極矣。其上考〈禹貢〉山川，下及十六州地理，爲圖十八篇，雖以〈禹貢〉名篇，實晉之輿地。如裴氏者，可謂爲劃時代之人物。

裴氏既身爲司空，自不能獨與於輿圖之作，《隋志·經部·春秋類》有《春秋土地名》三卷，注云：「晉·裴秀客京相璠等撰」，又《水經·穀水注》：「京相璠與裴司空彥季（當作「季彥」）修晉輿地圖，作《春秋土地名》。」則裴氏之《禹貢地域圖》當成於眾手，而以京相璠爲著（京氏撰《春秋土地名》，並其事跡，已見第一章第二節），裴氏特爲之發凡起例，主持其事也。

考裴圖當尚存於北魏，故可見於《水經注》之徵引，今亡，清王謨《重訂漢唐地理書鈔》（鈔本、嘉慶本）輯存其《禹貢九州制地圖論》一卷。以我古地志多未必有圖，而地圖之有文字說明，則幾成通例，晉、宋之前猶然，故圖或亡，後世仍得據其文字以採輯也。裴氏又縮製一《地形方丈圖》，以一分爲十里，一寸爲百里，備載名山都邑，王者乃可以不下堂而知四方。據《歷代名畫記》述古之珍畫秘圖，其圖當存於唐世，今亦亡佚。〔註7〕

第二節　地理書之興起

《隋書·經籍志·地理類敘》曰：

昔者先王之化民也，以五方土地，風氣所生，剛柔輕重，飲食衣服，各有其性，不可變遷。是故，疆理天下，物其土宜，知其利害，達其志而通其欲，齊其政而修其教。故廣谷大川異制，人居其間異俗。

此地理書之所由作也。是以禹別九州，定其山川，分其圻界，條其物產，辨其貢賦；

〔註7〕見王庸《中國地理學史》第二章第四節〈裴秀製圖〉。

周有春官保章、夏官司險、秋官職方、地官誦訓，以及司徒，辨方正位，體國經野，分掌其事，而冢宰總之。漢初，得秦圖書及《山海經》。至武帝時，書上太史，郡國地志，固亦在焉。史遷乃專述河渠，劉向則略言地域，朱貢條記風俗，固撰爲〈地理志〉，與古〈禹貢〉、《周官》所記相埒矣。是後，載筆之士，管窺末學，不能及遠，但記州郡之名耳。晉世摯虞，乃依〈禹貢〉、《周官》，作《畿服經》，其州郡及縣分野、封略、事業、國邑、山陵、水泉、鄉亭、城郭、道里、土田、民物、風俗、先賢、舊好，靡不具悉，載籍稱之。〔註8〕晉以西、東之分，南北遷徙，釋、老盛行，文人學士，受其影響，遂多州郡山林之作，或重史傳，或重地理，地理書之興起，乃蔚爲空前。又以當時北方風土，既爲中原人士所詳，官府之載籍，亦視南方爲多，故其書遂以長江流域及其南方者爲富。今以代隔世替，牽皆湮滅，謹就其有存本或輯本者，條列並考如后：

〈帝王經界記〉一卷，晉‧皇甫謐撰，清‧王謨輯。見於：

　　《重訂漢唐地理書鈔》（鈔本、嘉慶本）。

以上爲先秦總志之屬。

《後漢書郡國志》五卷，附〈考證〉，晉‧司馬彪撰，梁‧劉昭注。

　　按，此書即今范曄《後漢書》所附劉注司馬彪《續漢書》八志之一，又有單行者，見於：

　　《歷代地理志彙編乙編》。

〈郡國志〉一卷，晉‧袁山松撰，清‧王謨輯。

　　按，此書即爲袁山松《後漢書》中《志》之遺文，見於：

　　《重訂漢唐地理書鈔》（鈔本、嘉慶本）。

以上爲漢總志之屬。

〈吳地理志〉一卷，晉‧張勃撰，清‧王謨輯。見於：

　　《重訂漢唐地理書鈔》（鈔本、嘉慶本）。

以上爲吳總志之屬。

〈晉地道記〉一卷，晉‧王隱撰，清‧王謨輯。見於：

　　《重訂漢唐地理書鈔》（鈔本、嘉慶本）。

《晉書地道記》一卷，晉‧王隱撰，清‧畢沅輯。見於：

　　《經訓堂叢書》（乾隆本、景乾隆本）。

　　《廣雅書局叢書‧史學》。

〔註 8〕見《隋志‧地理類序》。

《叢書集成初編·史地類》。

《晉書地道記》一卷，晉·王隱撰，清·黃奭輯。見於：

　　《漢學堂叢書（黃氏逸書考）·子史鉤沈·史部別史類》。

《太康地記》一卷，晉·某撰。見於：

　　《說郛》（宛委山堂本）弓六十。

《太康地記》。見於：

　　《說郛》（張宗祥校明鈔本）卷四·〈墨娥漫錄〉。

《太康地記》一卷，晉·某撰，清·王謨輯。見於：

　　《重訂漢唐地理書鈔》（鈔本、嘉慶本）。

《晉太康三年地記》一卷，晉·某撰，清·畢沅輯。見於：

　　《經訓堂叢書》（乾隆本、景乾隆本）。

　　《廣雅書局叢書·史學》。

　　《叢書集成初編·史地類》。

《晉太康三年地記》一卷，晉·某撰，清·黃奭輯。見於：

　　《漢學堂叢書（黃氏逸書考）·子史鉤沈·史部別史類》。

《太康地志》一卷，晉·某撰，清·王仁俊輯。見於：

　　《玉函山房輯佚書補編》。

《十三州記》一卷，晉·黃義仲撰。見於：

　　《說郛》（宛委山堂本）弓六十。

《十四州記》一卷，晉·黃恭撰，清·王謨輯。見於：

　　《重訂漢唐地理書鈔》（鈔本、嘉慶本）。

《畿服經》一卷，晉·摯虞撰，清·王謨輯。見於：

　　《重訂漢唐地理書鈔》（鈔本、嘉慶本）。

《九州要記》一卷，晉·樂資撰，清·王謨輯。見於：

　　《重訂漢唐地理書鈔》（鈔本、嘉慶本）。

以上為晉總志之屬。

《關中記》一卷，晉·潘岳撰。見於：

　　《說郛》（宛委山堂本）弓六十一。

《關中記》。見於：

　　《說郛》（張宗祥校明鈔本）卷四·〈墨娥漫錄〉。

《關中記》一卷，晉·潘岳撰，民國·葉昌熾輯。見於：

　　《觳淡廬叢藁》。

以上為今陝西雜志之屬。

《三齊略記》一卷，晉・伏琛撰。見於：

　　《說郛》（宛委山堂本）弓六十一。

　　《五朝小說・魏晉小說・外乘家》。

　　《五朝小說大觀・魏晉小說・外乘家》。

《三齊略記》。見於：

　　《說郛》（張宗祥校明鈔本）、卷四、〈墨娥漫錄〉。

《三齊略記》一卷，晉・伏琛撰，清・王仁俊輯。見於：

　　《玉函山房輯佚書補輯》。

《三齊記佚文》一卷。見於：

　　《經籍佚文》。

《三齊略記》一卷。晉・伏琛撰，民國・葉昌熾輯。見於：

　　《黻淡廬叢藁》。

以上為今山東雜志之屬。

《風土記》一卷，晉・周處撰。見於：

　　《說郛》（宛委山堂本）弓六十。

　　《五朝小說・魏晉小說・外乘家》。

　　《五朝小說大觀・魏晉小說・外乘家》。

《風土記》。見於：

　　《說郛》（張宗祥校明鈔本）卷四・〈墨娥漫錄〉。

《陽羨風土記》一卷，附〈校刊記〉一卷，〈補輯〉一卷，〈續補輯〉一卷，〈考證〉一卷，晉・周處撰，清・王謨輯，〈校刊記補輯〉，民國・金武祥撰，〈考證〉，清・章宗源撰。見於：

　　《栗香室叢書》。

以上為今江蘇雜志之屬。

《會稽記》一卷，晉・賀循撰，周樹人輯。見於：

　　《會稽郡故書雜集》。

以上為今浙江雜志之屬。

《洛陽記》一卷，晉・陸機撰，民國・葉昌熾輯。見於：

　　《黻淡廬叢藁》。

《鄴中記》一卷，晉・陸翽撰。見於：

　　《續百川學海乙集》。

《說郛》（宛委山堂本）弓五十九。

《五朝小說・魏晉小說・偏錄家》。

《四庫全書・史部・載記類》。

《武英殿聚珍版書・史部》（武英殿木活字本、浙江本、江西書局本、福建本、廣雅書局本）。

《增訂漢魏叢書・載籍》（三餘堂本、大通書局石印本）。

《反約篇》。

《榕園叢書乙集》。

《清芬堂叢書・史部》。

《古今說部叢書一集》。

《龍谿精舍叢書・史部》。

《叢書集成初編・史地類》。

《鄴中記》。見於：

　　《說郛》（張宗祥校明鈔本）卷四・〈墨娥漫錄〉。

　　《說郛》（張宗祥校明鈔本）卷七十三。

以上為今河南雜志之屬。

《荆州記》一卷，晉・范汪撰，清・陳運溶輯。見於：

　　《麓山精舍叢書》第一集・《荆湘地記》二十九種。

《宜都記》一卷，晉・袁山松撰。見於：

　　《說郛》（宛委山堂本）弓六十一。

　　《五朝小說・魏晉小說・外乘家》。

　　《五朝小說大觀・魏晉小說・外乘家》。

《宜都記》。見於：

　　《說郛》（張宗祥校明鈔本）卷四・〈墨娥漫錄〉。

以上為今湖北雜志之屬。

《湘中記》一卷，晉・羅含撰。見於：

　　《說郛》（宛委山堂本）弓六十一。

　　《五朝小說・魏晉小說・外乘家》。

　　《五朝小說大觀・魏晉小說・外乘家》。

《湘中記》，見於：

　　《說郛》（張宗祥校明鈔本）卷四・〈墨娥漫錄〉。

《湘中記》一卷，晉・羅含撰，清・陳運溶輯。見於：

《麓山精舍叢書》第一集・《荊湘地記》二十九種。

《湘中記》一卷，晉・羅含撰，清・王仁俊輯。見於：

　　《玉函山房輯佚書補輯》。

以上爲今湖南雜志之屬。

《南康記》一卷，晉・鄧德明撰。見於：

　　《說郛》（宛委山堂本）弓六十一。

《南康記》。見於：

　　《說郛》（張宗祥校明鈔本）卷四・〈墨娥漫錄〉。

《潯陽記》一卷，晉・張僧鑒撰。見於：

　　《說郛》（宛委山堂本）弓六十一。

《潯陽記》。見於：

　　《說郛》（張宗祥校明鈔本）卷四・〈墨娥漫錄〉。

以上爲今江西雜志之屬。

《交州記》一卷，晉・劉欣期撰。見於：

　　《說郛》（宛委山堂本）弓六十一。

《交州記》二卷，晉・劉欣期撰。見於：

　　《嶺南遺書》第五集。

　　《叢書集成初編・史地類》。

《廣州記》二卷，晉・顧微撰。見於：

　　《說郛》（宛委山堂本）弓六十一。

　　《五朝小說・魏晉小說・外乘家》。

　　《五朝小說大觀・魏晉小說・外乘家》。

《廣州記》。見於：

　　《說郛》（張宗祥校明鈔本）卷四・〈墨娥漫錄〉。

《廣州記》一卷，晉・顧微撰，清・王仁俊輯。見於：

　　《玉函山房輯佚書補編》。

以上爲今廣東雜志之屬。

《益州記》一卷，晉・任豫撰。見於：

　　《說郛》（宛委山堂本）弓六十一。

《益州記》。見於：

　　《說郛》（張宗祥校明鈔本）卷四・〈墨娥漫錄〉。

以上爲今四川雜志之屬。

《廬山記略》一卷，晉・釋慧遠撰。見於：

　　《四書全書・史部地理類・廬山記附》。

　　《守山閣叢書》・史部（道光本、鴻文書局景道光本、博古齋景道光本）。

　　《叢書集成初編・史地類》。

以上為今江西山水之屬。

《述征記》一卷，晉・郭緣生撰，民國・葉昌熾輯。見於：

　　《㲄淡廬叢藁》。

《西征記》一卷，晉・戴祚撰。見於：

　　《說郛》（宛委山堂本）弓六十。

　　《五朝小說・皇明百家小說》。

　　《五朝小說大觀・皇明百家小說》。

《西征記》。見於：

　　《說郛》（張宗祥校明鈔本）卷四。

《西征記》一卷，晉・戴祚撰，民國・葉昌熾輯。見於：

　　《㲄淡廬叢藁》。

以上為晉歷遊記遠之屬。

　　按，上文所列，自皇甫謐《帝王經界記》，至樂資《九州要記》等九書，為總志之屬。考漢以前之地志，除《山海經》、〈禹貢〉、《周官・職方》等，為簡約之記述外，未見有綜合全國之地志者。自朱贛《風俗記》之述及各地風俗地理，始略具總地志之規模，續有應劭《地理風俗記》及《十三州記》之作，晉之總志遂孳多焉。

一、皇甫謐〈帝王經界記〉

　　皇甫謐《帝王世紀》，並其事跡，已見第一章第一節。其〈帝王經界記〉，《晉書》本傳、《隋志》，及諸家《補晉志》皆不見著錄。清・王謨有輯本一卷，為述先秦總志之書。《續漢志》十九〈郡國志〉引《帝王世紀》曰：

　　　自天地設闢，未有經界之制。

其帝王經界蓋因此始設。今皇甫謐《帝王世紀》輯本載有所撰帝王星野經界甚詳，則〈帝王經界記〉蓋為其《帝王世紀》之一篇。《隋書・崔頤傳》（附〈崔廓傳〉下）又有皇甫士安《地書》云云，《太平寰宇記》一百五十三引有皇甫謐《郡國記》等，俱為述地理之書也。

二、司馬彪《後漢書·郡國志》及袁山松〈郡國志〉

　　司馬彪《後漢書·郡國志》及袁山松〈郡國志〉，並爲述漢總志之書。司馬彪有
《續漢書》，袁山松有《後漢書》，並其事跡，俱見第二章第一節。按，司馬彪〈紀〉、
〈傳〉，今佚，其八〈志〉，賴梁·劉昭注以附范曄《後漢書》而存（詳見第二章第
一節），〈郡國志〉，其八〈志〉之一也。袁書亦爲紀傳之體，〈郡國志〉，固其書之一
志也。司馬彪以《漢書·地理志》記天下郡縣本末及山川奇異風俗所由至矣，故其
〈郡國志〉但錄中興以來郡縣改異及《春秋》、三史會同征伐地名。其序云：「凡前
志有縣名，今所不載者，皆世祖所幷者也，前無今有者，後所置也，凡縣名先書者，
郡所治也。」蓋述其書例。其志凡分五卷，一記河南、河內、河東、弘農、京兆、
馮翊、扶風等司隸校尉部郡國七，縣邑侯國百六；二記潁川、汝南、梁國、沛國、
陳國、魯國等豫州刺史部郡國六，縣邑侯國九十九，及魏郡、鉅鹿、常山、中山、
安平、河間、清河、趙國、勃海等冀州刺史部郡國九，縣邑侯國百；三記陳留、東
郡、東平、任城、泰山、濟北、山陽、濟陰等兗州刺史部郡國八，縣邑公侯國八十，
及東海、琅邪、彭城、廣陵、下邳等徐州刺史部郡國五，縣邑侯國六十二；四記濟
南、平原、樂安、北海、東萊、齊國等青州刺史部郡國六，縣六十五，南陽、南郡、
江夏、零陵、桂陽、武陵、長沙等荊州刺史部郡國七，縣邑侯國百一十七，及九江、
丹陽、盧江、會稽、吳郡、豫章等陽州刺史部郡國六，縣邑侯國九十二；五記漢中、
邑郡、廣漢、蜀郡、犍爲、牂牁、越巂、益州、永昌、廣漢屬國、蜀郡屬國、犍爲
屬國等益州刺史部郡國十二，縣道百一十八，隴西、漢陽、武都、金城、安定、北
地、武威、張掖、酒泉、敦煌、張掖屬國、張掖居延屬國等涼州刺史部郡國十二，
縣道侯官九十八；上黨、太原、上郡、西河、五原、雲中、定襄、鴈門、朔方等幷
州刺史部郡國九，縣邑侯國九十八；涿郡、廣陽、代郡、上谷、漁陽、右北平、遼
西、遼東、去莵、樂浪、遼東屬國等幽州刺史部郡國十一，縣邑侯國九十，及南海、
蒼梧、鬱林、合浦、交趾、九眞、日南等交州刺史部郡七，縣五十六。（見百衲本《二
十四史·後漢書》下）蓋略存減益，多證前聞也。

三、張勃〈吳地理志〉

　　述吳之總志，有張勃〈吳地理志〉。張勃有《吳錄》，並其事跡，已見第二章第
三節。張書錄內分篇，〈地理志〉其分篇之一也。《水經·浪水注》、《左傳·宣公正
義》、《文選·笙賦注》、謝靈運〈登臨海嶠詩注〉、張衡〈七命注〉、《初學記·獸部》
並引〈吳錄地理志〉，《藝文類聚》、《太平御覽》、《太平寰宇記》所引，題〈地理志〉
者尤多。

四、王隱〈晉地道記〉

　　王隱〈晉地道記〉、失撰人之《太康地記》、黃義仲〈十三州地記〉、黃恭《十四州記》、摯虞《畿服經》，以及樂資《九州要記》等，並爲晉總志之書。

　　王隱有《晉書》九十三卷，並其事跡，已見第三章第二節。其〈地道記〉，蓋其書中之一志耳。王氏以處東、西晉之交，故後世言東晉以前地理者，多依據之，乃不異於獨立之地志，且與《太康地志》相發明也。畢沅〈晉太康三年地志‧王隱晉書地道志序〉曰：

　　　　處叔所編，足正唐人撰述之謬，非僅與《太康地志》相爲發明已耳。〔註9〕

王隱書，於宋初修《太平御覽》時尚見述及，故樂史《寰宇記》間引之，厥後闕如，其爲亡失，蓋可知矣。北宋所引，未必即引原書，蓋是書唐已不顯，《藝文類聚》所見已覺寥寥。

五、不著撰人《太康地記》

　　《太康地記》，不著撰人，或作《太康地志》，以作於晉太康三年，故又稱《太康三年地記》。見於《舊唐志》所錄者，共爲五卷，與王隱書俱作於晉而盛行於齊、梁、北魏。畢沅序曰：

　　　　沈約撰《宋書》，劉昭注《續漢書》，魏收述《魏史》，所徵輿地之書，
　　　　不下數百，然約之州郡，惟準太康，昭之注郡國，收之述地形，則一本地
　　　　道，他若酈道元等，又皆懸其片言，視若準的。

自班固考地理，司彪志郡國，漢後三分，晉又一統。沈約、酈道元、劉昭諸人所作，自兩漢地志之外，乃徵諸〈地道〉、〈地記〉也。

　　《太康地記》之稱《太康三年地志》者，既見於《宋書‧州郡志》會稽郡始寧令下，又見於裴松之《魏志‧陳群傳注》及《吳志‧孫皓傳注》，餘則名或不一。酈氏《水經》稱爲《地記》，司馬貞、張守節稱爲《地理記》，《新唐書》稱爲《土地記》，其實一也。〔註10〕是書《隋志》不著錄，蓋早亡失，今之輯本，從諸書抄撮爲之也。

六、黃義仲〈十三州記〉及黃恭《十四州記》

　　黃義仲〈十三州記〉、黃恭《十四州記》，《隋志》並不著錄，章宗源考證乃據《水經‧河水注》引文著錄，丁國鈞《補晉藝文志》則分據《藝文類聚》及《玉海》等書所引補之，皆失卷數。按，二氏事跡未詳，「黃恭」或作「苗恭」，蓋因形近致譌

〔註 9〕見《叢書集成初編‧史地類》。
〔註10〕見畢沅〈太康三年地志‧王隱晉書地道記總序〉。

也。文廷式《補晉藝文志》以爲義仲蓋恭字，遂以爲二記乃一書，以引詞略同故也。其言曰：

> 黃恭《交廣記》，恭見《廣州人物傳》，按，《藝文類聚·地部》苗恭《交廣記》，「苗」、「黃」形近而僞，《太平御覽·州郡部》引作「黃恭」，不誤。又二百六十五〈職官部〉引黃義仲《交廣二州記》，義仲，蓋恭字也。

又曰：

> 黃義仲〈十三州記〉，《水經·河水注》兩引之，《藝文類聚》卷六引苗恭《十四州記》，即此書也，與《水經》所引詞亦略同。

「黃義仲」及「黃恭」，蓋爲一人。恭，名；義仲，字也。是以丁辰《補晉書藝文志刊誤》載苗恭《十四州記》亦曰：

> 或作黃恭《交廣記》（〈職官部〉五十三），或作黃義仲《交廣記》（〈人事部〉十），或作黃義仲《交廣二州記》（〈職官部〉六十三）皆是。書「義仲」，恭字也。（《水經·河水篇注》引作「黃義仲」，亦稱其字。）

七、摯虞《畿服經》

按，摯虞依〈禹貢〉、《周官》作《畿服經》，《隋志·地理類序》詳之。其書當時蓋已亡矣，故部目不著錄也。摯虞，字仲洽，京兆長安（今陝西長安）人。少事皇甫謐，才學通博，著述不倦。泰始中，舉賢良，拜郎中，擢爲太子舍人，除聞喜令，以母憂解職。久之，召補尚書郎，左遷陽城令。元康中，遷吳王友，後歷秘書監、衛尉卿。從惠帝幸長安，及東軍來迎，百軍奔散，遂流離鄠、杜之間，轉入南山中，糧絕饑甚，拾橡實而食，後得還洛，歷光祿勳太常卿。永嘉五年（西元 311 年），洛京荒亂，盜竊縱橫，人饑相食，虞素清貧，五月，遂以餒卒。虞長筆才，撰《文章志》，注有《三輔決錄》，又撰《文章流別集》三十卷，辭理愜當，爲世所重。所作辭章頌贊甚富。〔註 11〕其所撰《畿服經》，本傳不載，《隋志·地理類序》稱其於州郡及縣分野、封略、事業、國邑、山陵、水泉、鄉亭、城郭、道里、土田、民物、風俗、先賢、舊好等，靡不具悉，凡一百七十卷。其書今亡，《水經·洛水注》引有摯仲洽曰：「古之周南，今之洛陽」，《續漢書·郡國志》引同，作摯虞曰。又《文選·南都賦注》引有摯虞曰：「南陽郡治宛，在京之南，故曰南都」等數語。

〔註11〕見《晉書斠注》卷五十一〈摯虞傳〉、嚴可均《全晉文》卷七十六、七十七〈摯虞〉。

八、樂資《九州要記》

樂資《九州要記》，章宗源《攷證》稱爲《九州記》，注云卷亡。考《水經‧沔水注》曰：「鹽官縣有秦延山，秦始皇巡此，美人死，葬於山上，下有美人廟。」此引樂資《九州志》也。又〈江水注〉曰：「鄂，今武昌也」，（《史記‧外戚世家集解》引同）則稱《九州記》。《太平御覽》、《寰宇記》亦多引《九州要記》，《水經‧江水注》、《太平御覽》、《寰宇記》等三書所引，皆不著撰人。吳、丁、文、秦、黃五家之《補晉志》，均據以著錄。

九、潘岳《關中記》

自潘岳《關中記》至戴祚《西征記》等十七書，爲雜志、遊歷之屬。晉以荒亂，南北遷徙，地理之書乃多南方之作。又以類傳與各地耆舊傳之蠭起（見第五章第一節），地志之容納史傳者，遂漸少矣。

潘岳《關中記》，爲雜記今陝西之書。潘氏，字安仁，滎陽中牟（今河南中牟）人。美姿儀，辭藻絕麗，尤善爲哀誄之文。少以才穎見稱鄉邑，號爲奇童。常挾彈出洛陽道，婦人見之者皆連手縈繞，投之以果，遂滿車而歸。早辟司空太尉府，〔註12〕舉秀才。泰始中，武帝躬耕籍田，岳作賦以美之。岳才名冠世，爲眾所疾，遂栖遲十年，出爲洛陽令，負其才而鬱鬱不得志，轉懷令。以勤於政績，調補尚書度支郎，遷廷尉評，以公事免。惠帝時，楊駿輔政，高選吏佐，引岳爲太傅主簿，駿誅，除名爲民。未幾，選爲長安令，作〈西征賦〉，述所經人物山水，文清旨詣。徵補博士，未召，以母疾免。尋爲著作郎，轉散騎侍郎，遷給事黃門侍郎。岳性輕躁，趨世利，與石崇等諂事賈謐，構愍懷之文，以及謐之《晉書》限斷，俱岳之辭也，謐二十四友，岳居其首。既仕宦不達，乃作〈閒居賦〉並序，歷敘其情以及仕官之浮沈，並以拙者自居，而屬意於消遙。初有孫秀者，岳惡其爲人，數撻辱之，秀常銜忿。及秀爲趙王倫中書令，遂謂岳及石崇、歐陽建謀奉淮南王允、齊王冏爲亂，誅之，夷三族，時晉惠帝永康元年庚申（西元 300 年）。有集十卷。〔註13〕所撰《關中記》，《隋志》不著錄，亦不載於《晉書》本傳，《唐志》著錄一卷，今佚。《史記‧司馬相如傳索隱》、《文選‧西都賦注》、《北堂書鈔‧禮儀部、樂部》、《初學記》卷三、五、六、七、《御覽》五十七、一百七十九並引潘岳《關中記》，《水經‧渭水注、漆水注》、《續漢郡國志注》亦引《關中記》，然不著撰名。

〔註12〕潘岳〈秋興賦敘〉稱：晉十有四年，余春秋三十有二，以太尉掾兼虎賁中郎將。
〔註13〕見《晉書斠注》卷五十五〈潘岳傳〉、嚴可均《全晉文》卷九十、九十一〈潘岳〉。

十、伏琛《三齊略記》

　　《三齊略記》爲雜志今山東之書，《隋經籍志》不著錄，章氏考證乃予補錄而無撰名，又別著伏琛《齊記》，注云「卷亡」。按，伏琛事跡不詳。文廷式《補晉志》有伏琛《齊記》，注云：「《水經・河水篇注》云：『又東逕千乘城北，伏琛之所謂千乘北城者也。』」考《三齊略記》，或省作《三齊記》、伏琛《齊記》，或作《齊地記》，分見於《水經注》、《太平御覽》、《初學記》、《後漢書注》、《續漢郡國志注》、《藝文類聚》、《北堂書鈔》、《寰宇記》等諸書之徵引。

十一、周處《風土記》

　　周處《風土記》，記江蘇陽羨風土之書也。周處，字子隱，義興陽羨（今江蘇宜興）人，生於魏正始元年庚申（西元 240 年）。少孤，未弱冠，膂力絕人，好馳騁田獵，不修細行，縱情肆慾，州曲患之。處自知爲人所惡，遂慨然有改勵之志，乃謂父老曰：「今時和歲豐，何苦而不樂耶？」父老歎曰：「三害未除，何樂之有！」處曰：「何謂也？」答曰：「南山白額猛獸、長橋下蛟，并子爲三矣。」處曰：「若此爲患，吾能除之。」三害遂除。處乃勵志好學，有文思，志存義烈，言必忠信。期年，州府交辟，仕吳爲東觀左丞。吳平，王渾登建鄴宮，釃酒既酣，謂吳人曰：「諸君亡國之餘，得無感乎？」處對曰：「漢末分崩，三國鼎立，魏滅於前，吳亡於後，亡國之感，豈惟一人。」渾有慙色。入晉，拜諮議郎，除討虜護軍、新平太守，撫和戎狄，叛羌歸附，雍土美之。轉廣漢太守，以母老罷歸，尋除楚內史，未之官，徵拜散騎常侍輕車將軍，處曰：「古人辭大不辭小。」乃先之楚，而郡既經喪亂，新舊雜居，風俗未一，處敦以教義，又檢尸骸無主及白骨在野者，收葬之，然後始就徵，遠近稱歎。及居近侍，多所規諷。遷御史中丞，凡所糾劾，不避寵戚，梁王肜違法，處深文案之，權豪震肅。及氐人齊萬年反，朝臣惡處彊直，皆曰：「處，吳之名將子也，忠烈果毅。」乃使爲建威將軍，隸夏侯駿西征，伏波將軍孫秀知其將死，謂之曰：「卿有老母，可以此辭也。」處曰：「忠孝之道，安得兩全，既辭親事君，父母復安得而子乎，今日是我死所也。」萬年聞之曰：「周府君昔臨新平，我知其爲人才秉文武，若專斷而來，不可當也，如受制於人，此成擒耳。」既而梁王肜爲征西大將軍，都督關中諸軍事，處知肜不平，必當陷己，自以人臣盡節，不宜辭憚，乃悲慨即路，志不生還。中書令陳準知肜將逞宿憾，乃言於朝曰：「駿及梁王皆是貴戚，非將率之才，進不求名，退不畏咎，周處吳人，志勇果勁，有怨無援，將必喪身，宜詔孟觀以精兵萬人爲處前鋒，必能殄寇，不然，肜當使處先驅，其敗必也。」朝廷不從。遂爲駿等逼戰，自旦及暮，斬首萬計，弦絕矢盡，力戰而沒。時晉惠帝紀

事在元康七年也（西元 297 年）。追贈平西將軍，詔給處母醫藥米酒，賜以終年。及元帝為晉王，從太常賀循之議，策謚曰孝。〔註14〕

處所著有《默語》三十篇及《風土記》，並撰《吳書》。今《默語》、《吳書》隻字不傳。〔註15〕《風土記》本傳不著卷數，《隋志·地理類》著錄三卷，作《風土記》，兩《唐志》並十卷，卷數增多者，嚴可均曰：「或〈舊志〉誤據而〈新志〉沿之，故卷數增多耳。」（見《鐵橋漫稿》）其書《史通·補注篇》作《陽羨土風》，蓋以所記為陽羨風土也。其文言美詞，列於章句，委曲敘事，存於細書，故劉知幾以之與摯虞《三輔決錄》、陳壽《季漢輔臣》、常璩《華陽士女》等書並稱。〔註16〕文言美詞，列於章句者，正文也，協韻如古賦；〔註17〕委曲敘事，存於細書者，處之注文也。〔註18〕舉凡亭邑、山水、古跡、節候、風俗、舟車、器服、物產、果實、草本、鳥獸、蟲魚等，品類略備，以引見各書尚多，嚴可均之《風土志》輯本，乃采得二百餘事，省併重複，定著一卷。至其辨吳越歷山之見於《水經注·河水》下，記洞庭地脈之見於《編珠》卷一，皆概言吳、越風土，姚鼎《江寧府志》（卷第五十五）乃以為，周處書非止記陽羨一地也。然考《編珠》乃偽書，周處書，石晉後又有續補本，《唐志》所錄，卷數已有增多，則所引豈知非出於後人之增竄或周處之偶及者耶。

今考諸書所引《風土記》，有分析正文、注文者，如《初學記·歲時部》、《太平御覽·時序部》所引是；有但引注文者，如《春秋左傳·宣公十二年正義》、《水經·注水注》、《文選·南都賦注、江賦注》、《一切經音義》卷一、《廣韻》卷三、《藝文類聚·木部》、《御覽·天部》、《北堂書鈔·儀飾部》等所引是；有但引正文者，如《初學記·歲時部》所引無「注曰」句，及《北堂書鈔·舟部》、《史記·司馬相如傳索隱》等所引是；有正文及注同引而脫「注曰」二字者，如《御覽·服章部、羽族部》、《書鈔·衣冠部》、《藝文類聚·鳥部》等所引是。分別觀之，自可考見。

〔註14〕見《晉書斠注》卷五十八〈周處傳〉、嚴可均《全晉文》卷八十一〈周處〉。

〔註15〕見嚴可均《鐵橋漫稿·風土記敘》。

〔註16〕《史通·補注篇》：「若摯虞之《三輔決錄》、陳壽之《季漢輔臣》、周處之《陽羨土風》、常璩之《華陽士女》，文言美辭，列於章句，委曲敘事，存於細事，此之注釋，異夫儒士者矣。」按，摯虞《三輔決錄》、常璩《華陽士女》參見本章第三節及第五章第一節所述。

〔註17〕章宗源《隋志考證》卷六〈地理風土記〉：「《北堂書鈔·舟部》曰：『若乃越騰百川，濟江泛海，其舟則溫麻五會，東甄晨鳧，青桐梧樟，航疾乘風，輕帆電驅。』此類賦體，所謂文言美詞也。」

〔註18〕黃逢元《補晉書藝文志》卷第二（乙部·地理類）〈風土記〉：「細書，處《注》也。」

十二、賀循《會稽記》

賀循《會稽記》，爲今浙江雜志之書。賀循，字彥先，會稽山陰（今浙江紹興）人，生於蜀漢後主景耀三年庚辰（西元 260 年）。其先慶普，漢世傳禮，世所謂慶氏學。族高祖純，博學有重名，避漢安帝父諱，改爲賀氏。父爲孫皓所殺，徙家屬於臨海，吳平，乃還本郡。太康中，國相丁乂請爲五官掾，刺史稽喜舉爲秀才，除陽羨令，後爲武康令，著作郎陸機等上書舉薦，久之，召補太子舍人。趙王倫篡位，轉侍御史，辭疾去職。後除南中郎長史，不就。會李辰兵叛，循移檄爲陳逆順，一郡悉平。及陳敏之亂，詐詔以循爲丹陽內史，循辭以腳疾，手不制筆，又服寒食散，露髮袒身，示不能用，敏竟不敢逼。後又屢徵，皆不就。及元帝承制，敦逼者再，乃爲軍諮祭酒。愍帝即位，徵爲宗正。元帝在鎮，又表爲侍中，道險不行。以討華軼功，將封鄉侯，固讓不受。建武初，爲中書令，加散騎常侍，又以老疾，固辭，改拜太常，常侍如故，循惟拜太常耳。朝廷疑滯，皆諮之於循，循輒依經禮而對，爲當世所宗。及帝踐祚，行太子太傅，太常如故。循自以疾廢頓，累表固讓，不許，命皇太子親往拜焉。疾漸篤，表乞骸骨，上還印綬，改授左光祿大夫，開府儀同三司，帝臨軒遣使持節加印綬，太子親臨者三焉，儒者以爲榮。元帝太興二年已卯（西元 319 年）卒，年六十。帝素服舉哀，哭之甚慟，贈司空，諡曰穆。有《喪服譜》一卷、《喪服要記》十卷、《集》二十卷，並傳於世。〔註 19〕

其《會稽記》不見於本傳所載，《隋志・地理類》著錄一卷。〈雜傳類〉又有《會稽先賢像贊》五卷，不著撰人，兩《唐志》並題賀氏撰。姚振宗《隋志考證》以爲《會稽先賢像贊》與《會稽記》本爲一書，凡六卷，著錄家分人物名官之類入傳記，言地域山川者入地理類，後遂分屬兩篇矣。是賀氏書乃雜糅傳記與地志爲一書，亦漢方志與風俗傳之遺制，後乃分別單行。其書今佚。《史記・越世家正義》、《御覽・地部》並引賀循《會稽記》，《宋書・州郡志》會稽始寧令下則引賀續《會稽記》，疑「續」爲「循」字之誤。

十三、陸機《洛陽記》

陸機《洛陽記》及陸翽《鄴中記》，爲今河南雜志之書。陸機有《晉紀》，並其事跡，已見第二章第三節。其《洛陽記》，隋、唐志並著錄一卷，今佚。《水經・穀水注》、《文選・閒居賦注》、《漢書・光武紀注》、《後漢書・鮑永傳注》、《書鈔》一百四十五、《藝文類聚・居處部》、《太平御覽・居處部》，《寰宇記・河南道》等並引

〔註 19〕見《晉書斠注》卷六十八〈賀循傳〉、嚴可均《全晉文》卷八十八〈賀循〉。

之。《御覽》一百七十九引作《洛陽地紀》。

十四、陸翽《鄴中記》

陸翽《鄴中記》，《隋志》著錄二卷，《唐藝文志》卷同，《直齋書錄解題》存一卷，不著撰人，注云：「《唐藝文志》有陸翽《鄴中記》二卷，疑即是書。」知陸書當宋時已佚，《四庫簡明目錄》所記亦止一卷，乃從《永樂大典》錄出。其書所記，陳振孫謂記自魏而下都鄴者宮殿事跡；〔註20〕《四庫》所錄，則皆石虎逸事，中載及北齊高歡、高洋二條。又有引隋・杜臺卿《玉燭寶典》一條，似後人誤以鄴都故事竄入者，蓋諸書引此二書往往相亂。〔註21〕陸翽，晉國子助教，始末未詳。

十五、范汪《荊州記》

范汪《荊州記》、袁山松《宜都記》，為今湖北雜志之書。范汪，字玄平，南陽順陽（今河南淅川）人。少孤貧，六歲過江，依外家新野庾氏。年十二喪母，及長，好學，遂博涉經籍，致譽於時，善談名理。蘇峻之亂，參護軍庾亮軍事。賊平，賜爵都鄉侯。復為庾亮平西參軍，從討郭默，進爵亭侯。辟司空郗鑒掾，除宛陵令。復參亮征西軍事，轉州別駕、鷹揚將軍、安遠將軍、武陵內史，徵拜中書侍郎，遷吏部尚書。及驃騎將軍何充輔政，請為長史，又為桓溫安西長史。蜀平，進爵武興縣侯，溫頻請為長史、江州刺史，不就，求為東陽太守，溫甚恨焉。時簡文帝作相，甚相親昵，除都督徐、袞、青、冀諸軍事安北將軍，徐、袞二州刺史，坐事，為溫挾憾奏免為庶人。卒於家，年六十五。贈散騎常侍，諡曰穆，有《集》十卷。〔註22〕子范甯，有《春秋穀梁傳集解》，最為知名。（見第一章第三節）按，范汪《荊州記》，《隋志》不著錄，《史記・五帝本紀帝堯正義》、《初學記・居處部》、《藝文類聚・居處部》、《太平御覽・服用部》等並引之。《書鈔》一百六引《汪州記》云：「舜葬九疑，民俗始作〈韶歌〉。」孔校云：「疑是《荊州記》。」〔註23〕

十六、袁山松《宜都記》

袁山松有《後漢書》，並其事跡，已見第二章第一節，按，袁氏，安帝時為秘書丞，歷宜都太守、吳國內史，則其《宜都記》蓋述其守宜都任內之見聞。其書《隋

〔註20〕見《直齋書錄解題》卷八〈地理類・鄴中記〉。
〔註21〕見《四庫簡明目錄・載籍類》。
〔註22〕見《晉書斠注》卷七十五〈范汪傳〉、嚴可均《全晉文》卷一百二十四〈范汪〉。
〔註23〕見文廷式《補晉書藝文志》卷三（〈地理類・范汪荊州記〉）。

志》不著錄，《藝文類聚·地部》、《初學記·地部》、《北堂書鈔·天部》等並引之，或作《宜都山川記》。《初學記·地部》：「郡西北陸行三十里有丹口，天晴，山嶺忽有霧起，不過崇朝，雨必降。」此稱《宜都山川記》也。《北堂學鈔·天部》：「郡西北有丹山，天晴，山嶺有霞忽起。」此稱《宜都記》，省「山川」二字。又《藝文類聚·獸部》亦作《宜都山川記》，蓋一書二名，作《宜都記》者略稱也。是袁氏所記，亦爲山水之書，《御覽》四十六、四十九、六十及《水經·江水注》引「袁山松曰」者，當亦此記之文也。

十七、羅含《湘中記》

羅含《湘中記》爲今湖南雜志之書。羅含，字君章，桂陽耒陽（今湖南耒陽）人。幼孤，爲叔母朱氏所養。少有志向，弱冠，州三辟，不就。楊羨爲含州將，引爲主簿，後爲郡功曹。刺史庾亮以爲江夏從事，太守謝尚謂與含爲方外之好，稱含爲湘中之琳琅，尋轉州主簿。桓溫臨州，又補征西參軍，轉州別駕，徵爲尚書郎。溫雅重其才，又表轉征西戶曹參軍，俄遷宜都太守。及溫封南郡公，引爲郎中令，尋徵正員郎，累遷散騎常侍、侍郎，轉廷尉。年老致仕，加中散大夫，年七十七卒。所著文章行於世，有《集》三卷。〔註24〕其以「湘中之琳琅」撰爲《湘中記》，當有可觀，然《隋志》、本傳並不記載，考《宋志》、《崇文總目》、《書錄解題》，並有羅含《湘中山水記》三卷，范陽盧拯有注，又《通志》著錄一卷，作《湘川記》，未審即是書否？《宋志》、《崇文總目》別有《湘中記》一卷，不著撰人，豈其一書之別出者，陳振孫所見，其書已頗有隋、唐之後事者，蓋後人之附益也，〔註25〕今佚。《水經·湘水注》、《續漢·郡國志注》、《零陵郡注》、《藝文類聚·山部》、《初學記·地理部》、《白帖》、《御覽》四十九、一百七十一等並引之。

十八、鄧德明《南康記》

鄧德明《南康記》及張僧鑒《潯陽記》，並爲今江西雜志之書。鄧德明始末未詳，其書《隋志》亦不著錄。《水經·浪水注》、《藝文類聚·歲時部》、《漢書·張耳傳注》、《後漢書·吳祐傳注、劉表傳注》、《初學記·政理部》並引之。又《太平寰宇記·江南西道》引稱劉德明《南康記》，又作劉嗣之《南康記》，《通典·州郡門注》引亦稱「劉嗣之」。未審即一書否？

〔註24〕見《晉書斠注》卷九十二〈羅含傳〉。
〔註25〕見陳振孫《直齋書錄解題》卷八（〈地理類·羅含湘中山水記〉）。

十九、張僧鑒《潯陽記》

張僧鑒，南陽（今河南南陽）人，父須無，徙潯陽，爲江州別駕從事。僧鑒善屬文，先是，須無嘗作《九江圖》，具載八州曲折成江者九，遂作《潯陽記》。是張氏之書，乃踵父之事以成之者也。其書《隋志》不著錄，文廷式《補晉藝文志》據《豫章十代文獻錄》引著錄，《文選·謝靈運入彭蠡湖詩注》、《初學記·地部》、《太平廣記·讖應類》並引之，又《水經·廬江水注》、《世說·棲逸篇注、尤悔篇注》並稱《潯陽記》，不著撰名，《尚書·禹貢正義》引稱《潯陽地記》，《初學記·地部》引同。

二十、劉欣期《交州記》、顧微《廣州記》

劉欣期《交州記》及顧微《廣州記》，爲今廣東雜志之書，《隋志》並不著錄。劉氏始末未詳，其書《水經·葉榆河注》、《左傳·宣公正義》（二年引作劉歆期）、《文選·吳都賦注、七啟七命注》、《藝文類聚·山部》、《書鈔》一百六、《初學記》七、《太平御覽·刑法部》、《廣韻·一東鷓》並引之。顧氏未詳何人，《唐書·宰相世系表卷》七十四下曰：「顧氏出自巳姓，顧伯，夏商侯國也。子孫以國爲氏，初居會稽。吳丞相雍孫榮，晉司空；雍弟徽，侍中，又居鹽官。」其侍中顧徽，文廷式《補晉志》以爲即撰《廣州記》之顧微也。其書《藝文類聚·山部》、《白帖》並引。

二十一、任豫《益州記》

任豫《益州記》，爲述今四川雜志之書。任豫始末未詳，其書《隋志》亦不著錄，《續漢·郡國志注》、《文選·蜀都賦注》、《藝文類聚·禮部》、《太平御覽·禮儀部、地部》、《初學記·地部》並引之。又《史記·河渠書正義》、《北堂書鈔·酒食部》並引杜預《益州記》，章氏《考證》以爲「杜預」、「任豫」字形相近易訛，自是一書。

二十二、釋慧遠《廬山記略》

釋慧遠《廬山記略》，爲述今江西廬山山水之書。釋慧遠，俗姓賈，雁門樓煩人（今山西崞縣），生於晉成帝咸和九年甲午（西元334年）。弱而好學，年十三，隨舅令狐氏遊學許、洛，故少爲諸生，博覽六經，尤善莊、老。年二十一，聞道安在太行恒山弘讚佛法，遂往歸之。聞講《般若經》，豁然悟曰：「儒道九流，皆糠粃耳。」便與弟慧持落髮爲僧，師事道安，以弘揚大法爲己任。年二十四，講

說經典，引用老、莊義爲連類，惑者易曉，道安嘆曰：「使道流東國，其在遠乎。」及隨道安至襄陽，遠與弟子數十人，先適荊州，住上明寺。後欲往羅浮山，路過潯陽，見廬山清靜，足以息心，時有沙門慧永，居西林寺，與遠爲同門舊好，要遠同止，始住龍泉精舍。永以遠公方當弘道，徒屬來者日多，因勸刺史桓伊復於山東更立房殿，即東林寺也。遠創造精舍，背負香爐峰，傍帶瀑布壑，清泉環階，白雲滿室。後於寺內別置禪林，森樹煙凝，石徑苔合，凡所瞻履，皆神清而氣肅焉。於是隱士劉遺民、雷次宗、宗炳、周續之、畢穎之等，及沙門千數，望風遙集。遠乃與貞信之士百二十三人，於精舍之無量壽像前，建齋立誓，共期西方，弘究茲道，世謂之白蓮社云。（第五章第一節述有晉某撰《東林蓮社十八高賢傳》一卷）。時佛經流傳江東，慨其殘缺，遠乃令弟子法淨、法領等尋求眾經，踰越沙雪，曠歲乃返，皆獲梵本，得以傳譯。適罽賓沙門僧伽提婆，以晉太元十六年（西元 391 年），來至潯陽，遠請入山，重譯《阿毗曇心論》及《三法度論》，二學乃興。及鳩摩羅什入關，即遺書通好。繼聞弗若多羅、曇摩流支先後由西域入秦，有《十誦》梵本。遠乃遣弟子曇邕入關祈請，故《十誦》一部，具足無闕，而蔥外妙典，關中勝說，能來茲土者，皆慧遠之力也。遠著《法性論》曰：「至極以不變爲性，得性以體極爲宗。」羅什見論而歎曰：「邊國人未有經，便闇與理合，豈不妙哉！」又著〈沙門不敬王者論〉，以沙門全方外之跡，無事於王侯也。謝靈運負才傲俗，少所推崇，及一相見，肅然心服。以遠內通佛經，外善群書，文辭清雅，談吐精闢，容儀端整，風彩灑落，人皆樂與契遊也。在廬三十餘年，影不出山，跡不入俗，每送客遊履，常以虎溪爲界。以晉安帝義熙十二年丙辰（西元 416 年）八月入寂，春秋八十有三。〔註26〕所撰《廬山記》，《隋志》不著錄，今考其內容，乃略述廬山位置、得名之由，以及諸峰形勢、風雨變化等，篇幅甚短，敘述疏略，直如雜記之文耳。是以宋・陳舜俞，因參眾說，親行考證，又撰《廬山記》，釋慧遠《廬山記》舊載乃附其末，今《四庫全書・史部・地理類三》據存一卷。《書鈔》百五十一〈雨類〉、《白帖》卷五並引釋慧遠《廬山記》，又嚴可均《全晉文》卷一百六十二據《世說》引存，亦無「略」字。

二十三、郭緣生《述征記》

　　郭緣生《述征記》及戴祚《西征記》爲歷遊記遠之書。郭緣生始末未詳，姚振宗《隋志考證》疑是晉・郭翻之後。（見卷二十〈雜傳類〉郭緣生《武昌先賢志》。

〔註26〕見程旨雲《國學概論》第六章（〈佛學〉第一節三乙）〈慧遠節錄高僧傳〉。

郭翻，武昌人。）所撰《述征記》二卷，見於《隋經籍志・地理類》著錄，兩《唐志》並同，唯《唐經籍志》作郭象撰，蓋誤。《御覽・地部》魚山條又稱郭衍生《述征記》，撰名或異。其書今亡，據所存佚文，似緣生從宋武北征慕容超，西征姚泓時所記，俱在義熙中也。《水經・瓠子河注》、《北堂書鈔・藝文部、衣冠部》、《太平御覽・居處部、文部、禮儀部》所引，多載漢、魏、晉碑碣。《北堂書鈔・藝文部、衣冠部》、《太平御覽・居處部、文部、禮儀部》所引，或稱郭氏，或稱緣生。《水經・渠水注、巨洋水注》、《初學記・地部、州郡部》並有郭緣生《續述征記》。

二十四、戴祚《西征記》

戴祚，江東人。始末未詳。《封演聞見記》謂：晉末，從劉裕西征姚泓。〔註27〕《水經・洛水注》稱：延之從劉武王西征。劉武王，即劉裕，是戴祚即參軍戴延之。既克長安，祚留爲西戎校尉府主簿，宋盧陵王義眞即其府主，其《西征記》當述其從征之事。祚別有《甄異傳》三卷，見於《隋志・雜傳類》著錄。姚振宗《隋志考證》卷二十〈雜傳類・戴祚甄異傳〉曰：

> 案《晉書・職官志》：「武帝置西戎校尉於長安。」《宋書・百官志》：「西戎校尉晉初置長史，安帝義熙中，又置治中。」據此所題，則治中之下，又有主簿，蓋宋武既克長安，以祚留爲西戎校尉府主簿。《宋書・盧陵王義眞傳》：「義眞初封桂陽縣公，從征長安，及高祖東還，留義眞行都督雍、涼、秦三州之河東、平陽、河北三郡諸軍事安西將軍，領護西戎校尉雍州刺史。」即其府主也。

所撰《西征記》，《隋志》兩見：一在郭緣生《述征記》之後，有戴延之《西征記》二卷；一在謝靈運《居名山志》之後，又有戴祚《西征記》一卷。蓋複出也。《舊唐志》有《西征記》一卷，《新唐志》有二卷，皆云戴祚撰。今見於諸書所引，名稱或有不同，《水經・河水注》引作戴延之《西征記》，《廣韻注》、《史記・漢高祖本紀正義》、《太平御覽・州郡部》、《後漢書・班固傳注、楊賜傳注》、《續漢・郡國志注》、《初學記五、二十四》等亦引，或祗稱戴延之《記》，《水經・洛水注》引，則稱延之從劉武王《西征記》。吳士鑑《補晉經籍志》作《從征記》。如《書鈔》一百八引作《西京記》，《文選二十二・沈休文鍾山詩注》引作戴延之《西征賦》，蓋誤。

以上所述，計書二十餘部，其分類悉依《叢書子目類編》所列。《四庫全書總目提要》卷六十八〈地理類〉謂：首宮殿，尊辰居也；次總志，大一統也；次都會郡

〔註27〕姚振宗《隋志考證》卷二十〈雜傳類・戴祚甄異傳〉引。

縣，辨方域也；次河防，次邊防，崇實用也；次山川，次古跡，次雜記，次遊記，備考核也；次外記，廣見聞也。茲編所錄，則未能備，除以今無存、輯本者外，餘則或立專節別詳後述。若秦榮光《補晉藝文志》所分，以黃恭《交廣記》、任豫《益州記》、陸機《洛陽記》、張勃《吳地理書》、潘岳《關中記》、賀循《會稽記》、范汪《荊州記》、伏琛《齊記》、鄧德明《南康記》、劉欣期《交州記》、羅含《湘中記》等書為都會郡縣之屬，以袁山松《宜都山川記》、釋慧遠《廬山記略》等為山水之屬，又以重出之《湘川記》一卷屬之，周處《風土記》為雜記之屬，遊記則郭緣生《述征記》屬之，而失戴延之《西征記》（戴氏書二卷，秦氏以之與《鄴中記》同歸於載記類），則有異矣。

第三節　區域史之傑作
──常璩《華陽國志》

清・廖寅〈校刊華陽國志序〉云：「唐以前方志存者甚少，惟《三輔黃圖》及晉常璩《華陽國志》最古。」《三輔黃圖》蓋漢人之書，《隋志》作《黃圖》，著錄一卷，不著撰人，注云：「記三輔宮觀、陵廟、明堂、辟雍、郊時等事。」《華陽國志》，晉常璩撰，今存，有十二卷本、十四卷本，並附錄、佚文、補遺、校勘等，分誌於後：

《華陽國志》十二卷，晉・常璩撰。見於：

　　《古今逸史・逸記》。

　　《函海・第一函》（乾隆本、道光本）。

　　《函海・第一函》（光緒本）。

　　《四部叢刊・史部》（初次印本、二次印本、縮印二次印本）。

　　《叢書集成初編・史地類》。

　　《景印元明善本叢書十種・古今逸史・逸記》。

《華陽國志》十四卷。見於：

　　《廣漢魏叢書・載籍》（萬曆本、嘉慶本）。

　　《增訂漢魏叢書・別史》（乾隆本、紅杏山房本、大通書局石印本）。

《華陽國志》十二卷〈附錄〉一卷。見於：

　　《四庫全書・史部・載籍類》。

《華陽國志》。見於：

　　《說郛・卷六・廣知》（張宗祥校明鈔本）。

《華陽國志佚文》一卷，〈補遺〉一卷，晉・常璩撰，清・王仁俊輯。見於：

《經籍佚文》。

《華陽國志》十二卷，附〈補華陽國志三州郡縣目錄〉一卷，晉・常璩撰，〈補郡縣
　目錄〉清・廖寅撰。見於：

　　《四部備要・史部載記》（排印本、縮印本）。

《華陽國志》十二卷，附〈補華陽國志三州郡縣目錄〉一卷，〈校勘記〉一卷，晉・
　常璩撰，〈補郡縣目錄〉清・廖寅撰，〈校勘記〉清・顧觀光撰。見於：

　　《龍谿精舍叢書・史部》。

《華陽國志校勘記》一卷，清・顧觀光撰。見於：

　　《武陵山人遺書》（光緒本、民國本）。

　　按，常璩，字道將，蜀江原（今四川崇慶）人。少好學，李勢時，官至散騎
常侍。晉大司馬桓溫率水軍伐勢，至成都城下，縱火燒其大城諸門，勢眾惶懼，
無復固志，其中書監王嘏、散騎常侍常璩等勸勢降，故或以爲即譙周之流也，著
有《華陽國志》、《漢之書》等。〔註28〕今考《晉書・叛逆傳》稱：桓溫伐蜀，李
勢降。溫停蜀三旬，舉賢旌善，偽散騎常侍常璩等皆蜀之良也，並以爲參軍。又
常氏〈序志〉云，李之據蜀，兵連戰結，三州傾墜，生民殲盡（見所撰《華陽國
志》），則知常氏於李勢之據蜀，荒淫無道，曠桑梓之域爲長野，蓋乃心如焚灼，
深痛惡絕也。

　　所撰《華陽國志》，歷代史志所著錄，卷或不同：其〈序志〉云凡十篇，《晉書・
李勢載記》同，《隋經籍志・霸史類》作十二卷，《唐經籍志・偽史類》存三卷，《唐
藝文志・偽史類》有十三卷，《宋史・藝文志・別史類》十卷，〈霸史類〉十二卷，《崇
文總目・偽史類》十五卷，《郡齋讀書志・偽史類》十二卷，《通志・藝文略・霸史
類》十二卷，《直齋書錄解題・雜史類》二十卷，《文獻通考・經籍考・偽史霸史》
十二卷，《國史經籍志・霸史》十二卷，《四庫全書總目・載記類》十二卷、〈附錄〉
一卷。今以所存《華陽國志》考之，其篇卷當從《隋志》與〈序志〉所稱之十篇十
二卷。作三卷者，當脫「十」字，作十三卷者，蓋傳寫之譌，作二十卷者，疑爲「十
二」之誤倒也。其篇次則首〈巴志〉，次〈漢中志〉，次〈蜀志〉，次〈南中志〉，次
〈公孫劉二牧志〉，次〈劉先主志〉，次〈劉後主志〉，次〈大同志〉，次〈李特、雄、
期、壽、勢志〉，次〈先賢士女總讚論〉，次〈後賢志〉，而以〈序志〉並〈益梁寧三
州士女名目錄〉殿焉。其〈西州後賢志〉、〈梓潼士女志〉、〈漢中女士志〉等則又單

─────────────────

〔註28〕見《晉書斠注》卷一百二十一〈李勢載記〉、《四庫全書總目提要・史部・載記類・
　　常璩華陽國志》。

行，見於陶珽《重輯說郛》。〔註29〕

考常璩之書，《隋志》入於霸史，劉氏《史通》則歸之地理書，然章學誠俱以爲非，其言曰：

> 割據與霸國之書，初分二門，今合爲一，亦謂如《越絕書》、《吳越春秋》，下至南唐諸家是也。惟《華陽國志》，《隋志》入於霸史，後人多仍其目，或入地理，按，此書上起魚鳧、蠶叢，中包漢中、公孫述、二劉、蜀漢，下及李氏父子，非爲一國記載，又非地志圖經，入於霸國固非，入於地理尤非，斯乃雜史支流，限於方隅者耳。

蓋常璩《華陽國志》，乃區域史之傑作也。

自兵連戰結，生民殲盡，丘城蕪邑，莫有名者，常氏懼其靡聞，乃考諸舊紀，參其所聞，著爲《華陽國志》。其言曰：

> 曩遭阨運，函夏滔墊，李氏據蜀，兵連戰結，三州傾墜，生民殲盡，府庭化爲孤狸之窟，城郭蔚爲熊羆之宿，宅遊麑鹿，田棲虎豹，平原鮮麥黍之苗，千里蔑雞狗之響，丘城蕪邑，莫有名者。嗟乎，三州近爲荒裔，桑梓之域，曠爲長野，反側惟之，心若焚灼。懼益遐棄，城陴靡聞，迺考諸舊記，先宿所傳，並南裔志，驗以《漢書》，取其近是，及所自聞，以著斯篇，又略言公孫述《蜀書》，咸熙以來，喪亂之事，約取耆舊、士女、英彥。又肇自開闢，終乎永和三年（西元347年），凡十篇，號曰《華陽國記》。〔註30〕

此常氏自述其撰作之緣由也。常氏身爲蜀人，而遭喪亂，懼城陴之靡聞，遂搜羅舊籍，而著斯篇。其書起自開闢，以迄永和，爲時亦云長矣，是以常氏雖踵乎陳壽《耆舊》，而又旁徵博聞，以增其華，遂爲後世蜀志之祖。宋元豐呂大防〈華陽國志序〉乃稱：

> 蜀記之可觀，未有過於此者也。

其書稱華陽者，據《漢書注》曰：

> 〈禹貢〉：華陽黑水惟梁州。孔安國《注》曰：北距華山之陽，故常璩敘蜀事謂之《華陽國志》。

又清‧廖寅〈校刊華陽國志序〉謂：〈蜀志〉云：五岳則華山表其陽。以爲常書或因此得名。然按《華陽國志》卷三〈蜀志〉有曰：

> 蜀之爲國，肇於人皇，……其地東接於巴，南接於越，北與秦分，西

〔註29〕參見第五章第一節。
〔註30〕見《華陽國志‧序志篇》。

奄峨嶓，地稱天府，原曰華陽……。

則常書之敘蜀事，而著曰《華陽國志》者，蓋以蜀之爲國，原曰華陽故也。

以常書議論忠篤，文辭典雅，而具有史裁，其部份區別，又各有條理，宋元豐呂大防之在成都，乃爲刊刻。迄嘉泰，李𪩘又爲重刊，並爲之序，備言其事之足以宏宣風教，懲勸善惡。其序稱：

> 考其指歸，大抵有三：首述巴、蜀、漢中、南中之風土，次列公孫述、劉二牧、蜀二主之興廢及晉太康之混一，以迄於特、雄、壽、勢之潛竊，繼之以兩漢以來先後賢人……。就其三者之間，於一方人物，尤致深意，雖侏離之氓，賤俚之婦，苟有可取，在所不棄，此尤足以宏宣風教，使善惡知所懲勸，豈但屑屑於山川物產，以資廣見聞而已乎！

由此可知，晉・常璩之《華陽國志》，乃有補於史家也。

宋元豐刻本今已不可考見，嘉泰李𪩘以其載襍荒忽，刓缺愈多，遂假守臨邛，官居有暇，爲之重刊，其序曰：

> 本朝元豐間，呂汲公守成都，嘗刊是書，以廣其傳，而載襍荒忽，刓缺愈多，觀者莫曉所謂，予每患此久矣。

其重刊所據以決疑者，兩漢史、陳壽《蜀書》及《益部耆舊傳》諸書也。於一事而先後失序，本末舛逆者，則考而正之；一意而詞旨重複，句讀錯雜者，則刊而去之；設或字誤，而文理明白者，則因而全之；其他旁搜遠取，求通於美者，又非一端。凡此，李氏以爲皆有明驗可信不誣者，若其無所考據，則亦不敢臆決，姑闕之，以俟能者。〔註31〕其卷九之末，有李𪩘附記，稱〈李勢志〉傳寫脫漏，乃續成以補其闕。是宋元豐所刊，經李𪩘刪訂補闕，大略十有五六，〔註32〕雖自云所刊訂者皆可信不誣，然原本不存，究否確當，則無所稽考。《四庫全書總目提要》卷六十六敘《華陽國志》稱：

> 𪩘刻本，世亦不傳，今所傳者，惟影寫本。又有何鏜《漢魏叢書》、吳琯《古今逸史》，及明・何宇度所刊三本。何、吳二家之本，多張佳允所補江原〈常氏士女志〉一卷，而佚去〈蜀中士女〉以下至〈犍爲士女〉共二卷。蓋𪩘本第十卷分上、中、下，鏜等僅刻其下卷也，又惟〈後賢志〉中二十人有讚，其餘並闕，𪩘本則蜀郡、廣漢、犍爲、漢中、梓潼女士一百九十四人各有讚，宇度本亦同。蓋明人刻書，好以意爲刊削，新本既行，舊本漸泯，原書遂不可覩。宇度之本，從𪩘本錄出，此二卷偶存，亦天幸

〔註31〕見李𪩘〈重刊序〉。
〔註32〕見李𪩘〈重刊序〉。

也。惟岊本以〈序志〉置於末，而宇度本則升於簡端……，宇度不知古例，始誤移之。又總讚相續成文，岊序亦與〈序志〉並稱，宜別爲一篇，而岊本亦割冠各傳之首，殊不可解。

故又云：

> 今姑從岊本錄之，而附著其改竄之非如右，其張佳允所續常氏士女十九人，亦併從何鐙、吳琯二本錄入，以補璩之遺焉。〔註33〕

按，乾隆丁小山嘗廣求宋、明以來諸刻，刊爲足本，歙浦程瑤田爲之跋，後丁氏以李調元爲蜀人，割愛以贈，李氏因梓而行之，列爲《函海》第一種。嘉慶年間，鄰水廖寅以所得補完本，皆舛誤不可讀，乃據李岊刻本（孫星衍所藏）及書傳所引舊文，又爲之校訂。刊校既多，常氏原書，更不可考矣。今《四部叢刊初編書錄》載《華陽國志》十卷，乃據烏程劉氏嘉業堂藏明‧錢叔寶寫本刊行，有錢穀手鈔、蕉林藏書、繆荃孫等印記。按，錢氏鈔本，宋諱闕筆至「敦」字止，蓋據李岊刊本摹寫，校勘精詳，洵善本也。

第四節　五胡十六國之割據史

唐初之撰《隋書‧經籍志》，始著霸史之目，其序云：

> 傳曰：「不有君子，其能國乎！」自晉永嘉之亂，皇綱失馭，九州君長，據有中原者甚眾，或推奉正朔，或僭名竊號，然其君臣忠義之節，經國字民之務，蓋亦勤矣，而當時臣子，亦各記錄。後魏克平諸國，據有嵩華，始命司徒崔浩，博采舊聞，綴述國史，諸國記注，盡集祕閣。爾朱之亂，並皆散亡，今舉其見在，謂之霸史。

按，五胡十六國之割據史，《史通‧正史篇》言之甚詳，其可考者，多見於《隋志‧史部‧霸史類》，然亦有失錄，爾後又率多亡佚，今考其有存本或輯本行世者，分述如後：

一、前趙：

《漢趙記》一卷，前趙‧和苞撰，清‧湯球輯。見於：

> 《廣雅書局叢書‧史學‧三十國春秋輯本》。
> 《叢書集成初編‧史地類‧三十國春秋輯本》。

二、後趙：

〔註33〕詳見《四庫全書總目提要‧史部‧載記類‧華陽國志》。

《趙書》一卷，燕・田融撰，清・湯球輯。見於：

　　《廣雅書局叢書・史學・三十國春秋輯本》。

　　《叢書集成初編・史地類・三十國春秋輯本》。

《趙書》一卷，清・王仁俊輯。見於：

　　《玉函山房輯佚書補編。》

《二石傳》一卷，晉・王度撰，清・湯球輯。見於：

　　《廣雅書局叢書・史學・三十國春秋輯本》。

　　《叢書集成初編・史地類・三十國春秋輯本》。

三、成漢：

《蜀李書》一卷，晉・常璩撰，清・湯球輯。見於：

　　《廣雅書局叢書・史學・三十國春秋輯本》。

　　《叢書集成初編・史地類・三十國春秋輯本》。

四、前燕：

《燕書》一卷，燕・范亨撰，清・湯球輯。見於：

　　《廣雅書局叢書・史學・三十國春秋輯本》。

　　《叢書集成初編・史地類・三十國春秋輯本》。

五、南燕：

《南燕書》一卷，燕・王景暉撰，清・湯球輯。見於：

　　《廣雅書局叢書・史學・三十國春秋輯本》。

　　《叢書集成初編・史地類・三十國春秋輯本》。

《南燕書》一卷，燕・張詮撰，清・湯球輯。見於：

　　《廣雅書局叢書・史學・三十國春秋輯本》。

　　《叢書集成初編・史地類・三十國春秋輯本》。

六、前涼：

《涼記》一卷，燕・張諮撰，清・湯球輯。見於：

　　《廣雅書局叢書・史學・三十國春秋輯本》。

　　《叢書集成初編・史地類・三十國春秋輯本》。

七、後涼：

《涼州記》一卷，北涼・段龜龍撰。見於：

　　《說郛》（宛委山堂本）弓六十一。

　　《叢書集成初編・史地類・三十國春秋輯本》。

　　《涼州記》。見於：

《說郛》（張宗祥校明鈔本）卷四‧〈墨娥漫錄〉。

《涼州記》一卷，北涼‧段龜龍撰，清‧張澍輯。見於：

　　《二酉堂叢書》。

　　《叢書集成初編‧史地類》。

《涼記》一卷，北涼‧段龜龍撰，清‧湯球輯。見於：

　　《廣雅書局叢書‧史學‧三十國春秋輯本》。

　　《叢書集成初編‧史地類‧三十國春秋輯本》。

八、西涼：

《西河記》一卷，晉‧喻歸撰，清‧張澍輯。見於：

　　《二酉堂叢書》。

　　《叢書集成初編‧史地類》。

《西河記》一卷，晉‧喻歸撰，清‧湯球輯。見於：

　　《廣雅書局叢書‧史學‧三十國春秋輯本》。

　　《叢書集成初編‧史地類‧三十國春秋輯本》。

九、前秦：

《秦書》一卷，前秦‧車頻撰，清‧湯球輯。見於：

　　《廣雅書局叢書‧史學‧三十國春秋輯本》。

　　《叢書集成初編‧史地類‧三十國春秋輯本》。

《秦書》一卷，清‧王仁俊輯。見於：

　　《玉函山房輯佚書補編》。

　　上列諸書，雖趙、蜀、燕、涼、秦諸史俱全，然得國止九，佚者殆半。

一、和苞《漢趙記》

　　劉知幾《史通‧正史篇》之述前後趙史曰：

　　劉曜時，平輿子和苞撰《漢趙記》十篇，事止當年，不終曜滅。

　　按，《漢趙記》十卷，《隋志》著錄，注云：「和苞撰。」苞，前趙人，嚴可均《全晉文》卷一百四十七稱：

　　苞，劉曜為侍中，封平輿子，領諫議大夫。

《晉書》卷一百三〈劉曜載記〉曰：

　　　曜命起酆明觀，立西宮，建陵霄臺於滈池，又將於霸陵西南營壽陵，
　　侍中喬豫、和苞上疏諫曰：「……」曜大悅，封豫，安昌子，苞，平輿子，
　　並領諫議大夫。

又《史通‧忤時篇》曰：

> 劉石潛號，方策委於和張。

知苞乃劉曜之權臣。所撰《漢趙記》即述前趙劉氏事，書稱聰名，曜爲今上，粲爲太子，蓋其史例，而事止當年，不終曜滅，實開十六國史之始。《隋志》之著錄，列序於十六國史之末，當爲失次。《唐經籍志》入編年，著錄十卷，卷數與《史通》、《隋志》同，而〈藝文志〉作十四卷，「四」字疑衍，《宋史‧藝文志》止一卷，亡佚可知。《初學記‧居處部》、《御覽兵部、人事部、禮儀部》等皆引之。今有輯本。

二、田融《趙書》

《趙書》十卷，田融撰，《隋志》著錄，注云：「一曰《二石集》，記石勒事。」按，田融始末未詳，《隋志‧注》稱官僞燕太傅長史。《史通‧正史篇》謂田氏與郭仲產、王度等追撰二石事，集爲《鄴都記》、《趙記》，又〈雜說篇〉自注云：田融《趙史》謂勒爲前石，虎爲後石。據此，田融書乃記後趙石氏事。《唐經籍志‧僞史類》有田融撰《趙石記》二十卷，《二石記》二十卷，《唐藝文志》並同，以《隋志》注稱：「一曰《二石集》，記石勒事。」《唐志》蓋因此誤衍爲二書，且訛多卷數也，《通志‧霸史類》作二十卷，「二」字羡文。《高僧傳‧十》引作田融《趙記》，與《史通》同，《冊府元龜》誤作周融《趙義》。章宗源《隋志考證》稱：《開元占經》、《北堂書鈔》、《太平御覽》並引趙書，皆稱前石、後石。今有輯本。

三、王度《二石傳》

《二石傳》二卷，《隋志》著錄，注稱：「晉北中郎參軍王度撰。」嚴可均《全晉文》卷一百四十八曰：

> 度，太原（今山西太原）人，仕石虎爲中書著作郎。

按，《高僧傳》卷十〈佛圖澄傳〉，有石虎中書著作郎王度。又《史通‧正史篇》：

> 其後燕太傅長史田融、宋尚書庫部郎郭仲產、北中郎參軍王度，追撰二石事，集爲《鄴都記》、《趙記》等書。

《晉書‧石季龍載記》有制作郎王度，〈苻生載記〉有晉將王度，當即撰此書之王度，則王度當本仕趙，後入於晉，故其書題名《二石傳》，且有《二石僞治州事》二卷。〔註34〕其書蓋追撰石勒、石虎之事也。按，石勒，字世龍，上黨武鄉羯人。據襄國稱趙；石季龍，勒之從子，名虎，以犯太祖廟諱，故稱字焉。始勒以成帝

〔註34〕見《隋志‧霸史類》。

咸和三年（西元 328 年）僭立，共二主四子，〔註35〕凡二十三年，以穆帝永和五年（西元 349 年）爲冉閔所滅。〔註36〕《唐經籍志·僞史類》有《二石僞事》六卷，王度、隋麒等撰，《藝文志·僞史類》有王度、隋麒《二石僞事》六卷、《二石書》十卷。姚振宗《隋志考證》曰：「《二石書》十卷，似即本志《二石傳》二卷，「隋麒」似「陸麒」之誤。」按，陸麒有《鄴中記》，已見本章第二節。

四、常璩《蜀李書》

劉知幾《史通·正史篇》又述成漢之史曰：

> 蜀初號曰成，後改稱漢，李勢散騎常侍璩撰《漢書》十卷，後入晉秘閣，改爲《蜀李書》。

按，常璩有《華陽國志》，並其事跡，已見本章前節所述，其《漢書》十卷，《隋志》作《漢之書》，卷同。《顏氏家訓·書證篇》曰：

> 《蜀李書》一名《漢之書》。

知《漢書》、《漢之書》、《蜀李書》乃一書之異名也。其書當作於入晉之前，後入晉秘閣，遂改曰《蜀李書》，蓋記蜀李氏事也。《唐經籍志》著錄九卷，〈藝文志〉同，又別出《漢之書》十卷。蓋《漢之書》其時已作《蜀李書》而少一卷，《新唐志》既據以著錄，又按前志複出《漢之書》十卷也。《通志·藝文略》作《漢志書》，不詳所據。其書今佚，《經典釋文·序錄》、《藝文類聚·鳥部》、《御覽·人事部、珍寶部、咎徵部》共引七事，皆稱《蜀李書》。

五、范亨《燕書》

《史通·正史篇》之述燕史曰：

> 前燕有《起居注》，杜輔全錄以爲《燕紀》。後燕建興元年，董統受詔，草創後書，著〈本紀〉，並佐命功臣、王公〈列傳〉合三十卷。慕容垂稱其敘事富贍，足成一家之書，但褒述過美，有慚董史之直。其後申秀、范亨，各取前、後二燕，合成一史。南燕有趙郡王景暉，嘗事德超，撰《二主起居注》，超亡，仕於馮氏，官至中書令，仍撰《南燕錄》六卷。

按，范亨《燕書》，《隋志》著錄二十卷，注云：「記慕容儁事。」兩《唐志》、《宋史·藝文志》卷並與《隋志》同。范亨，《隋志》稱其官「僞燕尚書」，後入魏，崔浩嘗

〔註35〕勒子弘，虎子世、遵、鑒。事跡並見《晉書斠注》卷一百四至一百七〈石勒、石季龍載記〉。

〔註36〕詳見《晉書斠注》卷一百四至一百七〈石勒、石季龍載記〉。

引爲史佐，共參著作，敘成《國書》三十卷，事見《魏書》卷三十五〈崔浩傳〉。劉知幾謂范書乃取前、後二燕，合成一史，考《晉書・載記》稱：慕容氏據遼東稱燕，雋始僭號，子暐爲苻堅所誅，遂亡，自廆以武帝太康六年（西元 285 年）稱公，歷皝（廆子），儁（皝子），至暐四世，以海西公太和五年（西元 370 年）滅，凡八十五年，是爲前燕。〔註 37〕及慕容垂以孝武帝太元八年（西元 383 年）僭立，歷寶（垂子）、盛（寶子），至熙（寶弟）爲馮跋所殺，凡四世二十四年，以安帝義熙二年（西元 406 年）滅，是爲後燕。〔註 38〕范亨蓋合記慕容氏事也。其書乃承杜輔《燕紀》及董統《後燕書》之舊，以成一史。杜輔《燕紀》又全錄《前燕起居注》而成；董統後書，乃於後燕建興元年（西元 386 年）受詔草創，有〈本紀〉、〈列傳〉，敘事富贍，足成一家，但褒述過美，有慚董史之直。〔註 39〕今其書皆不傳，未能詳考。章宗源《隋志考證》謂：《水經・河水注》引有《燕書》太子寶事，〈濁漳水注〉引有王猛與慕容評相遇於潞川事，〈灅水注〉引有建興十年慕容垂自河西還事，共三則，《通鑑考異》所引《燕書》有〈武宣記〉、〈文明記〉、〈征虜仁傳〉、〈慕容翰傳〉，《太平御覽・天部》所引有〈烈祖後記〉，此其分編之可見者，知范書亦爲紀傳之體也。

六、王景暉《南燕書》

王景暉《南燕書》，《隋志》著錄六卷，注云：「記慕容德事，僞燕中書郎王景暉撰。」按，王景暉，南燕趙郡（今河北趙縣）人，事慕容超，撰《二主起居注》，超亡，仕於馮氏，官至中書令，此見於劉知幾《史通》。又《晉書》卷一百二十七〈慕容德載記〉云：「劉藻自姚興而至，興太史令高魯遣其甥王景暉隨藻送玉璽一紐，并圖讖秘文。」則王景暉初乃從其舅高魯在後秦，因送玉璽而事慕容德。〔註 40〕及超爲劉裕所滅，改仕於北燕馮氏，〔註 41〕官至中書郎，《南燕錄》一書，蓋成於其時，記慕容德事也。兩《唐志》著錄，卷並同《隋志》，《唐經籍志》「王景暉」作「王景暄」，「暄」蓋「暉」之寫誤。其書今佚，《初學記・地部》引有王景暉《南燕書》，又《御覽》屢引，不詳撰人。

七、張詮《南燕錄》

《隋志》於王氏《南燕錄》之前，著有張詮《南燕錄》五卷，亦記慕容德事，

〔註 37〕詳見《晉書斠注》卷一百八至一百十一〈慕容廆、皝、儁、暐載記〉。
〔註 38〕詳見《晉書斠注》卷一百二十三、一百二十四〈慕容垂、寶、盛、熙載記〉。
〔註 39〕見《史通・正史篇》。
〔註 40〕《晉書斠注》卷一百二十七、一百二十八有慕容德、超載記。
〔註 41〕《晉書斠注》卷一百二十五有〈馮跋載記〉。

乃劉知幾《史通‧正史篇》所失敘者。按，張詮始末未詳，《隋志‧注》稱：「偽燕尚書郎」。慕容德，字玄明，皝之少子，據滑臺（今河南滑縣）稱南燕，以安帝隆安四年（西元400年）僭立，至超（德兄子）爲劉裕所滅，時義熙六年（西元410年），凡二世十一年，〔註42〕張詮《南燕錄》蓋述其事也。兩《唐志》並作《南燕書》，《唐藝文志》卷多五卷，今佚。《北堂書鈔‧地理部》、《太平寰宇記‧河南道》引有二事，並稱《南燕錄》，《初學記‧職官部》、《御覽‧人事部》引二事，作張詮《南燕書》。今有輯本。

八、張諮《涼記》

《史通‧正史篇》之述《涼史》曰：

> 前涼張駿十五年，命其西曹邊瀏，集內外事，以付秀才索綏，作《涼國春秋》五十卷，又張重華護軍參軍劉慶，在東莞專修國史二十餘年，著《涼記》十二卷，建康太守索暉、從事中郎劉昞又各著《涼書》。

又曰：

> 西涼與西秦，其史或當代所書，或他邦所錄。段龜龍記呂氏，宗欽記沮渠氏，失名記禿髮氏，韓顯宗記馮氏，唯有三者可知，其餘不詳誰作。

按，《史通‧正史篇》歷敘十六國春秋，號稱詳悉，然《涼史》於段龜龍所著者，則唯云「記呂氏」，其餘如張諮《涼記》、喻歸《西河記》則俱闕如，豈劉氏時已不見此書矣。考張、段、喻所撰書，並見《隋志》著錄。《隋志》於此三書，首列張諮《涼記》八卷，注云：「記張軌事，偽燕右僕射張諮撰。」《玉海》稱諮爲涼祭酒。〔註43〕兩《唐志》並著錄張書，作十卷，《舊志》「張諮」作「張證」，疑誤。《世說‧言語篇注》引張天錫二事作張資《涼州記》，未審即張諮書否？按，張天錫在位十三年，降於苻堅，計自軌在涼州，歷寔（軌子）、茂（寔弟）、駿（寔子）、重華（駿子）、耀靈（重華子）、祚（耀靈伯父）、玄靚（耀靈弟），至天錫（玄靚叔父，駿少子）凡九世七十六年。〔註44〕張書蓋述其事也。今有輯本，張澍之輯段龜龍《涼記》亦引張諮《涼州記》二則。

九、段龜龍《涼記》

北涼段龜龍《涼記》，《隋志》著錄十卷，注云：「記呂光事，偽涼著作佐郎段龜

〔註42〕詳見《晉書斠注》卷一百二十七、一百二十八慕容德、超載記。
〔註43〕見秦榮光《補晉書藝文志》卷二（〈史部‧雜史類‧張諮涼記〉）。
〔註44〕詳見《晉書斠注》卷八十六〈張軌傳〉。

龍撰。」段氏始末未詳，呂光事見《晉書》卷九〈孝武帝本紀〉，又詳卷一百二十二〈呂光載記〉。按，段書，《唐藝文志》著錄，卷同《隋志》。張澍輯本作《涼州記》，其序稱：段龜龍《涼州記》乃記呂光事。《藝文類聚》、《初學記》、《太平御覽》諸書所引，或作《西涼記》，或作《涼州記》。段書乃劉知幾《史通‧十六國春秋》所敘諸涼史之有輯本者，餘並見散佚。

十、喻歸《西河記》

《西河記》二卷，《隋志》著錄，次於段龜龍書前。注云：「記張重華事。晉侍御史喻歸撰。」按，喻氏，東晉豫章南昌（今江西南昌）人。《晉書》卷八十六〈張重華附傳〉謂：張重華以永和二年（西元 364 年）自稱使持節大都督太尉護羌校尉涼州牧西平公假涼王，赦其境內，尊其母嚴氏爲太王太后，所生母馬氏爲王太后，詔遣侍御史俞歸拜重華護羌校尉涼州刺史假節，重華上疏獻捷，又遣使進重華爲涼州牧，是時御史俞歸至涼州（今甘肅武威），重華謀爲涼王，不肯受詔，使沈猛言，歸引論折之，重華遂止。歸以穆帝永和三年（西元 384 年）使涼，至哀帝興寧元年（西元 363 年）天賜送歸，計歷十六年，《西河記》蓋作於此時，記張重華事也。考「喻」，或作「俞」，見《晉書‧張重華傳》，《通鑑考異》曰：「喻歸，一作俞歸。」又或作「諭」，《廣韻‧去聲遇第十‧諭注》：「又姓。東晉有諭歸，撰《西河記》二卷。何承天云：『諭，音樹，豫章人。』」喻書，《隋志》、《廣韻》並作二卷，《元和姓纂‧八》及《通志‧氏族略》並爲三卷，兩《唐志》不載，別有段龜龍《西河記》二卷，疑即喻書誤屬。

十一、車頻《秦書》

《史通‧正史篇》述《秦史》曰：

> 前秦史官，初有趙淵、車敬、梁熙、韋譚，相繼著述，苻堅嘗取而觀之，見苟太后幸李威事，怒而焚滅其本。後著作郎董誼，追錄舊語，十不一存。及宋武帝入關，曾訪秦國事，又命梁州刺史吉翰問諸仇池，並無所獲。先是，秦祕書郎趙整，參撰國史，值秦滅，隱於商洛山，著書不輟，有馮翊車頻助其經費。整卒，翰乃啓頻纂成其書，以元嘉九年（西元 432 年）起，至二十八年（西元 451 年）方罷，定爲三卷，而年月失次，首尾不倫。河東裴景仁又正其訛僻，刪爲《秦紀》十一篇。

按，車頻《秦書》，《隋志》不載，章宗源《隋志考證》著錄三卷，注云：「秦馮翊車頻撰。」車頻始末未詳，劉知幾謂秦祕書郎趙整參撰國史，秦滅，隱於商洛山，

著書不輟，有馮翊車頻助其經費。考整嘗仕苻堅爲太守及祕書郎，堅沒後出家，更名道整，與釋道安同爲譯經之功臣也。〔註45〕其所著書，後由車頻纂成，知車頻書乃趙整稿也。吳士鑑《補晉書經籍志》著錄三卷，稱前秦車頻《秦書》。按，其書以元嘉九年（西元 432 年）起，至二十八年（西年 451 年）止，方始纂成，前後共歷二十年，《史通》稱共三卷，又謂以首尾不倫，裴景仁又正其譌舛，刪爲《秦紀》十一篇，則稱三卷者，「三」下或脫「十」字，即纂書二十年，定爲三十卷，故裴氏始得刪爲十一篇矣。裴景仁《秦紀》，《隋志》著錄三卷，《宋書・沈曇慶傳》稱：曇慶使裴景仁撰《秦記》，敘苻氏僭僞本末，而裴氏乃刪車頻書而成。知車頻《秦書》，蓋記前秦苻氏事也。苻氏自健以晉穆帝永和七年（西元 351 年）僭立，歷雄（健第）、堅（雄子）、丕（堅子）、登（堅族孫）五世，凡四十四年，以孝武帝太元十九年（西元 394 年）滅。史臣曰：「永固（堅字）平燕定蜀，擒代吞涼，跨三分之二，居九州之七，雖五胡之盛，莫之比也。」則其勢可知。〔註46〕趙整稿既撰於秦滅之後，於苻氏事，固能盡其詳，車頻踵而成之，其書自是富贍，今佚。《世說・識鑒篇注、賞譽篇注》、《御覽・人事部、兵部、天部》、《水經・渭水注、濟水注》、《北堂書鈔・武功部》、《初學記・武功部》、《藝文類聚・山部、人部》、《開元占經》諸書並引之。〔註47〕

　　晉自永嘉之後，所在稱兵，其能建邦命氏者，十六國也。十六國者，前涼、後涼、西涼、北涼、南涼、前燕、後燕、南燕、北燕、前秦、後秦、西秦、前趙、後趙及夏、蜀（成漢）等，並因世故，跨僭一方，且有臣子，以書時事。其後或見焚燒，或爲削毀，率多亡佚。及魏世黃門侍郎崔鴻乃考覈眾家，辨其異同，除煩補闕，錯綜綱紀，成《十六國春秋》，由是僞史宣布，大行於世，諸史逐漸寖滅，《隋志》所錄，已非其全，宋修史書，或僅存其目，而作者始末，有未能詳考者矣。

第五節　域外地理及域外行記
——釋道安《西域志》及釋法顯《佛國記》

　　自張騫通西域，國人於西域諸地，始有較爲眞確之認識。〔註48〕其後，班超奮

〔註45〕按，道整與釋法顯同遊天竺，見戒律之盛，遂留不歸，見本章第五節釋法顯《佛國記》。
〔註46〕詳見《晉書斠注》卷一百十二至一百十五〈前秦載記〉。
〔註47〕諸書引文，「頻」或誤作「穎」，見章宗源《隋志考證》卷四（〈霸史・車頻秦書〉）。
〔註48〕詳見《漢書》卷三十一〈張騫傳〉。

封侯之志，立功西遐，甘英乃抵條支而歷安息，〔註49〕足跡所及，又遠邁前人矣。及佛教東漸，漢、魏雖聞，而晉實弘之，更以商旅之往返，晉世與域外之交通乃趨頻仍，域外之地理行記，逐漸多矣。今考晉人之所撰述，尚存《西域志》及《佛國記》二書。《西域志》，晉·釋道安撰，除列於《佛教大藏經》中之外，尚見於：

> 《說郛》（張宗祥校明鈔本）卷六·廣知及卷七十七。

又有清·陳運溶輯，晉·釋道安撰《西域志》一卷。見於：

> 《麓山精舍叢書第二集·古海國貴書鈔》。

其《佛國記》一卷，晉·釋法顯撰，見於：

> 《秘冊彙函》。
>
> 《津逮秘書》第十集（汲古閣本、景汲古閣本）。
>
> 《唐宋叢書·別史》。
>
> 《說郛》弓六十六（宛委山堂本）。
>
> 《五朝小說·魏晉小說·外乘家》。
>
> 《五朝小說大觀·魏晉小說·外乘家》。
>
> 《四庫全書·史部·地理類》。
>
> 《增訂漢魏叢書·載籍》（乾隆本、紅杏山房本、三餘堂本、大通書局石印本）。
>
> 《龍谿精舍叢書·史部》。

別有《三十國記》二卷，見於：

> 《稗乘》。

《法顯記》，見於：

> 《說郛》卷四（張宗祥校明鈔本）。

清·丁謙又有《晉·釋法顯佛國記地理考證》一卷。見於：

> 《橫山草堂叢書第二集附·佛地考證三種》。
>
> 《浙江圖書館叢書第二集》。

《佛國記》之見於《大藏經》著錄者，名或不同，茲並述如后。

一、釋道安《西域志》

《西域志》，不見於《隋志》，章宗源《考證》並闕。吳士鑑《補晉書經籍志》著錄，不題卷數。注云：「見《大唐內典目錄》。」文廷式《補晉藝文志》稱：

> 釋道安《西域志》一卷。

〔註49〕見《後漢書》卷七十八〈西域傳序〉。

注曰：

見梁僧祐《出三藏集記》卷五，《三寶記》、《開元釋教錄》等書並載之。

按，釋道安，俗姓衛，常山扶柳人（今河北冀縣），生於晉懷帝永嘉六年（西元312年）。家世英儒，遭逢世亂，早失覆蔭，爲外兄孔氏所養。七歲讀書，再覽能誦。年十二，出家，神性聰敏，而貌寢陋，不爲師之所重。驅役田舍，執勤就勞，曾無怨色。篤性精進，齋戒無闕。數歲之後，方啓師求經，日誦一書，不差一字，師驚而敬異之，乃恣其遊學。因至鄴，師事佛圖澄。後又遊方問道，備訪經律，師事竺法濟及支曇講。歷石虎，冉閔、慕容儁之亂，遂與弟子釋慧遠〔註50〕等四百餘人南投襄陽，時晉哀帝興寧三年（西元365年），道安五十三歲。襄陽名人習鑿齒，〔註51〕鋒辯天逸，於道安極爲傾倒，先已致書通好。習氏與謝安書稱道安曰：「師徒數百，齋講不倦。無變化技術可以惑常人之耳目，無重威大勢可以整群小之參差，而師徒肅肅，自相尊敬，洋洋濟濟，乃是吾由來所未見。」乃恨謝安之不與同日而見也。嘗與道安稱言應對，有「四海習鑿齒，彌天釋道安」之語，時人以爲名答。道安居襄陽十五載，釐訂經錄，明眾經之由，分張徒眾，弘眞理之教，流澤廣布，聲望日隆，秦主苻堅、涼州刺史楊弘忠、晉孝武郄超，均自遠盡禮，荊襄佛教之盛，蓋自道安始也。晉孝武帝太元四年（西元379年），苻丕克襄陽，與習氏並獲於堅，居長安五重寺，堅出與同輩，甚見禮遇。秦建元二十一年（西元385年）卒於長安，是歲晉孝武帝太元十年。

自漢以來，佛學之大事：一爲禪法，安世高譯之最多，道安注釋之甚勤；二爲般若，支讖竺叔蘭譯大小品，道安研講之最久；三爲竺法護之譯大眾經，道安爲之表張備至。是兩晉之際，道安實爲佛學中心。初則北方有佛圖澄，道安從之受業，南如支道林，皆宗其理；後則北方鳩摩羅什，遙欽風德，南方慧遠，爲其弟子。道安於傳教譯經，發明教理，釐訂佛規，保存經典，並有大功也。其譯經之規模，人材之培養，實開後來羅什之先，晉時佛教之盛，之有獨立建設，之能發揮佛陀精神而不全藉清談之浮華者，道安有焉，道安之在僧史，可與於特出高僧之數矣。〔註52〕

所撰《西域志》，隋・費長房撰《歷代三寶記》（卷第八）著錄一卷。清・文廷式《補晉藝文志》曰：

《藝文類聚》卷七十六引之，《太平御覽》七百九十七引六條，又案《水

〔註50〕釋慧遠有《廬山記略》一卷，見本章第二節。
〔註51〕習鑿齒有《漢晉春秋》，見第三章第三節。
〔註52〕事詳《大藏經・傳記部・神僧傳第二》、《高僧傳第五》及《漢魏兩晉南北朝佛教史》第八章〈釋道安〉。

經注》引釋氏《西域記》甚多，蓋亦出此書。《御覽》九百十一〈西域諸國

志〉曰：『有鼠王國，鼠著金環，沙門過，不咒願，輒害人衣器。』《異苑》

云：『釋道安昔至西方，適見此俗。』（見《二十五史補編》第三冊）

則《西域志》蓋道安記其入關之事矣。今見於《說郛》者，不著卷數，當承《大唐

內典錄》之舊。

二、釋法顯《佛國記》

《佛國記》，《隋志》著錄一卷，注云：「沙門釋法顯撰。」按，釋法顯，姓龔，

平陽武陽人（疑今山西襄垣），有三兄並齠齔而亡，其父恐禍及顯，三歲便度爲沙

彌，年幼，向道之心即甚堅貞。十歲遭父喪，頃之，母喪，葬事畢，仍即還寺。

二十受大戒，志行明敏，儀軌整肅，常在長安，慨律藏殘缺，矢志尋求，以晉隆

安三年（姚秦弘治元年，西元 399 年）〔註53〕與同學慧景、道整〔註54〕、慧應、

慧嵬等，發自長安西行，任緣委命，危而得濟，凡所經歷三十餘國，學書求經，

計十五年返抵晉土，所撰《佛國記》，即述其事也。

按，晉之遊方僧人雖多，而以釋法顯最爲有名。蓋其所至之地，不僅漢之張

騫、甘英所不及，即西晉之朱士行，足跡亦僅達于闐，東晉之支法領即至印度，

亦非從海路歸，〔註55〕法顯前之慧常等，只聞其出，未見其返，康法朗未至天竺，

于法蘭則中道而逝。以海陸並行，廣遊西土，留學天竺，求經而返者，法顯爲其

先也。其遊歷行程，乃自度隴之後，前至褥檀國，度養樓山，至張掖鎮，遇智儼、

慧簡、僧紹、寶雲、僧景，共西進至敦煌，太守李浩（即李暠），供給度沙河。沙

河中，上無飛鳥，下無走獸，四顧茫茫，欲求度處，莫知所擬，唯視日以準東西，

死人枯骨以爲標幟耳。法顯等至鄯鄯國，其地崎嶇薄瘠，俗人衣服粗與漢地同。

從此西行，諸國類皆如此，唯胡語不同，然出家人皆習天竺書、天竺語。復西北

行，至烏夷國，寶雲亦至，智嚴返向南昌求行資。法顯等又直進西南到于闐，其

國豐樂。慧景、道整、慧達，先發向竭又國，次僧韶〔註56〕一人隨胡道人向罽賓，

法顯等進向子合國，南行至蔥嶺，經麾國，而至竭又，復與慧景、道整、慧達三

人合，共度蔥嶺，〔註57〕到北天竺。始入北天竺，有小國名陀歷，自此順嶺西南

行，其道阻絕，壁立千仞，臨之目眩，昔人鑿石通路，施傍梯道，度梯已，躡懸

〔註53〕其時長安爲後秦姚興所據。

〔註54〕即趙整，嘗仕於符堅，參撰國史。見本章第四節車頻〈秦書〉。

〔註55〕參見《釋教錄》卷四。

〔註56〕僧韶，當即僧紹。

〔註57〕蔥嶺冬夏有雪，毒風雨雪，飛沙礫石，遇此難者，萬無一全，土人名之爲雪山。

緪過新頭河，張騫、甘英所不至也。渡河便到烏長國，是正北天竺也，盡作中天竺語，俗人衣服飲食亦與中天竺同，佛法甚盛，常傳言「佛到北天竺」，即到此國也。慧景、道整、慧達三人先發向那竭國，法顯等南下到宿呵多國，從此東下到犍陀衛國，南行到弗樓沙國，時先到那竭國之慧景病，道整住看，慧達一人還於弗樓沙國相見，隨寶雲還中國，法顯遂獨自至那竭國，與慧景、道整會。三人南度小雪山，山冬夏積雪，遇寒風暴起，人皆噤戰，慧景不堪復進，口出白沫而卒。〔註58〕顯泣之痛，復與道整前進，過嶺到羅夷國，經跋那國，渡新頭河，至毘荼國，次經摩頭羅國，經蒲那河，入中天竺境。巡禮佛教故蹟，於巴連弗邑留住最久。蓋法顯本求戒律，北天竺諸國皆用口傳，無本可寫，是以遠步至中天竺，於此邑摩訶衍僧伽藍，得《摩訶僧祇律》，謂乃祇精天所傳本，十八部律所從出，佛在世時，大眾所行也。又得《薩婆多部鈔律》，可七千偈，《雜阿毗曇心》，可六千偈，《綖經》，可二千五百偈，《方等般泥洹經》（一稱涅槃），可五千偈，及《摩訶僧祇阿毗曇》。故法顯在此三年，學梵書、梵語，寫律。道整西來，意本亦在戒律，今既到中國，〔註59〕見沙門法則，眾僧威儀，觸事可觀，及追歎秦土邊地，僧律殘缺，誓曰：「自今日以至得佛，永願不生邊地。」故遂停不歸。法顯本心欲令戒律流通漢地，因是獨還。遂順恒河至海口，乘商舶到師子國（今斯里蘭卡），停住二年，更得《彌沙塞律》、《長阿含》、《雜阿含》及《雜藏》，並為漢土所未有，乃附商舶東歸。值大風暴，船破水入，漂流至一島，後達耶婆提國（或即今之蘇門答臘），換乘他商舶擬趣廣州，又為大風所吹，至岸，詢知乃青州長廣郡牢山南岸（今山東青島），為太守李嶷所款待，太守本欲久留，不果。至建業（南京），就天竺禪師佛馱跋陀於道場寺共譯出《摩訶僧祇律》、《方等泥洹經》、《雜阿毗曇心》，垂百餘萬言。〔註60〕後至荊州（今湖北江陵），卒於新寺，春秋八十二，眾感慟惜。法顯自長安發，六年到佛國，停經六年，還經三年，而達青州，總十五年，履三十餘國，足跡遍及西域、印度，以及南海，遠越張、甘所止，艱難具更，危而得濟，乃將竹帛，疏所經歷，欲令賢者，同其聞見，而成傳記，詳記其遊天竺佛國事也。〔註61〕

〔註58〕《大藏經·高僧法顯傳》：慧景一人不堪復進，口出白沫，語法顯曰：「我亦不復活，便可時去，勿得俱死。」

〔註59〕即中天竺。謂晉土為邊地。

〔註60〕按，釋法顯所得甚多，《綖經》、《長阿鎔經》、《雜阿鎔經》、《彌沙塞律》、《薩婆多律抄》等，猶是梵文，未得譯出。見《大藏經·出三藏記集第二》。

〔註61〕見《大藏經·高僧法顯傳》、《出三藏記集》第十五及《漢魏兩晉南北朝佛教史》第十二章。

　　法顯書，唐修《隋書‧經籍志》作《佛國記》一卷，《法苑珠林‧傳記篇》、《大藏經‧歷代三寶記》第七、《出三藏記集》第二、《大唐內典目錄》第三、《開元釋教錄》第三、《宋史‧藝文志》、《至元法寶勘同總錄》、《明三藏目錄‧兵字號》、《大清龍藏彙記‧書字號》等亦作一卷，或稱《歷遊天竺記傳》，或云《佛遊天竺記》，或作《法顯傳》，明‧胡震亨刻入《秘笈彙函》，題曰《佛國記》，而附跋則云：此書舊名《法顯傳》。《四庫全書總目提要》著錄《佛國記》一卷，注云：「宋‧釋法顯撰。」按，法顯書成於晉義熙中，則當從舊記作「晉‧釋法顯撰」。杜佑《通典》引此書又作「法明」，蓋中宗諱「顯」，唐人以「明」字代之，故原注有「國諱改焉」四字。《隋志‧雜傳類》又有《法顯傳》二卷、《法顯行傳》一卷，不著撰人，明‧胡震亨刻書跋曰：「《法顯傳》原有兩種，其一種二卷者已亡，其一種止一卷，則今書是也，傳尾有晉人記云：『先所略者，勸令詳載，顯復具敘始末。』應是一卷者後出詳備，二卷者遂廢不行耳。」

　　法顯書之作《法顯傳》、《佛遊天竺記》、《佛國記》等，蓋一書之異名。其稱《佛國記》者，王庸以為乃唐人之稱。其言曰：

　　　　近人岑仲勉先生為作考釋，稱《佛遊天竺記考釋》，因《佛國記》為唐人之稱。〔註62〕

所記歷天竺佛國事，於山川、氣候、道里、風俗、言語、宗教敘述甚詳，不僅增進我國於北印度及中亞之知識，並為今日西方研究此方史地學者所取資（歐美各國多有譯本）。蓋印度史籍，向不完全，且雜神話，于闐、龜茲，則已湮滅，傳記無存，研究此方史地者，遂不得不轉求於他國人之記載，我國遊歷西域之傳記，存者極少，而法顯為第一人。其所譯經百餘萬言之中，《摩訶僧祇律》（亦名《大眾律》）為佛教戒律五大部之一，其攜歸之《方等涅盤》，則開後來義學之一支，〔註63〕自佛教東流，蓋未有忘身求法如法顯者也。

〔註62〕見王庸《中國地理學史》第三章第一節六〈外域傳記‧法顯遊天竺記〉。
〔註63〕見《漢魏兩晉南北朝之佛教史》第十二章〈傳譯求法與南北朝之佛教〉。

第五章　傳記及專史

第一節　傳記書之繁盛

　　古之史官，必廣其所記，非獨國君之舉也。故自公卿諸侯，至于群士，善惡之跡，畢集史職，雖窮居側陋之人，言行必達，皆有史傳。自史官曠絕，其道廢壞，鄉老既棄獻書之典，使臣復無問俗之軒，孝賢隱逸，湮沒而不彰者，可勝道哉？殆乎漢世，有《史記》、《漢書》之撰作，而操行高潔，不涉於世者，《史記》獨傳夷、齊，《漢書》但述楊王孫之儔。及阮倉作《仙圖》，劉向典校經籍，乃有列仙、列女、列士之傳。後漢光武，始詔南陽撰作《風俗》，故沛、三輔有耆舊、節士之序，魯、廬江有名德、先賢之讚，郡國之書，由是而作。魏文撰《列異》，嵇康作《高士》，後之作者，因其事類，名目轉廣，至晉而興焉，〔註1〕又以門閥之重，郡書與別傳之作遂盛，《史通·雜述篇》曰：

> 汝潁奇士，江漢英靈，人物所生，載光郡國，故鄉人學者，編而記之，若圈稱《陳留耆舊》、周裴《汝南先賢》、陳壽《益部耆舊》、虞預《會稽典錄》，此之謂郡書者也。

又曰：

> 賢士貞女，類聚區分，雖百行殊途，而同歸於善，則有取其所好，各為之錄，若劉向《列女》、梁鴻《逸民》、趙採《忠臣》、徐廣《孝子》，此之謂別傳也。

是郡書者，體其鄉賢，美其邦族，施於本國，頗得流行，置於他方，罕聞愛異也；

〔註1〕見《隋書·經籍志》卷三十三〈雜傳類序〉。

別傳者，乃博採前史，聚而成書，其有爲新言，加之別說者，不過十一而已。今攷晉人傳記之作，其有存本或輯本者，條列並述如后：

通錄之屬

《群輔錄》一卷，晉‧陶潛撰。見於：

　　《廣漢魏叢書‧別史》（萬曆本、嘉慶本）。

　　《說郛》弓五十七（宛委山堂本）。

　　《五朝小說‧魏晉小說‧雜傳家》。

　　《五朝小說大觀‧魏晉小說‧雜傳家》。

　　《增訂漢魏叢書‧別史》（乾隆本、紅杏山房本、三餘堂本、大通書局石印本）。

　　《龍威秘書一集》。

　　《藝苑捃華》。

　　《古今說部叢書一集》。

　　《漢魏小說探珍》。

《集聖賢群輔錄》一卷，晉‧陶潛撰，清‧觀頮道人輯。見於：

　　《閏竹居叢書》。

以上述通代之屬。

《晉諸公敘讚》二卷，晉‧傅暢撰，清‧傅以禮輯。見於：

　　《傅氏家書》。

《晉諸公讚》一卷，晉‧傅暢撰，清‧黃奭輯。見於：

　　《漢學堂叢書（黃氏逸書考）‧子史鈎沈‧史部雜史類》。

以上爲述晉之屬。

《三輔決錄注》一卷，晉‧摯虞撰，清‧王仁俊輯。見於：

　　《玉函山房輯佚書續編‧史編總類》。

《漢中士女志》一卷，晉‧常璩撰。見於：

　　《說郛》弓五十八（宛委山堂本）。

　　《五朝小說‧魏晉小說‧外乘家》。

　　《五朝小說大觀‧魏晉小說‧外乘家》。

　　《鮑紅葉叢書》。

《漢中士女志》十三則。見於：

　　《舊小說》甲集（民國本、1957 年本）。

以上爲述今陝西之屬。

《會稽典錄》一卷，晉・虞預撰。見於：

　　《說郛》弓五十九（宛委山堂本）。

　　《古今說部叢書一集》。

《會稽典錄》。見於：

　　《說郛》卷三（張宗祥校明鈔本）。

《會稽典錄》一卷，晉・虞預撰，清・王仁俊輯。見於：

　　《玉函山房輯佚書續編・史編總類》

《會稽典錄》一卷，〈存疑〉一卷，晉・虞預撰，周樹人輯。見於：

　　《會稽郡故書雜集》。

　　《四明叢書》第七集。

以上爲述今浙江之屬。

《汝南先賢傳》一卷，晉・周裴傳。見於：

　　《說郛》弓五十八（宛委山堂本）。

　　《五朝小說・魏晉小說・雜傳家》。

　　《五朝小說大觀・魏晉小說・雜傳家》。

《汝南先賢傳》。見於：

　　《說郛・卷七・諸傳摘玄》（張宗祥校明鈔本）。

《汝南先賢傳》五則。見於：

　　《舊小說》甲集（民國本、1957 年本）。

《汝南先賢傳》一卷，晉・周斐撰，清・王仁俊輯。見於：

　　《玉函山房輯佚書補編》。

以上爲述今河南之屬。

《楚國先賢傳》一卷，晉・張方撰。見於：

　　《說郛》弓五十八（宛委山堂本）。

　　《五朝小說・魏晉小說・雜傳家》。

　　《五朝小說大觀・魏晉小說・雜傳家》。

《楚國先賢傳》二則。見於：

　　《舊小說》甲集（民國本、1957 年本）。

《楚國先賢傳》一卷，晉・張方撰，清・陳運溶輯。見於：

　　《麓山精舍叢書第一集・歷朝傳記九種》。

《楚國先賢傳》一卷，晉・張方撰，清・王仁俊輯。見於：

　　《玉函山房輯佚書補編》

《襄陽耆舊傳》一卷，晉・習鑿齒撰。見於：

　　《說郛》弓五十八（宛委山堂本）。

　　《五朝小說・魏晉小說・雜傳家》。

　　《五朝小說大觀・魏晉小說・雜傳家》。

　　《廣四十家小說》。

《襄陽記》。見於：

　　《說郛》卷四・〈墨娥漫錄〉（張宗祥校明鈔本）。

《襄陽耆舊傳五則》。見於：

　　《舊小說》甲集（民國本、1957年本）。

《襄陽耆舊傳》三卷，晉・習鑿齒撰，清・任兆麟訂。見於：

　　《心齋十種》。

《襄陽耆舊傳》一卷，晉・習鑿齒撰，清・王仁俊輯。見於：

　　《玉函山房輯佚書補編》。

《襄陽記》一卷。見於：

　　《玉函山房輯佚書補編》（二本）。

《襄陽耆舊記佚文》一卷，晉・習鑿齒撰，清・王仁俊輯。見於：

　　《經籍佚文》。

《長沙耆舊傳》一卷，晉・劉彧撰。見於：

　　《說郛》弓五十八（宛委山堂本）。

《長沙耆舊傳》。見於：

　　《說郛》卷七・〈諸傳摘玄〉（張宗祥校明鈔本）。

《長沙耆舊傳》一卷，晉・劉彧撰，清・陳運溶輯。見於：

　　《麓山精舍叢書第一集・歷朝傳記九種》。

《零陵先賢傳》一卷，晉・司馬彪撰。見於：

　　《說郛》弓五十八（宛委山堂本）。

　　《五朝小說・魏晉小說・雜傳家》。

　　《五朝小說大觀・魏晉小說・雜傳家》。

《零陵先賢傳》一卷，晉・司馬彪撰，清・陳運溶輯。見於：

　　《麓山精舍叢書第一集・歷朝傳記九種》。

以上爲述今兩湖之屬。

《益都耆舊傳》一卷，晉・陳壽撰。見於：

　　《說郛》弓五十八（宛委山堂本）。

《五朝小說·魏晉小說·雜傳家》。

《五朝小說大觀·魏晉小說·雜傳家》。

《益都耆舊傳》。見於：

　　《說郛》卷七·〈諸傳摘玄〉（張宗祥校明鈔本）。

《益都耆舊傳》二則。見於：

　　《舊小說》甲集（民國本、1957 年本）。

《益都耆舊傳》一卷，晉·陳壽撰，清·王仁俊輯。見於：

　　《玉函山房輯佚書補編》。

《西州後賢志》一卷，晉·常璩撰。見於：

　　《說郛》弓五十八（宛委山堂本）。

　　《五朝小說·魏晉小說·外乘家》。

　　《五朝小說大觀·魏晉小說·外乘家》。

《華陽國志巴郡士女逸文》一卷，晉·常據撰，民國·繆荃孫輯。見於：

　　《藝風堂讀書志》

《梓潼士女志》一卷，晉·常璩撰。見於：

　　《說郛》弓五十八（委宛山堂本）。

　　《五朝小說·魏晉小說·外乘家》。

　　《五朝小說大觀·魏晉小說·外乘家》。

　　《鮑紅葉叢書》。

《梓潼士女志》二則。見於：

　　《舊小說》甲集（民國本、1957 年本）。

以上為述今四川之屬。

專錄之屬

《文士傳》一卷，晉·張隱撰。見於：

　　《說郛》弓五十八（宛委山堂本）。

　　《古今說部叢書二集》。

　　《五朝小說大觀·魏晉小說·雜傳家》。

《文士傳》二則。見於：

　　《舊小說》甲集（民國本、1957 年本）。

《文士傳佚文》一卷，晉·張隱撰，清·王仁俊輯。見於：

　　《經籍佚文》。

《五柳傳》一卷，晉・陶潛自撰。見於：
　　　《水邊林下》。
以上爲述文苑之屬。
《列女傳》一卷，晉・皇甫謐撰。見於：
　　　《綠窗女史・節俠部節烈》。
　　　《說郛》弓五十八（宛委山堂本）。
　　　《五朝小說・魏晉小說・雜傳家》。
　　　《五朝小說大觀・魏晉小說・雜傳家》。
《列女傳》二則。見於：
　　　《舊小說》甲集（民國本、1957年本）。
以上爲述列女之屬。
《高士傳》三卷，晉・皇甫謐撰。見於：
　　　《古今逸史・逸記》。
　　　《廣漢魏叢書・別史》（萬曆本、嘉慶本）。
　　　《秘書廿一種》（康熙本、嘉慶本）。
　　　《四庫全書・史部・傳記類》。
　　　《增訂漢魏叢書・別史》（乾隆本、紅杏山房本、三餘堂本、大通書局石印本）。
　　　　崇文書局彙刻本。
　　　《龍谿精舍叢書・史部》。
　　　《叢書集成初編・史地類》。
　　　《四部備要・史部傳記》（排印本、縮印本）。
　　　《景印元明善本叢書十種・古今逸史・逸記》。
《高士傳》一卷。見於：
　　　《說郛》弓五十七（宛委山堂本）。
《高士傳》。見於：
　　　《說郛》卷七・〈諸傳摘玄〉（張宗祥核明鈔本）。
《高士傳》十則。見於：
　　　《舊小說》甲集（民國本、1957年本）。
《高士傳》三卷附〈逸文〉一卷，晉・皇甫謐撰，逸文，清・錢熙祚輯。見於：
　　　《指海》第十五集（道光本、景道光本）。
《高士傳》一卷，晉・皇甫謐撰，清・任兆麟選輯。見於：
　　　《述記續》。

《高士傳佚文》一卷，晉・皇甫謐撰，清・王仁俊輯。見於：

　　《經籍佚文》。

《高士傳》一卷，晉・皇甫謐撰，民國・羅振玉輯。見於：

　　《雪堂叢刻》。

《高士傳》三卷，晉・皇甫謐撰，明・黃省曾輯。見於：

　　《漢唐三傳》。

《達士傳》一卷，晉・皇甫謐撰，清・王仁俊輯。見於：

　　《玉函山房輯佚書補編》。

以上為述隱逸之屬。

《孝子傳》，晉・蕭廣濟撰，清・茆泮林輯。見於：

　　《十種古逸書・古孝子傳》。

　　《龍谿精舍叢書・史部・古孝子傳》。

　　《叢書集成初編・史地類・古孝子傳》。

《孝子傳》一卷，晉・蕭廣濟撰，清・黃奭輯。見於：

　　《漢學堂叢書（黃氏逸書考）・子史鉤沈・史部傳記類》。

《孝子傳輯本》一卷，晉・蕭廣濟撰，清・陶方琦輯。見於：

　　《漢孳室遺著》。

《孝傳》一卷，晉・陶潛撰。見於：

　　《廣漢魏叢書・經翼》（萬曆本、嘉慶本）。

　　《增訂漢魏叢書・經翼》（乾隆本、紅杏山房本、三餘堂本、大通書局石印本）。

　　《鮑紅葉叢書》。

　　《叢書集成初編・史地類》。

《孝子傳》一卷，晉・徐廣撰。見於：

　　《說郛》弓五十八（宛委山堂本）。

《孝子傳》。見於：

　　《說郛》卷七・〈諸傳摘玄〉（張宗祥校明鈔本）。

以上為述孝友之屬。

《東林蓮社十八高賢傳》一卷，晉・某撰。見於：

　　《唐宋叢書・別史》。

　　《說郛》弓五十七（宛委山堂本）。

　　《五朝小說・魏晉小說・雜傳家》。

　　《五朝小說大觀・魏晉小說・雜傳家》。

《蓮社高賢傳》一卷。見於：

　　《增訂漢魏叢書‧別史》。（乾隆本、紅杏山房本、三餘堂本、大通書局石印本）

《蓮社高賢傳》四則。見於：

　　《舊小說》甲集（民國本、1957年本）。

《神僧傳》一卷，晉‧法顯撰。見於：

　　《合刻三志‧志奇類》。

　　《說郛》弓一百十二（宛委山堂本）。

　　《五朝小說‧魏晉小說‧雜傳家》。

　　《五朝小說大觀‧魏晉小說‧雜傳家》。

《神僧傳》。見於：

　　《舊小說》甲集（民國本、1957年本）。

《神仙傳》十卷，晉‧葛洪撰。見於：

　　《廣漢魏叢書‧別史》（萬曆本、嘉慶本）、。

　　《四庫全書‧子部‧道家類》。

　　《增訂漢魏叢書‧別史》（乾隆本、紅杏山房本、三餘堂本、大通書局石印本）。

　　《龍威秘書》一集。

　　《說庫》。

　　《道藏精華》第九集。

《神仙傳》一卷。見於：

　　《夷門廣牘‧招隱》。

　　《說郛》弓五十八（宛委山堂本）。

　　《五朝小說‧魏晉小說‧雜傳家》。

　　《五朝小說大觀‧魏晉小說‧雜傳家》。

　　《漢魏小說採珍》。

　　《景印元明善本叢書十種‧夷門廣牘‧招隱》。

《神仙傳》五卷。見於：

　　《藝苑捃華》。

《神仙傳》。見於：

　　《說郛》卷七‧〈諸傳摘玄〉（張宗祥校明鈔本）。

　　《說郛》卷四十三（張宗祥校明鈔本）。

《神仙傳》四十五則。見於：

　　《舊小說》甲集（民國本、1957年本）。

《神仙傳》一卷，晉・葛洪撰，清・王仁俊輯。見於：

　　《玉函山房輯佚書續編・史編總類》。

《列仙傳逸文》一卷，晉・葛洪撰，清・王仁俊輯。見於：

　　《經籍佚文》。

以上爲述釋道之屬。

一、陶潛《群輔錄》

　　上列諸書，敘通錄之屬者，有陶潛《群輔錄》，此通代之作也。陶潛，字元亮，在晉本名淵明，或作深明、泉明者，唐人避高祖諱故云也，〔註2〕潯陽柴桑（今江西九江）人，生於晉哀帝興寧三年乙丑（西元365年）。少有高趣，博學善屬文，穎脫不羈，任眞自得，爲鄉鄰之所貴，宅邊有五柳樹，嘗著〈五柳先生傳〉以自況，頗示其忘懷得失之情，時人謂之實錄。（參見本節〈五柳傳〉）以親老家貧，晉孝武帝太元十八年年癸巳（西元393年），時年二十九，起爲江州祭酒。不堪吏職，少日，自解歸。州召主簿，不就。躬耕自資，遂抱羸疾。安帝隆安三年己亥（西元399年），年三十五，入劉牢之幕，爲鎮軍參軍。義熙元年乙巳（西元405年），年四十一，三月，爲建威將軍劉敬宣（牢之子）參軍，八月，以爲彭澤令。在縣公田，悉令種秫穀，曰：「令吾常醉於酒足矣。」妻子固請種秔，乃使二頃五十畝種秫，五十畝種秔。素簡貴，不私事上官，歲終，會郡遣督郵至縣，吏白應束帶見之，潛歎曰：「吾不能爲五斗米，折腰向鄉里小兒！」即日解印去縣，乃賦〈歸去來〉，以心爲形役而悲。仲秋至冬，在官八十餘日。義熙末，徵著作佐郎，不就。既絕州郡，覲謁其鄉親張野及周旋人、羊松齡、寵遵。〔註3〕或有酒要之，雖不識主人，亦欣然無忤，既醉便反。未嘗有所造詣，所之唯至田舍及廬山游觀而已。江州刺史王弘以元熙中臨州，甚欽遲之，後自造焉，潛稱疾不見，既而語人云：「我性不狎世，因疾守閑，幸非絜志慕聲，豈敢以王公紆軫爲榮邪！夫謬以不賢，此劉公幹所以招謗君子，其罪不細也。」弘每令人候之，密知當往廬山，乃遣其故人龐通等齎酒，先於半道要之，潛既遇酒，便引酌野亭，欣然忘進，弘乃出與相見，遂歡宴窮日。弘後欲見，輒於林澤間候之，至於酒米乏絕，亦時相贍，其親朋好事，或載酒肴而往，潛亦無所辭焉。性不解音，而畜琴一張，每朋酒之會，則撫弄以寄其意，曰：「但識琴中趣，何勞絃

〔註2〕梁啓超《陶淵明年譜》以爲淵明其名，而潛其小名歟？又或謂入宋後始改名潛，見宋・吳仁傑、王質二家所撰《年譜考證》。

〔註3〕《晉書斠注》卷九十四〈陶潛傳斠注〉曰：「疑寵遵亦爲『龐通』之譌，《廣韻》、《元和姓纂》均無寵姓。」

上聲。」貴賤造之者，有酒則設，潛若先醉，便語客：「我醉欲眠，卿可去。」其眞率如此。以宋文帝元嘉四年丁卯（西元 427 年）卒，時年六十三，〔註4〕世號靖節先生，顏延之爲作〈陶徵士誄〉。潛以曾祖侃，晉大司馬，恥屈身異代，自宋武帝王業漸隆，不肯復仕，所著文章皆顯其年月，義熙以前，明書晉氏年號，自永初以後，唯云甲子而已，有集行世。〔註5〕

所撰《群輔錄》，今存，或名《四八目》，《閱竹居叢書》作《集聖賢群輔錄》，凡古來帝王輔佐有數可紀者，靡不俱載，〔註6〕每一事已，即具疏所聞或經傳所出，以結前意，唯「八儒」、「三墨」二條無後說。全書分上、下二卷，附載《陶潛集》中，列爲卷九、卷十，乃北齊尙書左僕射陽休之所編，陽休之〈序錄〉曰：

> 余覽陶潛之文，辭采雖未優，而往往有奇絕異語，放逸之致，棲托仍高。其集先有兩本行於世，一本八卷，無〈序〉，一本六卷，並〈序目〉，編比顛亂，義復闕少，蕭統所撰八卷，合〈序目〉、〈誄傳〉，而少〈五孝傳〉及〈四八目〉，然編錄有體，次第可尋，余頗賞潛文，以爲三本不同，恐終致亡失，今錄統所闕並〈序目〉等，合爲一帙十卷，以遺好事君子。

自是而後，唐、宋以來，相沿引用，〔註7〕明‧何文簡孟春且嘗爲之注，清‧陶澍又正其得失，有〈序〉一篇，述其原委。其書蓋爲後世類書之祖，足資參證。

二、傅暢《晉諸公敍贊》

述晉之作，有傅暢《晉諸公敍讚》。傅暢，字世道，北地泥陽（今陝西耀縣）人。

〔註4〕梁啓超《陶淵明年譜》以爲潛於西元 372 年生，427 年卒，年五十六。

〔註5〕詳見《晉書斠注》卷九十四〈陶潛傳〉、《宋書》卷九十三〈隱逸傳〉、《南史‧隱逸傳》、《蓮社高賢傳》、蕭統〈陶淵明傳〉、顏延之〈陶徵士誄〉及陶樹《靖節先生年譜考異》。

按，元熙二年夏六月晉禪于宋，宋武帝踐阼，改元永初。

宋‧吳仁傑《年譜考證》曰：「仁傑按：沈約《宋書》，潛自以曾祖晉世宰輔，不復屈身後代，自高祖王業漸隆，不復肯任，所著文章皆題年月，義熙以前，則書晉氏年號，自永初以來，惟云甲子而已。嘗考集中諸文，義熙以前書晉氏年號，如〈桃花源詩序〉云晉太元中，又〈祭程氏妹文〉云惟晉義熙三年是也，至〈游斜川詩序〉在宋永初二年作，則但稱辛酉歲，〈自祭文〉在元嘉四年作，則但稱歲惟丁卯。史氏之言，亦不誣矣。然其〈祭從弟敬遠〉，文在義熙中，亦止云歲在辛亥，要之，集中詩文，於晉年號，或書或否，固不一槪，辛無一字稱宋永初以來年號者，此史氏所以著之也。」其或題年號，或云甲子，自宋僧思悅啓疑之後，論者甚眾，吳譜則力辯史之無誣。又清‧陶澍之說，亦甚詳審，茲不贅。

〔註6〕見《四庫全書總目提要‧雜家類一‧鬻子》。然《鬻子》所列禹七大夫、湯七大夫，則不見收。

〔註7〕《四庫全書總目提要‧集部‧別集一‧陶淵明》則以爲此書乃北齊以前人所依託。

年五歲，父友見而戲之，解暢衣取其金環與侍者，暢不之惜，以此賞之。年未弱冠，甚有重名。元康初（元康元年，西元291年），封武鄉亭侯。永嘉中（永嘉元年，西元307年），選爲秘書丞。尋沒于石勒，勒以爲大將軍右司馬。暢諳識朝儀，恒居機密，勒甚重之，作《晉諸公敘讚》二十二卷，又爲《公卿故事》九卷，晉成帝咸和五年卒（後趙石勒建平元年，西元330年），有《集》五卷。〔註8〕

傅書或稱《晉諸公讚》，《魏志·傅嘏傳注》引《魏晉世語》曰：

> 暢，字世道，秘書丞，沒在胡中，著《晉諸公贊》。

其書當成於仕勒之時，稱敘讚者，各爲敘傳於前，而系以讚，猶劉中壘《列女傳》讚之體，〔註9〕《隋經籍志》著錄二十一卷，兩《唐志》、《冊府元龜》並作二十二卷，吳士鑑《補晉書經籍志》據《隋志》著錄（丁國鈞、文廷式等之《補晉書藝文志》並同），今亡。《魏志·少帝紀注》、《世說·賢媛篇注》、〔註10〕《通典·職官門注》各引數事，《水經·穀水注》引一事，題傅暢《晉書》，〔註11〕《左傳·莊公正義》引一事，題《晉語諸公贊》，「語」字蓋爲誤增，至他書徵引，或稱傅暢《晉贊》，省「諸公」二字。今有輯本一卷。

三、摯虞《三輔決錄注》

述陝西之書，有摯虞《三輔決錄注》及常璩《漢中士女志》。摯虞有《畿服經》一卷，常璩撰《華陽國志》十二卷，其事跡分見第四章第二節、第三節。

摯虞注《三輔決錄》，見於《晉書斠注》卷五十一本傳所載。按，《三輔決錄》，《隋志·雜傳類》著錄七卷，乃漢太僕趙歧所撰。趙歧，字邠卿，京兆長陵（今陝西咸陽）人，生於漢殤帝延平初年，獻帝建安六年辛巳（西元201年）卒，年九十餘，事詳《後漢書》卷九十四本傳，其〈自序〉曰：

> 三輔者，本雍州之地，世世徙公卿吏二千石及高資皆以陪諸陵，五方之俗雜會，非一國之風，不但繫於《詩·秦、豳》也。其士好高尚義，貴於名行，其俗失則趨勢進權，唯利是視。余以不才，生於西土，耳能聽而聞故老之言，目能視而見方冠之疇，心能識而觀其賢愚。常以玄冬，夢黃髮之士，姓玄，名明，字子眞，與余竊言，言必有中，善否之間，無所依違，命操筆者書之。近從建武以來，暨於斯。今其人既亡，行乃可書，玉

〔註8〕見《晉書斠注》卷四十七〈傅玄傳〉，嚴可均《全晉文》卷五十二〈傅暢〉。
〔註9〕見姚振宗《隋志考證》卷十三（〈史部三·雜史類·傅暢晉諸公讚〉）。
〔註10〕姚振宗謂《世說》諸篇注引文甚多，見所撰《隋志考證》卷十三。
〔註11〕按，作《晉書》者，當爲《晉贊》之誤，傅暢無《晉書》之作。

石朱紫，由此定矣，故謂之決錄矣。

知其書乃述三輔之人，蓋棺論定，故云決錄。猶恐時人不盡其意，故隱其書，唯以云同郡嚴象〔註12〕。

其書，劉知幾以爲係譜牒之作，其言曰：

> 譜牒之作，盛於中古，漢有趙歧《三輔決錄》，晉有摯虞《姓族記》，江左有兩王《百家譜》，中原有《方思殿格》。蓋氏族之事，盡在是矣。（《史通・書志篇》）

清・張澍據趙氏〈自序〉並昔人徵引逸篇，則以爲其書不類譜牒（見〈二酉堂輯本序〉）。其書作韻語，即所謂文言美辭者也。侯康《補後漢書藝文志》曰：

> 康案：范書〈隗囂傳注〉引一條云：「平陵之王，惠孟鏘鏘，激昂囂述，因於東平。」則其書似有韻語作贊，然他不多見，今於諸事所引者尚夥，每與摯虞注相紊亂。

摯虞所注《三輔決錄》，《唐日本國見在書目》及《唐經籍志》等並著錄七卷，與《隋經籍志》同，《唐藝文志》所錄，則增多三卷，今亡，清王仁俊有輯本。按，諸書徵引，錄與注不盡分晰，清・張澍特鈔撮分別之，存二酉堂輯本。又茆泮林隨遇輯錄《三輔決錄》，於摯虞〈注〉一併輯之，得三十六事。夫注之命名，由傳而改，昔《詩》、《書》既成，而毛、孔立傳，傳之時義，以訓詁爲主，亦猶《春秋》之傳，配經而行也。降及中古，始名傳曰注。蓋傳者，轉也，轉授於無窮；注者，流也，流通而靡絕。則此二名，其歸一揆。既而史傳小書，人物雜記，文言美辭，列於章句，委曲敘事，存於細書，此之注釋，摯虞之謂也。〔註13〕

四、常璩〈漢中士女志〉

《史通・補注篇》曰：

> 若摯虞之《三輔決錄》，陳壽之《季漢輔臣》，周處之《陽羨土風》，常璩之《華陽士女》，文言美辭，列於章句，委曲敘事，存於細書。

劉氏所謂常璩《華陽士女》者，蓋指常氏《華陽國志》所述之士女也。按，《華陽國志》十二卷，今存，己見第四章第三節。今其列於卷十之先賢士女所敘，依次計有

〔註12〕《魏志・荀彧傳注》引《三輔決錄》曰：「嚴象，字文則，京兆（今陝西長安）人。少聰博，有膽智。以督軍御史中丞詣揚州討袁術，會術病卒，用以爲揚州刺史。建安五年（西元200年），爲孫策廬江太守李術所殺，時年三十八（西元163～200年）。象同郡趙歧作《三輔決錄》，恐時人不盡其意，故隱其書，唯以云象。」姚振宗《隋志考證》卷二十曰：「案，此似《三輔決錄・序、注》摯仲洽之辭也。」

〔註13〕見《史通・補注篇》。

〈蜀郡士女〉、〈巴郡士女〉、〈廣漢士女〉、〈犍爲士女〉、〈漢中士女〉、〈梓潼士女〉
等。常氏〈先賢士女總贊〉曰：

> 自漢興以來，迄乎魏晉，多士克生，髦俊蓋世。愷元之疇，感於帝思，
> 於是璽書交馳於斜谷之南，束帛炱炱於梁、益之鄉。或迺龍飛紫閣，允陟
> 璿璣，亦有盤桓利居，經綸皓素。其躭懷道術，服膺六藝，弓車之招，游
> 旌之命，徵名聘德，忠臣孝子，烈士賢女，高劭足以振元風，貞淑可以方
> 蘋繁者，奕世載美。是以四方述作，來世志士，莫不仰高軌以咨詠，憲洪
> 猷而儀則，擅名八區，爲世師表矣。故者舊之篇，較美《史》、《漢》。而
> 今志州部區別，未可總而言之。用敢撰約其善，爲之述讚，因自注解，甄
> 其洪伐，尋事釋義，略可以知其前言往行矣。

知常氏《華陽士女》之作，欲以振其玄風，俾後來志士，能知其前言往行，以宣德
達教，博化篤俗也。其所據以著書者，《漢書》、《三國志》也。梁、益二州人士，自
漢及魏，計得士女二百四十八人，益以所撰後賢二十人，合二百六十八人，至晉元
康末，凡三百九十二人。〔註14〕先賢士女今存蜀郡、廣漢、犍爲、漢中、梓潼等共
一百九十四人，俱見《函海》第一函。巴郡士女止知其目，所闕蓋五十四人。其述
陝西之士女者，爲漢中士女，今十二卷本列於卷第十下。所讚凡三十四人，計士二
十五人，女九人也。其例先以四言爲讚，略題其目，以爲章句，次爲縷敘姓名、爵
里、家世、履歷等，士在女前，終再以四言分別總讚士女，此劉知幾《史通·補注
篇》所謂文言美辭，列於章句，委曲敘事，存於細書者也，《魏晉小說大觀》所載則
惟存其細書焉。

五、虞預《會稽典錄》

述浙江之書，有虞預《會稽典錄》。虞預有《晉書》，並其事跡，已見第三章第
四節。其《會稽典錄》，劉知幾謂爲郡書。郡書者，如圈稱《陳留耆舊》、周斐《汝
南先賢》、陳壽《益都耆舊》，乃汝穎奇士，江漢英靈，人物所生，載光郡國，鄉人
學者，編而記之者也，〔註15〕其書務欲矜其州里，誇其氏族，此「江東五雋」所以
著於《會稽典錄》者。《史通·採撰篇》曰：

> 夫郡國之記，譜牒之書，務欲矜其州里，誇其氏族，讀之者，安可不
> 練其得失，明其眞僞者乎。至如江東五雋，始自《會稽典錄》。潁川八龍，

〔註14〕見《華陽國志》卷十。〈益梁寧三州先漢以來士女名目錄〉所列作三百九十一人，計
　　　　漢至三國三百四十人，三國、兩晉以來，後賢五十一人。
〔註15〕見《史通·雜述篇》。

出於《荀氏家傳》。而修晉、漢史者，皆徵彼虛譽，定爲實錄。苟不別加
研覈，何以詳其是非。

攷《吳志‧虞翻傳注》引《典錄》，載山陰朱育對太守濮陽興述初平末年，王府君問
士於虞仲翔，仲翔具答，其言會稽人士最詳。至江東五儁，逸篇中未見徵引。〔註16〕
蓋以虛譽，不被徵探也。其書本傳載有二十篇，隋、唐志並云二十四卷，今所見者，
輯本耳。

六、周斐《汝南先賢傳》

周斐《汝南先賢傳》，爲述河南之書。周斐始末未詳，《續談助鈔‧殷芸小說》
載汝南中正周裴表，則「裴」當爲「斐」之誤，周斐蓋嘗爲本郡中正者。〔註17〕《隋
書‧經籍志》著錄《汝南先賢傳》五卷，注云「魏‧周斐傳」，《舊唐志》撰人作「周
裴」，卷數有三，當有誤筆。《唐書‧藝文志‧汝南先賢傳五卷》，撰者僅作周斐，不
載朝代。周斐當從魏入晉也。

所撰《汝南先賢傳》，劉知幾《史通》以爲郡書者也（見〈雜述篇〉）。《史通‧
外篇注》又作《汝南先賢行狀》，《世說注》諸書所引，皆稱「傳」，《太平御覽‧人
事部》引胡定在喪，雪覆其屋事，則作「行狀」。〔註18〕其書爲諸書所引者甚多，
如周承之器識（見《世說‧賞譽篇注》），闕敞之貞廉（見《藝文類聚》卷六十六），
黃浮、李宣之公正（見《御覽》二百六十八、九），陳華、王恢之義烈（見《御覽》
二百六十八、四百二十一），李鴻、李先、殷煇之孝友（見《御覽》四百十四），許
嘉之志節（見《御覽》三百四十三、六百四十九），郭亮之幼慧（見《御覽》三百八
十五），薛勤之知人（見《御覽》四百四十四），史傳皆佚其事，且有不知姓名者，
胥賴此書以傳。惟載及侯瑾（見《藝文類聚》八十）、葛玄（見《藝文類聚》九十六）、
胡定（見《御覽》四百二十六）、劉巴（見《御覽》四百五十七）諸人事，皆非汝南
人，疑引書者，輾轉傳僞也。〔註19〕

七、張方《楚國先賢傳》

張方《楚國先賢傳》、習鑿齒《襄陽耆舊記》、劉彧《長沙耆舊傳》、司馬彪《零
陵先賢傳》等俱述兩湖之事也。習鑿齒有《漢晉春秋》，司馬彪有《續漢書》，並其
事跡，俱見第二章第一節及第三章第三節。張方、劉彧始末皆不詳，《晉書》卷六十

〔註16〕見章宗源《隋志考證》卷十三（〈雜傳‧虞預會稽典錄〉）。
〔註17〕見姚振宗《隋志考證》卷二十（〈史部十‧雜傳類‧周斐汝南先賢傳〉）。
〔註18〕見章宗源《隋志考證》卷十三〈雜傳‧周斐汝南先賢傳〉。
〔註19〕見侯康《補三國藝文志》卷二（〈史部‧雜傳類‧周斐汝南先賢傳〉）。

有〈張方傳〉，攷其事跡，當非撰《楚國先賢傳》之張方，又《文選》卷二十一〈應璩百一詩注〉引「張方賢《楚國先賢傳》曰」云云，姚振宗《隋志攷證》以爲張方之下，脫一「賢」字，然攷《隋志》、《新唐志》所錄，俱作「張方」，無作「張方賢」者，是又不然。《唐經籍志》所錄撰人，又作「楊方」，然《藝文類聚‧禮部》等諸書所引（《類聚》「楚國」誤作「魯國」），亦無稱「楊方」者。其書十二卷，隋、唐志並著於錄，《隋志》作《楚國先賢傳讚》，《舊唐志》作《楚國先賢志》，姚振宗《隋志攷證》疑其書中或有鄒閎甫所撰《楚國先賢傳》，其言曰：

> 魏、晉時有鄒湛，字潤甫，南陽新野人，見《晉書‧文苑傳》，閎甫
> 或其昆季行，其《先賢傳》隋、唐志皆不見，疑即在是書十二卷中。

今據《世說‧德行篇注》引百里奚、《初學記‧居處部》引熊宜僚、《太平御覽‧鱗介部》引宋玉，知所記乃上及春秋、戰國，又裴松之及章懷注史所引，皆漢、魏、晉時事。〔註20〕知張方所撰書，蓋爲楚國先賢通代之書也。

八、習鑿齒《襄陽耆舊傳》

習鑿齒著有《漢晉春秋》，並其事跡已見第三章第三節。所撰《襄陽耆舊傳》五卷，《隋志》、兩《唐志》、《宋史‧志》等並著於錄，而《隋志》作《襄陽耆舊記》，晁公武《郡齋讀書志》（卷九）曰：

> 《隋經籍志》曰《耆舊記》，《唐藝文志》曰《耆舊傳》，觀其書，記
> 錄叢脞，非傳體也，名當從《經籍志》。

故晁氏所錄，亦作《襄陽耆舊記》。今按《續漢‧郡國志注》引《襄陽耆舊傳》，與《文選‧南都賦注》引文同，而《文選》稱《耆舊記》，劉昭所見在《隋志》前，知稱傳之名，由來已久，《三國志注》多省文稱《襄陽記》，《水經注》、《後漢書注》亦同省文。〔註21〕其書前載襄陽人物，中載其山川城邑，後載其牧守。〔註22〕《玉海》所見，其末有賀鑄題，疑記述無倫貫，非全書云，〔註23〕是其書當亡佚甚早。

九、劉彧《長沙耆舊傳》

劉彧《長沙耆舊傳》，《隋志》著錄，作《長沙舊傳讚》，注云：「晉臨川王郎中劉彧撰」，按，劉彧始末未詳。《晉書‧簡文三子傳》稱，臨川獻王郁，年十七而薨，久之，追諡獻世子。寧康初（寧康元年，西元 373 年），追封郡王。以武陵威王曾孫

〔註20〕見章宗源《隋志考證》卷十三（〈雜傳‧張方楚國先賢傳〉）。
〔註21〕見章宗源《隋志考證》卷十三（〈雜傳‧習鑿齒襄陽耆舊記〉）。
〔註22〕見晁公武《郡齋讀書志》卷九（〈習鑿齒襄陽耆舊記〉）。
〔註23〕見《玉海‧地理類》。

寶爲嗣，寶入宋降爲西豐侯，在晉爲臨川郡王，凡四十有七年。則劉彧爲其郎中者，
在斯時也。〔註24〕其書三卷，《隋志》、兩《唐志》、宋・高似孫《史略》並著於錄，
《舊唐志》撰人作劉成，《新唐志》著錄四卷，兩《唐志》並訛作《舊邦傳讚》，《史
略》「劉彧」作「劉或」，今佚。《水經・洛水注》、《北堂書鈔・儀部》、《太平御覽・
天部》、《初學記・天部》、《藝文類聚・天部》等，皆引之。〔註25〕今有輯本一卷，
作劉彧《長沙耆舊傳》。

十、司馬彪《零陵先賢傳》

《零陵先賢傳》，《隋志》著錄一卷，不著撰人，兩《唐志》並同，今所見輯本，
皆稱晉・司馬彪撰。其書據《三國志注》所引，皆記劉、曹時事，《藝文類聚・祥瑞
部》引周不疑作〈白雀頌〉，亦係魏人，惟《水經・湘水注》鄭產爲白土一嗇夫上言
除民口錢事，乃漢末先賢，〔註26〕則此書所記，大抵爲漢、三國時事也。按，司馬
彪有《續漢書》，並其事跡，已見第二章第一節。

十一、陳壽《益部耆舊傳》

陳壽《益部耆舊傳》、常璩《西州後賢志》、《華陽國志巴郡士女逸文》、《梓潼士
女》等，爲述四川之書，陳壽有《三國志》，並其事跡，已見第二章第四節，常璩有
《華陽國志》，見於第四章第三節及本節之述〈漢中士女志〉。

攷《晉書・陳壽傳》，載壽有《益都耆舊傳》十篇，《隋經籍志・雜傳類》作《益
部耆舊傳》十四卷，今按常璩《華陽國志》卷十一〈後賢志・陳壽傳〉所言：

> 益部自建武後，蜀郡鄭伯邑太尉趙彥信及漢中陳申伯、祝元靈、廣漢
> 王文表，皆以博學洽聞，作《巴蜀耆舊傳》，陳壽以爲不足經遠，乃並巴
> 漢，撰爲《益部耆舊傳》十篇。

知作「益都」者，當爲「益部」之譌。又《隋志》撰人作「陳長壽」，攷〈漢中士女
志〉卷十六曰：

> 其陳術字申伯，作《耆舊傳》者也（見總讚後附述）。

陳壽《蜀志・李譔傳》亦云：

> 陳術，字申伯，博學多聞，著《益部耆舊傳》及《志》。

嘉興沈濤《銅熨斗齋隨筆》遂云：

〔註24〕見姚振宗《隋志考證》卷二十（〈史部十・雜傳類・劉彧長沙舊傳讚〉）。
〔註25〕見章宗源《隋志考證》卷十三（〈雜傳・劉彧長沙舊傳讚〉）。
〔註26〕見章宗源《隋志考證》卷十三（〈雜傳・零陵先賢傳〉）。

《隋經籍志》：《益部耆舊傳》十四卷，陳長壽撰。「長壽」疑亦術之一字。
是皆以此書爲漢中陳術字申伯所撰者也。然按《華陽國志‧陳壽傳》之云漢中陳申
伯、祝元靈、廣漢王文表，皆作《巴蜀耆舊傳》，壽以爲不足經遠，乃並巴漢撰爲《益
部耆舊傳》十篇。則陳術在陳壽之前，陳術之書爲壽藍本中之一，《隋志》所錄之《益
部耆舊傳》應爲陳壽所撰之書明矣。兩《唐志》所錄正作陳壽，卷數與《隋志》同。
又攷《隋志‧史部‧刑法類》有陳壽撰《魏名臣奏事》四十卷、〈目〉一卷，〈集部‧
總集類〉又稱梁有《魏名臣奏》三十卷，陳長壽撰，亡，《唐藝文志》入〈故事類〉。
姚振宗《隋志考證》遂曰：

> 其書不盡屬刑法，章氏所舉諸引證可見，故有入故事者，有入總集者，
> 本志既從他書目著之此類，復從《七錄》附著於總集亡書中，實亡而未亡，
> 前後失於釐訂也。

據此，知《隋志》蓋爲重出，其所謂「陳長壽」者，當亦爲「陳壽」之誤。其書既
承前人之舊，踵事以增華，固能轉精，散騎常侍文立表呈之，武帝乃以爲善，〔註27〕
是以常璩之撰華陽事，以爲其書始漢及魏，煥乎可觀，遂據以撰述焉，〔註28〕裴松
之、顏師古之注史亦皆引之。其書所載列女，《水經‧江水注》、《初學記‧服食部》、
《太平御覽‧地部、人事部》等共引十二事，餘多載漢魏耆舊也。〔註29〕

十二、常璩〈西州後賢志〉、〈巴郡士女志〉、〈梓潼士女志〉

至於〈西州後賢志〉、〈巴郡士女志〉、〈梓潼士女志〉等，俱爲常璩《華陽國志》
之一部，〈西州後賢志〉今見於《華陽國志》卷十一，或省作〈後賢志〉，〈巴郡士女
志〉、〈梓潼士女志〉並見於卷十之〈先賢士女總志〉，本節前述〈漢中士女志〉時已
見述及。其〈後賢志〉所敘西州二十人，蓋比於先賢也。〈後賢志序〉曰：

> 西州自奉聖晉後，俊偉倜儻之士，或修德讓，行止從時，或播功立事，
> 羽儀上京，策勳王府，甄名史錄，侔於先賢。會遇喪亂軋搆，華夏顚墜，
> 典籍多缺，族祖武平府君，愍其若斯，乃操簡援翰，拾其遺闕。然但言二
> 蜀，巴漢未列，又務在舉善，不必珍異，關之耆舊，竹素宜闡，今更撰次
> 損益，足銘後觀者，凡二十人，綴之斯篇，雖行故墜沒，大較舉其一隅。

其志有〈序〉一篇，述其著書原委，次列二十人官爵、姓名、讚語，則宛如目錄，
再各爲之傳，乃內容所在，而以讚曰爲終，並附五公官爵、姓名，蓋自成一書體例，

〔註27〕見《華陽國志》卷十一〈後賢志‧陳壽傳〉。
〔註28〕見《華陽國志》卷十一〈後賢志〉及卷十二〈序志〉。
〔註29〕見章宗源《隋志考證》卷十三（〈雜傳‧陳長壽益部耆舊傳〉）。

故能單行也。〈巴郡士女志〉今本止存其目，以〈先賢士女總志〉卷末云二州人士二百四十八人，今存蜀郡、廣漢、犍為、漢中、梓潼諸士女共一百九十四人計之，所闕巴郡士女蓋五十四人。今用所存他士女志考之，其志蓋亦先士後女，分別撰述，以四言讚語為目，再為作傳，劉知幾所謂文言美辭，列於章句，委曲敘事，存於細書，如〈漢中士女志〉者然也。〔註30〕其〈梓潼士女志〉，亦與此同，所敘梓潼郡士女凡十八人，士十五人，女三人。

十三、張隱《文士傳》

專錄之屬，而述文苑者，有張隱《文士傳》及陶潛《五柳傳》。張隱始末未詳，陶潛有《群輔錄》，並其事跡，已見本節前述。按，張隱《文士傳》，見於《隋志‧雜傳類》著錄，作五十卷，兩《唐志》卷同，撰人則為張騭，考梁鍾嶸《詩品‧總論》曰：「張騭文士，逢文即書」，杜天糜注：「張騭著《文士傳》。」《御覽》三百六十五引《文士傳》有：張敦、桓麟、劉楨、阮瑀、王弼、杜育六條，不著撰名，《中興書目曰》：《文士傳》五卷，載六國以來文士，起楚‧芉原，終魏‧阮瑀。則作「張隱」者，蓋為「張騭」。又《三國志‧魏志》卷二十一〈王粲傳注〉引《文士傳》載粲說琮曰：

> 「僕有愚計，願進之於將軍，可乎？」琮曰：「吾所願聞也！」粲曰：「天下大亂，豪傑並起，在倉卒之際，彊弱未分，故人各有心耳。當此之時，家家欲為帝王，人人欲為公侯。觀古今之成敗，能先見事機者，則恆受福，今將軍自度何如曹公邪？」琮不能對。粲復曰：「如粲所聞，曹公固人傑也。雄略冠時，智謀出世，摧袁氏於官渡，驅孫權於江外，逐劉備於隴右，破烏丸於白登，其餘梟夷蕩定者，往往如神，不可勝計，今日之事，去就可知也。將軍能聽粲計，捲甲倒戈，應天順命，以歸曹公，曹公必重德將軍，保己全宗，長享福祚，垂之後嗣，此萬全之策也。粲遭亂流離，託命此州，蒙將軍父子重顧，敢不盡言。」琮納其言。

裴松之為論之曰：

> 臣松之案：孫權自此以前，尚與中國和同，未嘗交兵，何云驅權於江外乎，魏武以十三年征荊州，劉備卻後數年方入蜀，備身未嘗涉於關隴，而於征荊州之年，便云逐備於隴右，既已乖錯，又白登在平城，亦魏武所不經，北征烏丸，與白登永不相豫。

〔註30〕見《史通‧補注篇》。

故裴氏評曰：

> 以此知張騭假偽之辭，而不覺其虛之自露也，凡騭虛偽妄作，不可覆疏，如此類者，不可勝紀。

據此，則《隋志》之作「張隱」者，蓋誤。然丁國鈞等諸家之《補晉志》，俱據〈陶侃傳〉，以爲「張隱」者，乃盧江太守張夔子，因之以爲作「張騭」者並誤。考《晉書》卷三十六〈陶侃傳〉又無稱張隱撰《文士傳》之言，則丁等之說，非是。其書已佚，今有輯本，作者皆作「張隱」。

十四、陶潛〈五柳傳〉

陶潛〈五柳傳〉，即《晉書》本傳所載〈五柳先生傳〉也。以宅邊有五柳樹，因自號五柳先生，而自撰傳以自況，頗示其忘懷得失之情。其〈自序〉曰：

> 先生不知何許人，不詳姓字，宅邊有五柳樹，因以爲號焉，閑靜少言，不慕榮利，好讀書，不求甚解，每有會意，欣然忘食，性嗜酒，而家貧，不能恒得，親舊知其如此，或置酒招之，造飲必盡，期在必醉，既醉而退，曾不吝情，環堵蕭然，不蔽風日，短褐穿結，簞瓢屢空，晏如也，常著文章自娛，頗示己志，忘懷得失，以此自終。（《晉書斠注》卷九十四〈陶潛傳〉）。

時人乃謂之實錄。按，陶潛有《群輔錄》，並其事跡已見本節前述。

十五、皇甫謐《列女傳》

述列女者，有皇甫謐《列女傳》。皇甫謐有《帝王世紀》，並其事跡，已見第一章第一節所敘。按《晉書斠注》卷五十一〈皇甫謐傳〉稱：謐又選高士、逸士、列女等傳，並重於世，而不著卷數。其《列女傳》，隋、唐諸志，則作六卷。今《藝文類聚》三十五、《初學記》二十、《太平御覽》四百八十二引作《列女後傳》，《魏志·龐淯傳注、曹爽傳注》引作《烈女傳》。《御覽·人事部》引十三事，作《列女傳》。

十六、皇甫謐《高士傳》

皇甫謐《高士傳》，爲述隱逸之書，具說箕山之跡也。考謐所著書，今唯《高士傳》存三卷，其書《隋志》所錄爲六卷，《新唐志》作十卷，《宋志》、《郡齋讀書志》、《崇文總目》、《通志》、《直齋書錄解題》等並同，《舊唐志》七卷。其《高士傳·序》曰：

> 高讓之士，王政所先。屬濁激貪之務也，史、班之載，多所闕略。梁

> 鴻頌逸民，蘇順科高士，或錄屈節，雜而不純，又近取秦、漢，不及遠古。
> 夫思其人，猶愛其樹，況稱其德，而贊其事哉！謐采古今八代之士，身不
> 屈於王公，名不耗於終始，自堯至魏，凡九十餘人，雖執節若夷、齊，去
> 就若兩龔，皆不錄也。

此《高士傳》之所爲作也。其書大抵薄視富貴，崇獎節義，以救世人奔競之風，
〔註31〕而所載以東漢之士居多。晁公武《讀書志》卷九敘《高士傳》曰：

> 自陶唐至魏八代，二千四百餘載，世士高節者，其或以身徇名，雖如
> 夷、齊、兩龔，皆不錄，凡九十六人，而東漢之士，居三分之一，自古名
> 節之盛，議者獨推焉，觀此尤信。

《高士傳‧序》所謂自堯至魏八代，所得高士凡九十餘人者，晁氏所見，乃九十六
人也。陳氏《書錄解題》卷七所敘則曰：

> 序稱自堯至魏咸熙，二千四百餘載，得九十餘人，今自被衣至管寧，
> 惟八十七人。

考孫志祖《讀書脞錄》引《續博物志》，又云皇甫謐《高士傳》七十二人，是宋本已
不同矣。《四庫全書總目提要》卷五十七〈史部‧傳記類一〉敘《高士傳》曰：

> 案南宋李石《續博物志》曰：「劉向傳列仙七十二人，皇甫謐傳高士
> 亦七十二人。」知謐書本數僅七十二人，此本所載，乃多至九十六人。至
> 《太平御覽》五百六卷至五百九卷，全收此書，凡七十一人，其七十人與
> 此本相同，又東郭先生一人，此本無而《御覽》有，合之得七十一人，與
> 李石所言之數，僅佚其一耳，蓋《御覽》久無善本，傳刻偶脫也。

又曰：

> 考《讀書志》亦作九十六人，而《書錄解題》稱，今自被衣至管寧，
> 惟八十七人，是宋時已有二本竄亂，非其舊矣。流傳既久，未敢輕爲刪削，
> 至其非七十二人之舊，則不可以不知也。

則皇甫謐《高士傳》所敘，當止有七十二人，其後人數所以轉多於原書者，蓋其書
散佚，後人因摭《太平御覽》所引，鈔合成編，而益以《御覽》所引嵇康《高士傳》
十人，《後漢書‧隱逸傳》十人，又雜取《御覽》他書，附益之耳。〔註32〕今《四
部備要》本《高士傳》止上、中、下三卷，自被衣至焦先計九十一人，當即出於後
人之增損者，今本謐自敘云凡九十餘人，疑亦後人所僞撰。〔註33〕

〔註31〕見胡玉縉《四庫全書總目提要辨正》卷十九〈高士傳〉引張宗泰《所學集》。
〔註32〕見《四庫全書總目提要》卷五十七〈高士傳〉及《簡明目錄》。
〔註33〕見《晉書斠注》卷五十一〈皇甫謐傳注〉。

十七、皇甫謐《達士傳》

皇甫謐《達士傳》，見於《御覽》四百九十六引。考本傳稱謐有《逸士傳》，隋、唐志俱著錄一卷，又《三國志‧魏光武紀注、荀彧傳注》、《世說‧品藻篇注、排調篇注》、《文選‧反招隱詩注、演連珠注、亡啓注、陶徵士誄注、郭有道碑文注》並引《逸士傳》，則《御覽》作達士者，當爲「逸士」。

十八、蕭廣濟《孝子傳》

蕭廣濟《孝子傳》、陶潛《孝傳》、徐廣《孝子傳》等乃述孝友之書也。蕭廣濟始末未詳，見於《隋志‧史部‧雜傳類》著錄者，《注》稱晉輔國將軍。

所撰《孝子傳》，《隋志‧雜傳類》著錄十五卷，兩《唐志》、焦竑《經籍志》並同。《世說‧德行篇注》、《初學記‧人事部》、《藝文類聚‧人部、產業部、獸部、鳥部、鱗介部》、《太平御覽‧地部、兵部、人事部》等並引之。（見章宗源《隋志考證》）據茆輯《古孝子傳》，又有伍襲、王修、桑虞三人，見於《御覽》九百六、五百六十三、七百五十六，又杜牙一人，見於《白帖》。

十九、陶潛《孝傳》

陶潛《孝傳》，秦榮光《補晉書藝文志‧史部‧傳記類》著錄，稱《孝傳贊》，不著卷數，注云：「始虞舜，終殷陶。」晉、宋、南史諸書及蕭統撰陶潛本傳，俱不載陶潛有《孝傳》，北齊尚書左僕射陽休之所編〈陶潛集序錄〉，《五孝傳》附於《靖節先生集》，陶澍集注《陶淵明全集》卷之八有陶澍編輯《五孝傳》一卷。其書分爲〈天子孝傳贊〉、〈諸侯孝傳贊〉、〈卿大夫孝傳贊〉、〈士孝傳贊〉、〈庶人孝傳贊〉五類，故曰《五孝傳》，自虞舜，至殷陶，計傳十八名，每一類孝傳之後，皆殿以贊辭，故秦氏著稱《孝傳贊》。按，陶潛有《群輔錄》及〈五柳傳〉，並其事跡已見於本節前述。

二十、徐廣《孝子傳》

徐廣《孝子傳》，《隋志》不錄，《唐志》、《通志經籍志》皆載三卷，劉知幾稱其書乃所謂別傳者也。《史通‧雜述篇》曰：

> 若劉向《列女》、梁鴻《逸民》、趙采《忠臣》、徐廣《孝子》，此之謂別傳者也。

今存一卷。按，徐廣著有《晉紀》，並其事跡已見第三章第三節。

二十一、失撰人《東林蓮社十八高賢傳》

脫撰人之《東林蓮社十八高賢傳》及釋法顯《神僧傳》、葛洪《神仙傳》、《列仙

傳》等，乃述釋道之書。

按《東林蓮社十八高賢傳》，見於《宋史·藝文志》，作《蓮社十八先賢行狀》，注云一卷，入〈子類·道家類·釋氏〉，明·焦竑《經籍志·子類·釋家傳記》，亦著錄《蓮社十八賢行狀》一卷，皆失撰名。

東林蓮社創自釋慧遠，東林者，慧遠法師所居也。慧遠自師事釋道安後，嘗與南遊襄陽，因苻丕爲寇，乃分張徒屬，各隨所往，晉孝武帝太元六年（西元 381 年），至潯陽廬山，因立精舍，同門慧永先居廬山西林，後刺史桓伊爲慧遠建刹，名其殿曰神運，以在永師舍東，故號東林，時太元十一年也（西元 386 年）。及謹律息心之士，絕塵清信之人，不期而至，乃與慧永、慧持、道生、曇順、僧叡、曇恒、道昞、曇詵、道敬、佛馱邪舍、佛馱跋陀羅、名儒劉程之（按劉裕以其不屈，旌號遺民。見《魏晉小說大觀》卷之五〈雜傳家·蓮社高賢傳·劉程之傳〉）、張野、周續之、張詮、宗炳、雷次宗等，結社念佛，世號十八賢，〔註34〕《東林蓮社十八高賢傳》者，傳此十八賢事跡也。《魏晉小說大觀·蓮社高賢傳》述〈不入社諸賢傳·陶傳〉曰：

> 時慧遠法師與諸賢結蓮社，以書招淵明，淵明曰：「若許飲則往。」許之，遂造焉。忽攢眉而去。

〈謝靈運傳〉曰：

> 至廬山，一見遠公，肅然心伏，乃即寺築臺，翻《涅槃經》，鑿池植白蓮，時遠公諸賢，同修淨土之業，因號白蓮社，靈運嘗求入社，遠公以其心雜而止之。

〈范甯傳〉曰：

> 遠公招之入社，而甯竟不能往。

是又有不入社之諸賢也。今考其所傳十八賢中之十二賢，皆沙門子弟，六賢乃名儒之入社者。淵明則以淡泊之懷，與周續之及劉遺民並不應辟命，世號潯陽三隱，〔註35〕又與張野有婚姻契，既絕州郡，乃往觀謁，常至廬山游觀，甚得慧遠賞識。據此則其創社宗旨，亦可知矣。《魏晉小說大觀》卷之五〈蓮社高賢傳附〉曰：

> 十八賢事，始不著作者名，疑自昔出於廬山耳。熙寧間，嘉禾賢良陳令舉舜俞粗加刊正，大觀初，沙門懷悟以事跡疏略，復爲詳補云。

陳舜俞既撰《廬山記》，乃粗加刊正，其言曰：

> 東林寺舊有《十八賢傳》，不知何人所作，文字淺近，以事驗諸前史，往往乖謬，讀者陋之，……予既作《廬山記》，乃因舊本，參質晉、宋史

〔註34〕見《魏晉小說大觀·雜傳家·蓮社高賢傳·釋慧遠法師傳》。

〔註35〕見《蓮社高賢傳·陶潛傳》及蕭統〈陶淵明傳〉。

及《高僧傳》，粗加刊正。

是其書雖經補治，稽其史事，有不可盡信者也。〔註36〕

二十二、釋法顯《神僧傳》

釋法顯《神僧傳》，隋、唐諸志及《大藏經‧法顯傳》等，皆不著錄。法顯有《佛國記》，並其事跡，已見第四章第五節。《神僧傳》今存一卷，《魏晉小說大觀》卷四〈雜傳家〉載其述佛圖澄事甚詳，然多神呪鬼物之事。

二十三、葛洪《神仙傳》

葛洪之撰《神仙》，見於本傳。按，葛洪，字稚川，丹陽句容（今江蘇句容）人。少好學，家貧，躬自伐薪，以貿紙筆，夜輒寫書誦習，遂以儒學知名。性寡欲，無所愛翫，究覽典籍，尤好神仙導養之法。從祖玄，吳時學道，號曰葛仙公，以其鍊丹秘術，授弟子鄭隱，洪就隱學，悉得其法焉。後師事南海太守上黨鮑玄，玄亦內學，見洪，深重之，以女妻之。洪傳玄業，兼綜醫術，凡所著撰，皆精覈是非，而才章富贍。太安中（太安元年，西元 302 年），石冰作亂，吳興太守顧祕爲義軍都督，與周玘等起兵討之，檄洪爲將兵都尉攻冰，遷伏波將軍。冰平，洪不論功賞，徑至洛陽，欲求異書，以廣其學，又見天下已亂，欲避地南土，乃參廣州刺史嵇含軍事。及含遇害，遂停南土多年，征鎭檄命，一無所就。元帝爲丞相，辟爲掾，以平賊功，賜爵關內侯。咸和初（咸和元年，西元 326 年），司徒導召補州主簿，轉司徒掾，遷諮議參軍。干寶深相親友，薦洪才堪國史，選爲散騎常侍，領大著作，洪固辭不就。以年老欲鍊丹，以祈遐壽，聞交阯出丹，求爲句屚令（廣西北流縣東北有句屚山，山有寶圭洞，洞有三石室，相傳葛洪修煉於此），帝以洪資高，不許，洪曰：「非欲爲榮，以有丹耳。」帝從之，乃止羅浮山煉丹，優游閑養，著述不輟。其自序謂，權貴之家，雖咫尺弗從也，知道之士，雖艱遠必造也。考覽奇書，既不少矣，遂撰爲書，粗舉長生之理，冀俳憒之徒，省之可以思過半矣，自號抱朴子，因以名書。所著碑、誄、詩、賦百卷，移、檄、章、表三十卷，神仙、良吏、隱逸、集異等傳各十卷，又抄五經、《史》、《漢》、百家之言、方技、雜事三百一十卷，《金匱藥方》一百卷，《肘後要急方》四卷。咸和中，卒，年八十一，時人以爲尸解得仙云。〔註37〕

所撰《神仙傳》十卷，本傳所載及兩《唐志》、《宋志》等所著錄者皆同。《隋志》

〔註36〕《漢魏兩晉南北朝佛教史‧第十一章‧釋慧遠》，列有蓮社故事妄偽者六條。

〔註37〕見《晉書斠注》卷七十二〈葛洪傳〉。余書麟《中國教育史》第六章第一節謂葛洪生魏嘉平五年，卒於東晉成帝咸和八年。

所錄則或作《列仙傳》，亦云十卷，與諸史志獨異，蓋以承上〈列仙傳讚〉之文而譌也。明焦竑《經籍志·子類·道家》亦作《列仙傳》十卷，當承《隋志》之誤本。是書蓋於《抱朴子內篇》既成之後，因其弟子騰升問神仙之有無而作。所錄凡八十四人，乃繼秦大夫阮食所記數百人、劉向所撰七十餘人之後，復抄集古之仙者，見於仙經服食方及百家之書，先師所說，耆儒所論，撰爲十卷，以劉向所述，殊甚簡略，其所成書，遂以爲有愈於向者（見葛洪《神仙傳·自序》）。今考其書，惟容成公、彭祖二條與《列仙傳》重出，餘皆補向所未載。其中如黃帝之見廣成子、盧敖之遇若士，則皆莊周寓言；淮南王劉安謀反自殺、李少君病死，具載《史記》。至《漢書》無登仙之事，而洪書登載，則未免附會也。謂許由、巢父服箕山石流黃丹，今在中岳中山，若二人晉時尚存，洪目睹而記之者，是爲虛誕。然按《後漢書·方術傳》載壺公諸人，已多與此書相符，疑其亦據舊文，不盡僞撰，又流傳既久，遂爲故實，歷代詞人，轉相沿用，固不必一一核其僞也。〔註38〕裴松之《蜀志·先主傳注》引有葛洪《神仙傳》李意其一條、《吳志》卷四〈士燮傳注〉亦引葛書董奉一條、卷十八〈吳範劉惇趙達傳注〉又引其仙人介象一條，知徵引此書者，當以《三國志注》爲最古，其所記，雖近惑眾，然頗行於時也。

第二節　晉人專科史之撰作（上）
──典章制度方面（政書類）

典章之興，儀制之具，由來久矣，三代以還，其損益可知也。《隋經籍志·經部·禮類序》曰：

> 自大道既隱，天下爲家，先王制其夫婦、父子、君臣、上下、親疏之節。

又《史部·儀注類序》曰：

> 自君臣、父子、六親、九族，各有上下親疏之別，養生、送死、弔恤、賀慶，則有進止威儀之數，唐虞已上，分之爲三，在周因而爲五，周官宗伯所掌吉、凶、賓、軍、嘉，以佐王安邦國，親萬民，而太史執書以協事之類是也，是時典章皆具，可履而行。

及周之衰，諸侯僭忒，惡其害己，多見削除，自孔子時，已不能備。至秦，又焚而去之矣。漢興，蕭何定律令，張倉制章程，叔孫通定儀法，條疏派別，節文漸見，

〔註38〕見《四庫全書總目提要·子部·道家類·葛洪神仙傳》。

制度漸廣。（見《隋志・史部・舊事篇序》）後世相承，代有制作。然以舊典殘缺，各是所見。又以多故，事在通變，或一時之制，非長久之道也。晉武帝時，賈充、杜預，博引群儒，頗有刪采，搢紳之士，撰而錄之，遂成篇卷。然遺文餘事，亦多散亡。今據其見有存、輯者，條錄並述如後：

一、典禮之屬

《決疑要注》一卷，晉・摯虞撰。見於：

> 《說郛》弓六十（宛委山堂本）。

《決疑要注》一卷，晉・摯虞撰，民國・張鵬一輯。見於：

> 《關隴叢書》。
>
> 《關中叢書》第四集・〈摯太常遺書〉。

《宗議》一卷，晉・賀循撰，清・王仁俊輯。見於：

> 《玉函山房輯佚書續編・經編通禮類》。

《答庾亮問宗議》一卷，晉・賀循撰，清・王仁俊輯。見於：

> 《玉函山房輯佚書續編・經編通禮類》。

《東宮舊事》一卷，晉・張敞撰。見於：

> 《說郛》弓五十九（宛委山堂本）。
>
> 《五朝小說・魏晉小說・偏錄家》。
>
> 《五朝小說大觀・魏晉小說・篇錄家》。

二、雜禮之屬

《後養議》一卷，晉・干寶撰，清・馬國翰輯。見於：

> 《玉函山房輯佚書・經編通禮類》（娜嬛館本、重印本、楚南書局本）。

《通疑》一卷，晉・虞喜撰，清・馬國翰輯。見於：

> 《玉函山房輯佚書・子編儒家類》（娜嬛館本、重印本、楚南書局本）。
>
> 《四明叢書》第六集。

《廣林》一卷，晉・虞喜撰，清・馬國翰輯。見於：

> 《玉函山房輯佚書・子編儒家類》（娜嬛館本、重印本、楚南書局本）。
>
> 《四明叢書》第六集。

《釋滯》一卷，晉・虞喜撰，清・馬國翰輯。見於：

> 《玉函山房輯佚書・子編儒家類》（娜嬛館本、重印本、楚南書局本）。
>
> 《四明叢書》第六集。

《祭典》一卷，晉・范汪撰，清・馬國翰輯。見於：

《玉函山房輯佚書・經編通禮類》（娜嬛館本、重印本、楚南書局本）。

《雜祭法》一卷，晉・盧諶撰，清・馬國翰輯。見於：

《玉函山房輯佚書・經編通禮類》（娜嬛館本、重印本、楚南書局本）。

三、官制之屬

《晉公卿禮秩》一卷附〈晉故事〉一卷，晉・傅暢撰，清・黃奭輯。見於：

《漢學堂叢書（黃氏逸書考）・子史鉤沈・史部職官類》。

《晉公卿禮秩故事》一卷，晉・傅暢撰，清・傅以禮輯。見於：

《傅氏家書・晉諸公敘讚附》。

《晉公卿禮秩》一卷，晉・傅暢撰，清・王仁俊輯。見於：

《玉函山房輯佚書續編・史編總類》。

《晉百官表注》一卷，晉・荀綽撰，清・黃奭輯。見於：

《漢學堂叢書（黃氏逸書考）・子史鉤沈・史部職官類》。

四、奏議之屬

《山公啓事》一卷，晉・山濤撰。見於：

《說郛》弓五十九（宛委山堂本）。

《山公啓事》一卷，〈佚書〉一卷、晉・山濤撰，民國・葉德輝輯。見於：

《觀古堂所著書》第一集（光緒本）。

《觀古堂所著書》第二集（民國重編本）。

《郋園先生全書》。

一、摯虞《決疑要注》

按，摯虞《決疑要注》、賀循《宗議》、《答庾亮問宗議》、張敞《東宮舊事》等，皆爲典禮之書。

摯虞有《畿服經》，並其事跡，已見於第四章第二節。其《決疑要注》，乃奉晉文帝令，討論荀顗《新禮》而成，或作《決疑注》。《晉書》卷十九〈禮志序〉，言之甚詳，其言曰：

> 及晉國建，文帝又命荀顗因魏代前事，撰爲《新禮》，參考今古，更其節文，羊祜、任愷、庾峻、應貞，並共刊定，成百六十五篇，奏之。太康初，尚書僕射朱整，奏付尚書郎摯虞討論之。虞表所宜增損曰：「臣典校故太尉顗所撰《五禮》，臣以爲夫革命以垂統，帝王之美事也，隆禮以率教，邦國之大務也，是以臣前表禮事稽留，求速記施行。又以喪服最多

疑闕，宜見補定。又以今禮篇卷煩重，宜隨類通合，事久不出，懼見寢嘿。蓋冠、婚、祭、會諸吉禮，其制少變，至於喪服，世之要用，而特易失旨。故子張疑高宗諒陰三年，子思不聽其子服出母，子游謂異父昆弟大功，而子夏謂之齊衰，及孔子沒，而門人疑於所服。此等皆明達習禮，仰讀周典，俯師仲尼，漸漬聖訓，講疑積年，及遇喪事，猶尚若此。明禮易惑，不可不詳也。況自此已來，篇章焚散，去聖彌遠，喪制詭謬，固其宜矣。是以《喪服》一卷，卷不盈握，而爭說紛然。三年之喪，鄭云二十七月，王云二十五月。改喪之服，鄭云服緦三月，王云葬訖而除。繼母出嫁，鄭云皆服，王云從乎繼寄育乃爲之服。无服之殤，鄭云子生一月哭之一日，王云以哭之日易服之月。如此者甚眾。《喪服》本文省略，必待注解，事義乃彰，其傳說差詳，世稱子夏所作，鄭、王祖經宗傳，而各有異同。天下並疑，莫知所定。而顗直書古經文而已，盡除〈子夏傳〉及先儒注說，其事不可得行，及其行事，故當還頒異說，一彼一此，非所以定制也。臣以爲今宜參采《禮記》，略取傳說，補其未一。其殊義，可依準王景侯所撰《喪服變除》，使類統明正，以斷疑爭，書後制无二門，咸同所由。又有此禮當班於天下，不宜繁多，顗爲百六十五篇，篇爲一卷，合十五餘萬言，臣猶謂卷多文煩，類皆重出。按《尚書·堯典》杞山川之禮，惟於東嶽備稱牲幣之數，陳所用之儀，其餘則但曰『如初周禮』。祀天地五帝，享先王，其事同者皆曰『亦如之』，文約而義舉。今禮儀，事同而名異者，輒別爲篇卷，煩而不典，皆宜省文通事，隨類合之。事有不同，乃列其異。如此，所減三分之一。」虞討論《新禮》訖，以元康元年（西元 291 年）上之，所陳惟明堂、五帝、二社、六宗，及吉凶、王公、制度，凡十五篇。有詔可其議。後虞與傅咸纘續其事，竟未成功。中原覆沒，虞之《決疑注》是其遺事也。

此敘其所以有摯虞之《決疑要注》也。考禮說自來紛然，聖門既疑之於前，鄭、王復爭之於後，蓋以舊章殄滅，不足徵故也。荀顗所制，乃參考今古，更其節文；而摯虞遂采《禮記》，略取傳說，又依準王景侯所撰《喪服變除》，欲使類統明正，文約而義舉也。元康所上，有明堂、五帝、二灶、六宗、吉凶、王公、制度等，凡十五篇，惜因中原覆沒，其所討論，逮于江左，僕射刁協、太常荀崧等，乃爲補輯舊文，如光祿大夫蔡謨，亦曾踵其事。今《隋志》所錄虞書止一卷，《唐藝文志》並同。

二、賀循〈宗議〉、〈答庾亮問〉

賀循有《會稽記》，並其事跡，亦見於第四章第二節。其〈宗議〉及〈答庾亮問〉，《通志》七十三並引之，所載大抵爲議宗子及答庾亮問宗之道。嚴可均《全晉文》卷八十八據以輯錄。

三、張敞《東宮舊事》

張敞，始末未詳。事跡見《北堂書鈔》六十六引，又《宋書‧張邵傳、張茂度傳》及《顏氏家訓‧書證篇》等亦見述及。按《北堂書鈔》六十六引陸道瞻《吳地志》云：

> 張敞，字宏源，爲東宮中舍人，八年不轉，會稽王嬖人茹千秋曰：「中舍人名望久滿，此侍公坐，當進拙言。」敞正色不答。

又《宋書‧張邵傳》曰：

> 桓玄篡位，邵父敞先爲尚書，以答事微謬，降爲廷尉卿。及武帝討玄，邵白敞表，獻誠款帝，大悅，命署其門曰：「有犯張廷尉者，以軍法論。」後以敞爲吳郡太守。

〈張茂度傳〉曰：

> 茂度，吳郡吳（今江蘇吳縣）人，張良後也。父敞，晉侍中尚書吳國內史。（按《南史》云：張裕，字茂度，父敞，晉侍御史度支尚書吳國內史。）

《顏氏家訓‧書證篇》曰：

> 或問曰：「《東宮舊事》，何以呼鴟尾爲祠尾？」答曰：「張敞者，吳人，不甚稽古，隨宜記注，逐鄉俗訛謬，造作書字耳。」

則其人可知。所撰《東宮舊事》，《隋志》著錄一卷而脫撰人，兩《唐志》並注云張敞撰，（《舊唐志》增多一卷）敞蓋以久任東宮官屬，於諸舊事，當知之甚悉，故撰《東宮舊事》也。然不甚稽古，逐鄉俗訛謬，造作書字，故呼「鴟尾」爲「祠尾」，吳人之音也，諸如此類，《顏氏家訓》舉之甚多。《初學記》引《東宮舊事》，則多載皇太子初拜太子、納妃所用器物，其文甚瑣。惟《藝文類聚‧禮部》引太子正會儀，《御覽‧皇親部》引太元二十八年皇太子納妃二事，可爲《晉書‧禮志》補缺，《後漢書‧劉盆子傳注》引一事，作《東宮故事》。

四、干寶〈後養議〉

干寶〈後養議〉，虞喜《通疑》、《廣林》、《釋滯》，范汪《祭典》，盧諶《雜祭法》

等爲雜禮之書。

干寶有《春秋左氏函傳義》，並其事跡，已見第一章第二節。其〈後養議〉，《隋志‧禮類》稱梁有五卷，蓋其時已亡，兩《唐志‧儀注類》唯見干寶《雜議》五卷。按，〈後養議〉者，論列爲人後者，養親喪祭之禮，乃集諸儒之議以成書也。《晉書‧禮志》載有論王昌父瑟與前妻隔絕、更娶昌母，喪服歷敘謝衡等十餘人之議，而終以干寶論爲斷，馬國翰之《玉函山房輯本》以爲乃五卷中佚篇之一，遂據錄爲卷。

五、虞喜《通疑》、《廣林》、《釋滯》

虞喜，字仲寧，會稽餘姚（今浙江紹興）人。少立操行，博學好古。邑人賀循爲司空，先達貴顯，每詣喜，信宿忘歸，自云不能測也。太寧中，與臨海任旭俱以博士徵，不就，復下詔曰：「……臨海任旭、會稽虞喜，並絜靜其操，歲寒不移，研精墳典，居今行古，志操足以勵俗，博學足以明道。……」喜辭疾不赴。咸和末（咸和九年，西元334年），詔公卿舉賢良、方正、直言之士，太常華恒舉喜爲賢良，會國有軍事不行。咸康初（咸康元年，西元335年），內史何充又上疏薦之，詔以散騎常侍徵之，又不起。永和初（永和元年，西元345年），朝廷有大議，內外不能決，時喜在會稽，朝廷遣使就以諮訪焉。喜專心經傳，兼覽讖緯，乃著《安天論》，又釋《毛詩略》，注《孝經》，爲《志林》三十篇、《廣林》二十四卷、《後林》十卷，凡所注述，數十萬言，行於世。年七十六卒。〔註39〕

其《廣林》，《隋志》稱梁有二十四卷，《唐志》不載，或佚已久，然並其《通疑》、《釋滯》，則皆見《通典》所引。考虞喜之《通疑》、《釋滯》，隋、唐諸志亦不著錄，豈史志佚之，抑爲其《志林》、《廣林》或《後林》之篇目？馬國翰所輯，乃據《通典》原題，各錄存一卷，其〈廣林序〉曰：

> 考杜佑《通典》引虞喜說凡二十節，除標題《釋滯》、《通疑》八節，明標《廣林》者一節，他皆稱虞喜曰。循其文義，皆雜論禮服，知爲一書語，引者舉一例，餘不標《廣林》者，省文也。茲據輯錄，《釋滯》、《通疑》二書別爲編次，附著《廣林》後焉。

按，杜佑《通典》引虞喜《釋滯》，其說大夫降其旁親爲士者一等，云爲據諸侯成例，又引《通疑》五節，乃論劉智《喪服釋疑》。以《通疑》名，意其因劉書而作。〔註40〕

〔註39〕見《晉書斠注》卷九十一〈虞喜傳〉，嚴可均《全晉文》卷八十二〈虞喜〉。
〔註40〕見馬國翰《玉函山房輯佚書‧子編‧儒家‧釋滯序、通疑序》。

六、范汪《祭典》

范汪有《荊州記》，並其事跡，見於第四章第二節。其《祭典》，《隋志·經部·禮類注》稱梁有三卷，亡。《唐藝文志》著錄，卷同，而改入〈史部·儀注類〉，今佚。《北堂書鈔》、《初學記》、《通典》、《御覽》諸書並引，或作范汪〈祀制〉，蓋其書之篇目也。其論小宗可廢，內有與子甯辨難一節，引經決斷，析理極精，家學淵源，可媲美向、歆父子矣。〔註41〕

七、盧諶《雜祭法》

盧諶，字子諒，范陽涿（今河北涿縣）人，生於晉武帝太康五年甲辰（西元284年）。清敏有理思，好老莊，善屬文。選尙武帝女滎陽公主，拜駙馬都尉，未成禮而公主卒。後州舉秀才，辟太尉掾。洛陽沒，隨志（諶父）北依劉琨。琨爲司空，以諶爲主簿，轉從事中郎。段匹磾自領幽州，取諶爲別駕。匹磾既害琨，尋亦敗喪。時南路阻絕，段末波在遼西，諶往投之。末波死，弟遼代立，諶流離世故且二十載。石季龍破遼西，復爲季龍所得。冉閔誅石氏，諶隨閔軍於襄國，遇害，年六十七，是歲晉穆帝永和六年庚戌也（西元350年）。諶，名家子，早有聲譽，才高行潔，爲一時所推。值中原喪亂，與清河崔悅、穎川荀綽、河東裴憲、北地傅暢並淪陷非所，雖俱顯於石氏，恒以爲辱，諶每謂諸子曰：「吾身沒之後，但稱晉司空從事中郎爾。」撰《祭法》，注《莊子》，及文集皆行於世。〔註42〕其《祭法》，《隋志·禮類》作《雜祭法》，注稱梁有六卷，亡，《唐藝文志》復著錄而移入〈史部·儀注類〉，今佚。《藝文類聚》、《北堂書鈔》、《初學記》、《御覽》等書並引之。其記祭品，以類詮次，可與《周官》邊人、醢人諸職參閱。古今之變，亦考典禮者所宜會通也。〔註43〕

八、傅暢《晉公卿禮秩》

傅暢《晉公卿禮秩》、荀綽《晉百官表注》等，爲官制之書，傅暢有《晉諸公讚》，並其事跡，已詳前節。其《晉公卿禮秩故事》，《隋志·職官類》著錄九卷，本傳及兩《唐志》並同，《舊唐志》省「故事」二字。按《晉書·武帝本紀》曰：

> 泰始三年（西元267年）九月甲申詔曰：「古者以德詔爵，以庸制錄，雖下士猶食上農，外足以奉公忘私，內足以養親施惠。今在位者，祿不代

〔註41〕見馬國翰《玉函山房輯佚書·經編·通禮類·祭典序》。
〔註42〕見《晉書斠注》卷四十四〈盧欽傳〉。
〔註43〕見馬國翰《玉函山房輯佚書·經編·通禮類·雜祭法序》。

耕，非所以崇化之本也，其議增吏俸，賜王公以下帛各有差。」太康四年
六月（西元283年）增九卿禮秩。
傅暢所撰者，當敘此禮秩故事也。《宋書‧禮志》曰：「傅暢《故事》：三公安車駕
三，特進駕二，卿一。」與《御覽》引同。《續漢‧輿服志注》：「太傅、司空、司
徒著進賢三梁冠，大司馬將軍著武冠。」《文選》卷五十八〈褚淵碑文注〉：「諸公
給虎賁三十人，持劍焉。」卷六十〈竟陵文宣王行狀注〉：「汝南王亮、東吳王晏、
梁王肜，皆劍履上殿，入朝不趨。」又：「諸公及開府位從公者，給虎賁二十人，
持班劍焉。」並引《晉公卿禮秩》，省「故事」二字，《藝文類聚》、《北堂書鈔》
引同。

九、荀綽《晉百官表注》

　　荀綽有《晉後略》，並其事跡，見於第三章第三節。其《百官表注》，《隋志‧注》
稱：梁有十六卷。按《晉書‧荀勖傳》曰：

　　　　時又議省州郡縣半吏以赴農功，勖議以爲省吏不如省官，省官不如省
　　事，省事不如清心。昔蕭、曹相漢，載其清靜，致畫一之歌，此清心之本
　　也。漢文垂拱，致刑措，此省事也。光武並合吏員，縣官國邑，裁置十一，
　　此省官也。魏太和中，遣王人四出，減天下吏員，正始中，亦並合郡縣，
　　此省吏也。

《通典‧職官》曰：

　　　　泰元（「元」當是「康」之譌）六年（西元285年），改制減費，損吏
　　士職員凡七百人。

又《南齊書‧百官志序》曰：

　　　　荀勖欲去事煩，唯論拼省。定制成文，本之晉令。後代承業，案爲前准。

知荀勖於泰康六年（西元285年）上《百官表》，綽之《百官表注》蓋即取此以爲
注。其書亡於隋，《續漢‧百官志注、輿服志注》、《北堂書鈔‧設官部》等多引之。
〔註44〕

十、山濤《山公啓事》

　　山濤《山公啓事》爲奏議之屬。
　　按，山濤，字巨源，河內懷人（今河南武陟），生於漢獻帝建安十年乙酉（西
元205年）。早孤，居貧，介然不群。性好老、莊，與嵇康、呂安善，後遇阮籍，

〔註44〕見章宗源《隋志考證》卷十（〈職官‧荀綽百官表注〉）。

便爲竹林之交。康後坐事，臨誅，謂子紹曰：「巨源在，汝不孤矣！」濤年四十，始爲郡主簿功曹上計掾。濤與宣穆后有中表親，是以見景帝。正元初（正元元年，西元 254 年）帝命司隸舉秀才，除郎中，轉驃騎將軍王昶從事中郎。景元初（景元元年，西元 260 年），拜趙國相，遷尚書吏部郎，深得帝獎賞。晚與尚書和逌交，又與鍾會、裴秀並申款昵，二人居勢爭權，濤平心處中，各得其所，俱無恨焉。遷大將軍從事中郎。鍾會作亂，文帝將西征，委以本官行軍司馬，給親兵五百人鎮鄴。咸熙初（咸熙元年，西元 264 年），封新沓子，轉相國左長史，典統別營。帝以濤鄉閭宿望，命太子拜之。及帝欲改立攸，裴秀以爲不可，山濤謂廢長立少，違禮不祥，太子位乃定，太子親拜謝濤。及武帝受禪，以濤守大鴻臚，護送陳留王詣鄴。泰始初（泰始元年，西元 265 年），加奉車都尉，進爵新沓伯。及羊祜執政，濤出爲冀州刺史，加寧遠將軍。濤甄拔隱屈，搜訪賢才，旌命三十餘人，皆顯名於時。轉北中郎將，督鄴城守事，入爲侍中，遷尚書。以母老辭職，表疏數十乃見聽，除議郎，賞賜有加，禮秩崇重，時莫爲比。後除太常卿，以疾不就。會遭母喪歸里，濤年蹈耳順，負土成墳，手植松柏，詔以諒闇，即以濤爲吏部尚書（時泰始十年甲午，西元 274 年），濤辭以喪病，表章懇切，會元皇后崩，遂扶興還洛就職。前後選舉，周徧內外，並得其才。咸寧初（咸寧元年，西元 275 年），轉太子少傅，加散騎常侍，除尚書僕射，加侍中，領吏部，濤上章表數十固辭（按《書鈔》六十五引王隱《晉書》稱濤時年已七十），久不攝職，帝志必不聽，乃起視事，再居選職十餘年。每一官缺，輒啓擬數人，詔旨有所向，然後顯奏，故帝之所用，或非舉首，眾情不察，以濤輕重任意，或譖之於帝，故帝手詔戒濤曰：「夫用人惟才，不遺疏遠單賤，天下便化矣。」而濤行之自若。一年之後，眾情乃寢。濤所奏甄拔人物，各爲題目，時稱《山公啓事》。晚值后黨專權，又以年衰疾篤，上疏告退（疏云：「年垂八十」），詔令不許。太康初（太康元年，西元 280 年），遷右僕射（《書鈔》五十九引王隱《晉書》作左僕射），加光祿大夫、侍中，掌選如故，濤又固辭，不許。吳平之後，帝詔天下罷軍去兵，嘗講武于宣武場，濤乘步輦從，因與盧欽論用兵之本，以爲不宜去州郡武備，其論甚精，咸以濤不學孫、吳，而闇與之合，帝稱爲天下名言而不能用。後拜司徒，濤復固讓。晉武帝太康四年癸卯（西元 283 年）卒，年七十九。帝弔祭優加，謚曰康。〔註45〕。

其《山公啓事》，《隋志》著錄三卷，入〈集部・總集類〉，《唐經籍志》卷同。《唐藝文志》則作十卷，蓋誤。姚振宗《隋志考證》曰：

〔註45〕見《晉書斠注》卷四十三〈山濤傳〉。又《困學紀聞》卷十三：「山濤欲釋吳以爲外懼，又言不宜去州郡武備，其深識遠慮，非清談之流也。」

案此作十卷，據《舊志》實范甯《啓事》之卷數，《新志》此條《啓
事》之下敚「三卷」二字，又敚「范甯啓事」四字，以兩書誤合爲一條，
故卷數不符，非詳勘不能知也。

山濤久任選職，言成軌則，周徧百官，舉無失才，其爲吏部尙書，每官缺，輒啓擬
數人曰：

雍州刺史郭弈，高簡有雅量，在兵間少，不盡下情，處朝廷，足以肅
正左右。右衛軍王濟，才高美茂，後來之冠。此二人誠顧問之秀，聖意倘
惜濟主兵者，驍騎將軍荀愷，智器明敏，其典宿衛，終不減濟。祭酒庾純，
強正有學，亦堪此選。國學初建，王荀已亡，純能其事，宜當小留，粗立
其制，不審宜爾，有當聖旨者不？尚書令缺，宜得其人，征南大將軍祜，
體義立正，可以肅整朝廷。(《通典》十)

又云：

大將軍雖不整正，須筋力，戎馬間，猶宜得健者，征北大將軍瓘，貞
正靜一，中書監勗，達練事務，二人皆人彥，不審有可參舉者不？

濤所題目，率如其言，時稱《山公啓事》。惟吏部陸亮，山濤知其非才，啓可爲左丞，
帝遂使爲吏部郎，濤爭之不得，其後果以賄敗。〔註46〕

《晉書》史臣曰：

自東京喪亂，吏曹湮減。西園有三公之錢，蒲陶有一州之任。貪饕方
駕，寺署斯滿。時移三代，世歷九王。拜謝私庭，此爲成俗。若乃餘風稍
殄，理或可言。委以銓綜，則群情自抑。通乎魚水，則專用生疑。將矯前
失，歸諸後正。惠絕臣名，思馳天口。世稱《山公啓事》者，豈斯之謂歟。
（見《晉書斠注》卷四十三）

居官以潔其務，事親以終其身，山濤其有之也。其《啓事》今佚，嚴可均《全晉文》
卷三十四據《三國志‧魏志注、蜀志注》、《世說注》、《文選注》、《通典》、《類聚》、
《御覽》、《淳化閣帖》、《晉書》、《北堂書鈔》等書所引，亦有輯存，凡五十餘條。
考《文選‧應休璉與滿公琰書注》引賈弼之《山公表注》，似亦此《啓事》，則此書
舊有賈弼之注（賈弼，晉太元中人，爲《十八州姓氏譜狀》，以譜學世其家），《隋志‧
別集類》有《山濤集》九卷，注云梁五卷，錄一卷，又一本十卷，齊奉朝請裴津注，
則此《啓事》或編入十卷本中，而濤書當又有裴津注矣。〔註47〕

〔註46〕見《晉書斠注》卷四十三〈山濤傳〉。
〔註47〕見姚振宗《隋志考證》卷四十（〈集部三‧總集類‧山濤山公啓事〉）。

第三節　晉人專科史之撰作（下）

——譜錄方面（嵇含《南方草木狀》及荀勗《中經新簿》）

一、嵇含《南方草木狀》

　　廣川大谷異制，人居其間異俗，是風氣所生，剛柔輕重，各有其性。加以南北阻隔，豈止飲食、衣服之不同，物產貢賦，亦難相得。禹因別九州，條其物產。又周有夏官，週知山林。東漢以降，則有《異物志》之作，所以記物產之不同也。魏、晉之秋，遭亂遷移，南方事物，乃漸為北方人士所耳聞目染，風土草木之作，遂漸興焉。今所存者，嵇含《南方草木狀》也。其書見於：

　　《百川學海》辛集（咸淳本、景刊咸淳本）。

　　《百川學海》癸集（弘治本、景刊咸淳本據弘治目次編印本、景弘治本）。

　　《百川學海》辛集（重輯本）。

　　《廣漢魏叢書·載籍》（萬曆本、嘉慶本）。

　　《格致叢書》。

　　《山居雜志》。

　　《說郛》弓一百四（宛委山堂本）。

　　《五朝小說、魏晉小說·雜志家》。

　　《五朝小說大觀·魏晉小說·雜志家》

　　《四庫全書·史部·地理類》。

　　《增訂漢魏叢書·載籍》（乾隆本、紅杏山房本、三餘堂本、大通書局石印本）。

　　《龍威秘書一集》。

　　《藝苑捃華》。

　　《湖北先正遺書·史部》。

　　《叢書集成初編·自然科學類》。

諸叢書中，皆為三卷，並題晉·嵇含撰。

　　嵇含，字君道，鞏縣亳丘（今河南商丘）人，好學，能屬文，自號亳丘子，門曰歸厚之門，室曰慎終之室。楚王瑋辟為掾，瑋誅，坐免。舉秀才，除郎中。齊王冏辟為征西參軍，襲爵武昌鄉侯。長沙王乂召為驃騎記室督尚書郎。嘗與成都王穎交戰，穎軍轉盛，尚書郎且出督戰，夜還理事，含言于乂以為不宜一人兩役，乃增郎及令史。懷帝為撫軍將軍，以含為從事中郎。惠帝北征，轉中書侍郎。及蕩陰之敗，含走歸滎陽。永興初（永興元年，西元 304 年），除太弟中庶子，西道阻閡，未得應召。苑陽王虓為征南將軍，屯許昌，復以含為從事中郎，尋授振威將軍襄城太

守。虓爲劉喬所破，含奔鎭南將軍劉弘於襄陽，弘待以上賓之禮。廣州刺史王毅卒，弘表含爲平越中郞將廣州刺史，會弘卒，時或欲留含領荆州，含性剛躁，素與弘司馬郭勱有隙，勱疑含將爲己害，夜掩殺之，時年四十四。懷帝即位，諡曰憲。〔註48〕

　　考《晉書》之述嵇含，不載其所著書，今存之《南方草木狀》三卷，《隋志》、《舊唐志》，亦不著錄。其見著錄者，自《宋史・藝文志》始也（《文獻通考》卷二百五有一卷），是以論者遂疑非含所撰。文廷式《補晉書藝文志》卷四曰：

　　　　案，此書文字淵雅，敍述簡淨，自是唐以前作，然以爲嵇含，則非也。

又曰：

　　　　案《晉書・忠義傳》，劉宏（即劉弘）表含爲廣州刺史，未發宏卒，含素與宏司馬郭勱有隙，夜掩殺之。又《抱朴子・自敍》云：「故人譙國嵇君道見用爲廣州刺史，乃表請洪爲參軍，遣先行催兵而君道於後，遇害。」是含實未至廣州，不得爲此書也。

丁國鈞之《補晉書藝文志》（子辰注），更據《南方草木狀》「乞力伽」一條所云：「劉涓子取以作煎」，證明是書實非含作。以涓子，東晉末人，遠在嵇含後也。又胡玉縉《四庫全書總目提要補正》卷二十三〈地理類三〉云：

　　　　是書所載，皆嶺表之物，當在廣州作。自序稱以所聞詮敍，有裨子弟，亦係在廣州任所語氣。近吳江沈氏怡園刊本，有沈兆奎跋，拘泥本傳，以爲其時含在滎陽、襄城間，自序本云所聞，豈必目驗。非也。

知含雖見表爲廣州刺史，然以故未發而卒，則戎馬倥傯之際，又焉得暇聞見南方之草木，而爲細譜其狀乎。又考其宋本題銜亦誤以「襄城太守」爲「襄陽太守」，是玉縉疑此書爲含在廣州所作，亦未必然。《四庫全書總目提要・史部・地理類三》敍《南方草木狀》曰：

　　　　諸本但題「譙國嵇含」，惟宋麻沙舊版前題曰：「永興元年十一月丙子振威將軍襄陽太守嵇含撰」云云，載其年月仕履頗爲詳具，蓋舊本如是，明人始刊削之。

又宋刻《百川學海》本所題亦全與麻沙本合，陳振孫《直齋書錄解題》（卷八）亦云：「《南方草木狀》一卷，晉襄陽太守嵇含撰。」蓋宋時各本皆如此，考《晉書斠注》卷八十九〈嵇紹傳〉曰：

　　　　永興初（永興元年，西元304年），除太弟中庶子，西道阻閡，未得應召。范陽王虓爲征南將軍，屯許昌，復以含爲從事中郞，尋授振威將軍

〔註48〕見《晉書斠注》卷八十九〈嵇紹傳〉。

襄城太守。虓爲劉喬所破，含奔鎭南將軍劉弘於襄陽。

據此，則宋本之題「襄陽」者，蓋沿下文「奔鎭南將軍劉弘於襄陽」而誤。至於宋麻沙舊版及宋刻《百川學海》本所題「永興元年十一月丙子（西元 304 年）振威將軍襄陽太守嵇含撰」云云，其歲月亦誤，《四庫提要・史部・地理類三》之敘《南方草木狀》曰：

> 《晉書・惠帝本紀》：永寧二年正月改元永安，七月改建武，十一月復爲永安，十二月丁亥立豫章王熾爲太弟，始改永興，是永興元年不得有十一月，又永興二年正月甲午朔，以干支推之，丙子當在上年十二月中旬，尚在改元前十二月，其時亦未稱永興。

考後魏・賈思勰《齊民要術》引用《南方草物狀》甚多，《藝文類聚》、《文選注》、《法苑珠林》等諸書亦引，並未定爲何人所作，《太平御覽》所引則《南方草木狀》及《南方草物狀》二名兼用，以各書引文，參互考驗，文義相同，知其實一書也（見余嘉錫《四庫提要辨證・史部・地理類三》）。是其書當爲北魏以前人所作，崔龜圖注《北戶錄》亦引其漏蔻一條（或作豆蔻），知唐之前，其書即已盛行。王庸之著《中國地理學史》，於其第三章〈地志史〉，乃疑所謂嵇含《南方草木狀》者，或即徐衷之《南方異物志》，後人爲之纂輯而僞託嵇著者，其言曰：

> 徐衷之《南方異物志》，疑即徐氏之《南方草木狀》（或作《草物狀》，《初學記》及《太平御覽》引），或《草木狀》爲《異物志》之一部分也。……
> 竊疑此爲纂輯徐衷之作，而僞託嵇著者，但亦未可遽斷耳。

今本《南方草木狀》見於《魏晉小說大觀》者，共分上、中、下三卷，上卷有〈序〉一篇居首，其〈序〉云：

> 南越交趾，植物有四裔，最爲奇，周、秦以前無稱焉，自漢武帝開拓封疆，搜求珍異，取其尤者充貢，中州之人，或昧其狀，乃以所聞詮敘，有裨子弟云爾。

次列〈草類〉，計有甘蕉、耶悉茗、末利、豆蔻花、山薑花、鶴草、甘藷、水蓮、蒟醬、菖蒲、留求子、諸蔗、草麴、芒茅、肥馬草、冬葉、蒲葵、乞力伽、赬桐、水蔥、蕪菁、菘、茄、綽菜、蘿、冶葛、吉利草、良耀草、蕙等共三十種。中卷爲〈木類〉，計有楓人、楓香、薰陸香、榕、益智子、桂、朱槿、指甲花、密香、沈香、雞骨香、黃熟香、雞舌香、棧香、青桂香、馬蹄香、桄榔、訶梨勒、蘇枋、水松、刺桐、棹、杉、荊、紫藤、榼藤、密香紙、抱香履等共二十八種，下卷首爲〈果類〉，計有：檳榔、荔枝、椰、楊梅、橘、柑、橄欖、龍眼、海棗、千歲子、五斂子、鉤緣子、海梧子、菴摩勒、石栗、八面子等共計十六種；次爲〈竹類〉，計有雲丘竹、

籧篨竹、石林竹、思摩竹、篁竹、越王竹等共六種。合計草、木、果、竹四類共爲八十種。《文選》卷二十七〈美女篇注〉引《草物狀》曰：「珊瑚出大秦國，有洲在漲海中。」《御覽》九百八十八引《草物狀》曰：「赤土出踊山下，在石中，採好色赤者雜舟中，朱膠漆器。」又《北堂書鈔》卷一百四十六引《南方草木記》曰：「採珠人取珠柱肉作鮓也。」余嘉錫疑此亦爲《南方草木狀》之文，以此諸條觀之，謂其書乃兼記嶺南草木物產，故曰《草物狀》，而今本則無其他物產，故以爲非原書矣。

〔註49〕余氏曰：

> 余嘗就今日所傳之本，反復考之，而知其非原書也。《齊民要術》卷十凡引《草物狀》十九條，其劉樹子……野聚藤、都咸樹、夫編樹、都昆樹等凡十三條，皆不見於今本，又引甘藷、椰、檳榔、橄欖、豆蔻五條，今本雖有其目，而文字乃大異，甚者幾無一字之相合，計《要術》所引十九條中，與今本同者，僅益智子一條耳（《類聚》八十七，《御覽》九百七十二引《草物狀》並同）。夫古書展轉傳鈔，殘闕佚脫，事所常有，原不足怪，獨不解此五條者，何以諸書之所引，適爲今之所闕，而今本之文，又適不爲諸書所引耶？且今本每條皆首尾完具，竟不似有所闕佚，則又何也。

故余氏以爲此書在南宋時已斷爛失次，好事者得其殘本，嫌其不完，乃取《嶺南草木》，鈔撮他書以足之。余氏曰：

> 即以今本檳榔一條言之，凡一百六十三字，僅以扶留藤古賁灰合食則滑美二句，與《要術》所引用合，其餘上下，文皆不同，似雜取《要術》及《御覽》所引他書連綴爲之者，此必出於別一記廣州物產之書，輯此書者漫鈔入之以補闕，而不悟《齊民要術》中之自有原文在也。

余氏又以《藝文類聚》卷八十三引其荻藤一條，《文選注》引其珊瑚一條，《法苑珠林》卷三十六引其耕香一條，《大觀本草》卷十二引其藿香一條，《太平御覽》卷九百六十引其文木一條，卷九百八十八引其赤土一條，皆不見於今本，而定此書之殘闕，必在唐、宋之間。

二、荀勗《中經新簿》

《隋書·經籍志·簿錄篇序》曰：

> 古者史官，既司典籍，蓋有目錄以爲綱紀，體制湮滅，不可復知。孔子刪《書》，別爲之序，各陳作者所由。韓、毛二《詩》，亦皆相類。漢時

〔註49〕見《四庫提要辨證·史部·地理類三·嵇含南方草木狀》。

劉向《別錄》、劉歆《七略》，剖析條流，各有其部，推尋事跡，疑則古之制也。自是以後，不能辨其流別，但記書名而已。博覽之士，疾其渾漫，故王儉作《七志》，阮孝緒作《七錄》，並皆別行，大體雖準向、歆，而遠不逮矣。

知目錄之書，自劉向父子始也。班書〈傳贊〉曰：

七略剖判藝文，總結百家之緒，有意其推本之也。

顏師古曰：

言其究極根本，深有意也。

自漢接秦後，書缺簡脫，禮壞樂崩，耆生碩老，咸以爲慮，遂有秘府之設。及劉向校書不竟，帝詔其子歆使繼成之，乃有《七略》之作。班志藝文，踵事爲書。吳之韋昭，又依劉向故事，校定眾書。蜀則王崇補東觀，卻正爲秘書，當時官司，皆有簿籍也。魏則鄭默撰《中經》，晉・荀勗因之以爲《新簿》，專名於世。〔註50〕考勗之《中經》，有仍歆之舊者，而又別創一例，於簿錄之史，遂據一席之地焉。

按，簿錄一類，自班氏以《七略》爲一志，於是亦爲史學之一體，乃列之史部。其後鄭、荀、王、阮，繼軌有作，唐修《隋志》，遂立簿錄一門以收之。歷代編校，悉沿其例。揆其性質，實總四部而窆其鑰。〔註51〕今且日孳，幾以附庸蔚爲大國矣。

荀勗，字公曾，穎川穎陰（今河南許昌）人。父肸，早亡，依于舅氏。十餘歲，能屬文。既長，遂博學。仕魏，辟大將軍曹爽掾，遷中書通事郎。爽誅，門生故吏無敢往者，勗獨臨赴，眾乃從之。爲安陽令，轉驃騎從事中郎，遷廷尉正，參文帝大將軍軍事，賜爵關內侯，轉從事中郎，領記室。鍾會謀反，陪帝出鎮長安。會平還洛，與裴秀、羊祜共管機密。時將發使聘吳，並遣當時文士作書與孫皓，帝用勗所作。皓既報命和親，帝謂勗曰：「君前作書，使吳思順，勝十萬之眾也。」帝即晉

〔註50〕見姚振宗《隋志考證》卷首〈敘錄・新撰略例〉。

〔註51〕梁啓超《圖書大辭典・簿錄之部・第一部・簿錄之部序》：「夫目錄之書，裨學有四：載籍浩博，決非一人之力所能盡藏，所能盡讀，流覽諸錄，可以周知古今著作之大凡，有解題者，讀其解題，雖未睹原書，亦可知梗概，爲裨一也；書籍孳乳日出，亦散亡代謝，賴有遺錄，存彼蛻痕，雖器實已淪，尚可識其名數，又某時代某類書實始創作，或作者獨多，某類書在某時代已寥落罕聞，或散亡最劇，綜而核之，學風見焉，爲裨二也；稀見秘籍，識者知珍，孤微僅存，流傳有緒，博稽諸家著錄，可以稽其展轉儲藏之所在，按圖索驥，或整理流通，或取裁述作，爲裨三也；學術分化發展，著述種類，隨之而日趨繁賾，辨析流別，業成專門，門類區分，或累代遞遷，或因人而異，博觀互較，得失斯見，循此以稽學海之派分淵匯，察藝林之荂圻條數，知類通方，此其踵步，爲裨四也。」

王位，以勗爲侍中，封安陽子，邑千戶。武帝受禪，改封濟北郡公，固辭，爲侯，拜中書監，加侍中，領著作，與賈充共定律令。以與馮紞進賈充女於東宮，甚爲正直者所疾，而獲佞媚之譏焉。久之，進位光祿大夫，既掌樂事，又修律名，並行於世。其領秘書監，與中書令張華，依劉向《別錄》，整理記籍。咸寧初（咸寧元年，西元 275 年），與石苞等，並爲佐命功臣。及得汲冢中古文竹書，詔勗撰次之，以爲《中經》，列在秘書。勗每有論議損益，帝多采納。太康中，爲光祿大夫，儀同三司開府，辟召守中書監，侍中、侯如故。及賈充、李胤並薨，太子太傅又缺，勗表楊珧參輔東宮，尚書令衛瓘、吏部尚書山濤爲司徒，帝並從之。時帝知太子闇弱，恐後亂國，遣勗及和嶠往觀之，勗還，盛稱太子之德，嶠云如初，於是天下貴嶠賤勗。帝將廢賈妃，勗與馮紞等諫請，故得不廢，時議以勗傾國害時。勗性愼密，每有詔令大事，雖已宣布，終不言，不欲使人知己豫聞也。久之，以勗守尚書令。勗久在中書，專管機事，及失之，甚罔罔悵悵。居職月餘，以母憂上還印綬，帝不許。太康十年己酉卒（西元 289 年）。詔贈司徒，諡曰成。〔註52〕

　　荀勗當秘書監之時，撰有《晉中經新簿》，乃因魏秘書郎鄭默刪采舊文所定之《魏中經》，更著而成。梁·阮孝緒《七錄·敘目》曰：

　　　　魏秘書郎鄭默刪定舊文，時之論者，謂爲朱紫有別。晉領秘書監荀勗，

　　　　因《魏中經》，更著《新簿》。〔註53〕

《隋書·經籍志序》曰：

　　　　魏秘書郎鄭默始制《中經》，秘書監荀勗，又因《中經》，更著《新簿》。

《中經新簿》，蓋沿用鄭默舊名。其書以四部總括群書，一曰甲部，紀六藝及小學等書；二曰乙部，有古諸子家、近世子家、兵書兵家、術數家；三曰丙部，有史記、舊事、皇覽薄、雜事；四曰丁部，有詩賦、圖讚、汲冢書。四部大凡二萬九千九百四十五卷。〔註54〕盛以縹囊，書用湘素，其作者之意，則無所論辯。〔註55〕至於樂書，固無復存。〔註56〕晁公武《郡齋讀書志》（卷第一上）〈序〉曰：

　　　　勗之部，蓋合兵書、術數、方伎於諸子，自〈春秋類〉摘出《史記》，

　　　　別而爲一，六藝、諸子、詩賦，皆仍歆舊。

〔註52〕見《晉書斠注》卷三十九〈荀勗傳〉。

〔註53〕見姚振宗《隋志考證》卷二十三（〈史部十三·薄錄類·荀勗晉中經〉）引。

〔註54〕見《隋志·序》。又姚振宗《隋志考證》（卷二十三）曰：「《晉中經簿》四部，書一千八百八十五部，二萬九千九百三十五卷，其中十六卷〈佛經書傳〉。」又曰：「一千一百一十九部亡，七百六十六部存。」較〈隋志·序〉少十卷。

〔註55〕見〈七錄序〉及〈隋志·序〉。

〔註56〕《隋書·音樂志》：沈約奏答曰：「《晉中經簿》無復樂書。」

勗踵《七略》之後，又繼鄭默四部之體，大抵以甲部記經類之書，乙部記子類之書，丙部記史類，丁部記集類，爲四分之法。其後，東晉著作佐郎李充，乃因荀勗之法，而換其乙丙之書，沒略眾篇之名，總以甲乙爲次。自爾因循，無所變革。王儉、阮孝緒之徒，咸從歆例。謝靈運、任昉之輩，則尊勗規。至唐修《隋志》，而有經、史、子、集之名，是亦祖勗而加詳焉。厥後各朝官書之分類，率以《隋志》爲準矣。

自京華板蕩，渠閣文籍，靡有孑遺，荀勗書則亦略盡矣。《隋書・牛弘傳》曰：

弘上表請開獻書之路，曰：「晉氏承魏，文籍尤廣，秘書監荀勗，定魏內經，更著《新簿》，屬劉、石馮陵，從而失墜，此則書之四厄也。

《隋志》著錄「《晉中經》十四卷，荀勗撰。」兩《唐志》卷並同，《舊唐志》作《中書簿》，疑舊時亦有此名，〔註57〕今佚。《魏志・王肅傳注》、《蜀志・秦宓傳注》、《周禮・天官正義》、《釋文・序錄》、《漢書・貨殖傳注》、《北堂書鈔・儀飾部》、《太平御覽・文部》等並引《晉中經簿》，〔註58〕清王仁俊《玉函山房輯佚書補編》存輯本一卷。

〔註57〕見姚振宗《隋志考證》卷二十三（〈史部十三・簿錄類・荀勗晉中經〉）。
〔註58〕見章宗源《隋志考證》卷八（〈簿錄・荀勗晉中經〉）。

後 記

　　晉人於史學爲盛，上自邦國事跡，下及鄉俗人物，以至於地理、譜錄之學，靡不有焉。惜以災厄頻興，群籍同殉，本書所述，其見存於《四庫》者，唯杜預《春秋左氏經傳集解》、《春秋釋例》（自《永樂大典》輯出）、范甯《春秋穀梁傳集解》、司馬彪《續漢書志》、陳壽《三國志》、袁宏《後漢紀》、孔晁《逸周書注》、皇甫謐《高士傳》、常璩《華陽國志》、陸翽《鄴中記》（自《永樂大典》輯出）、嵇含《南方草木狀》、釋法顯《佛國記》、葛洪《神仙傳》、陶潛《聖賢群輔錄》及釋慧遠《廬山記略》耳，殘闕之多，豈唯慨歎。及輯佚學興，綴拾之餘，典午一代之書，乃隱然復具。迨乎清世，補輯之事大盛，晉之史學，遂見重焉。今考其輯本，雖涉細碎，難見條理，此固佚書之不可得，而徵引之有多寡也。然殘瓦碎金，片羽彌珍。若晉之《起居注》，今並無傳，賴輯佚得見一二，即此一二，不僅知其記注之繁盛，所記之事類，於此亦可知一斑。至於敦煌之佚書，流沙之墜簡，爲昔賢夢寐所未見者，乃相繼爲吾人所耳聞目睹，於古籍之探究，遂大易前賢矣。今論兩晉史部遺籍，其有明著爲晉人之撰作，或經確定爲晉人之書者，則盡其能得，並注明出處，便能尋檢，《叢書子目類編》收之多矣，並取爲據。其疑爲偽託者，則隨文引證，庶幾無誣。吳士鑑《晉書斠注》，於晉人事蹟，補之頗詳；劉知幾《史通》，於晉作諸論，亦有精到，與劉勰之說，多能互足；章宗源《隋書經籍志考證》，於晉人史部諸書，輯佚、考證並具；姚振宗《隋書經籍志考證》，踵事增華，後出轉精。今撰斯篇，悉引爲據。

　　考今所傳《晉書》，即唐太宗御撰之新《晉書》，以作由辭人，取兼雜說，頗爲論者所病，然距時既近，史料又備，諸家晉史遂漸爲所廢，今爲之斠注者，吳士鑑耳。（與劉承幹同注）吳氏以溯源、捃逸、辨例、正誤、削繁、攷異、表微、補闕、廣證、存疑十例，旁搜博考，異者辨之，同者證之，謬者糾之，遺者補之，都百三

十卷，典午之史，庶幾無憾。劉知幾歷事二主，遍居司籍之曹，所見亦云廣矣深矣。其以載削餘暇，商榷史篇，撰爲《史通》二十卷，宣究典隱，保存遺佚，厥功不沒。《隋書》十志，最稱精審，魏徵《經籍》，又爲其冠，大抵因王《志》、阮《錄》及陳、隋諸舊錄，紀所見存，其有闕佚，則注以別之，搜博羅廣，以爲總匯也。清·章宗源與章學誠謀輯《史籍考》，章宗源任漢、晉、六朝佚史之部，從《隋志》著錄者著手，成《隋書經籍志考證》，所最重者，諸書之輯佚，故僅史部，而卷已多至十三，於各書之撰人略歷、著述淵源、卷數存佚、各家品評，並能及之，原志所不著錄者，皆據他書之徵引爲之考錄。迨姚振宗之五十二卷書出，於章氏之不足，更爲之一一取證，以補其失，以視章氏，固名同而有異。綜此諸書，有晉之史籍，概可窺也。《晉書》十志，獨闕藝文，清季學者，乃紛爲補撰，其見於《二十五史補編》所收者，計有丁國鈞《補晉書藝文志》、文廷式《補晉書藝文志》、秦榮光《補晉書藝文志》、吳士鑑《補晉書經籍志》，黃逢元《補晉書藝文志》五家，各有短長，今亦取爲本書之資。清之輯佚，蓋始於姚之駰《後漢書補逸》二十一卷，自後斯盛，迄今不衰。其於晉人史部遺籍之有輯佚行世者，章、姚之外，嚴可均、汪文臺、湯球、武敏、馬國翰、黃奭、王仁俊、宋翔鳳、葉昌熾、劉學龍、張澍、傅以禮、周樹人、陳運溶、錢熙祚、陶方琦、張鵬、葉德輝、王謨、畢沅、曾釗等皆是也，各存於叢書之中，或輯逸與序論兼備，心思獨具，今撰斯篇，乃儘其能得，取以參稽。他如《史記》、《漢書》、《後漢書》（范曄〈紀〉、〈傳〉、司馬彪《續志》）、《三國志》、南北朝史、《隋書》、《唐書》、《宋史》、《通典》、《通志》、《文獻通考》、《郡齋讀書志》、《直齋書錄解題》、《史略》、《崇文總目》、《困學紀聞》、《經典釋文》、《古今圖書集成》、《四庫全書總目》，以及杜預《春秋左氏經傳集解》等今存群籍，《太平御覽》等類書，或原書具存，或徵引存眞，或時近記詳，或考釋有加，固爲撰述本書之所必披覽。若劉勰之《文心雕龍》，雖以論文爲宗，而亦及史。錢大昕《二十二史考異》及《十駕齋養新錄》之論史，別有獨到。王鳴盛之《十七史商榷》、趙翼之《廿二史箚記》，皆邃於史學，逐年積累，歷久而後出者。錢氏於正史、雜史而外，更及輿地、金石、典制、天算，治史範圍，廣於同時諸家，而精意所寄，尤在《十駕齋養新錄》。余嘉錫《四庫提要辨正》、胡玉縉《四庫全書總目提要補正》，則稽引紀昀之不足。皮錫瑞《經學通論》，論議獨多。金毓黻、李宗侗《中國史學史》，徧述群史。王庸《中國地理學史》，主於查證。湯用彤《漢魏兩晉南北朝佛教史》，於佛學爲詳。梁啓超《圖書大辭典·簿錄之部》，可以比案典籍之流傳代謝。凡此諸書，並爲撰作本書之所引述者也，至於劉師培《中國中古文學史》、《水經注》、《大藏經》、《冊府元龜》、《廣韻》、《說文》、以及梁啓超《古書眞僞及其年代》、《國立北京大學國學季刊》

等，諸所引據不能一一，固皆不敢忽也。

　　吉郎既入上庠，廣從諸師潛心墳籍，涵之濡之，數年於茲，雖以愚劣，日積月累，亦有得於心，於諸儒治學之勤，不唯欽敬，乃悱然有述作之意，遂從金陵楊師家駱考求兩晉史部遺籍，仰山鑄銅，臨海煮鹽，恪遵師訓，參稽眾說，戰戰兢兢，遂有本書之成，斯則吉郎之初航也。師恩浩瀚，昊天罔極。今既撰就茲篇，爰誌寸心，並述其略如上。其有紕繆闕漏、輕重不同者，懼其不免。竊惟以馬、班之資，猶不免貽譏後世，非敢比賢，知撰述之不易。挈缾小子，請勵來茲，博雅大方，豈棄之耶。

　　民國五十八年歲次己酉四月丁卯　廖吉郎敬記於國立臺灣師範大學國文研究所